高职教师发展与师资队伍建设研究

李沁璜 ◎ 著

吉林出版集团股份有限公司

图书在版编目（CIP）数据

高职教师发展与师资队伍建设研究 / 李沁璜著．—
长春：吉林出版集团股份有限公司，2022.9
ISBN 978-7-5731-2242-1

Ⅰ．①高… Ⅱ．①李… Ⅲ．①高等职业教育－师资队
伍建设－研究－中国 Ⅳ．①G718.5

中国版本图书馆 CIP 数据核字（2022）第 172905 号

高职教师发展与师资队伍建设研究

著　　者	李沁璜
责任编辑	郭亚维
封面设计	林　吉
开　　本	787mm×1092mm　　1/16
字　　数	250 千
印　　张	11.5
版　　次	2022 年 9 月第 1 版
印　　次	2022 年 9 月第 1 次印刷
出版发行	吉林出版集团股份有限公司
电　　话	总编办：010-63109269
	发行部：010-63109269
印　　刷	廊坊市广阳区九洲印刷厂

ISBN 978-7-5731-2242-1　　　　　　　　　　定价：68.00 元

前　言

近年来，我国高职教育发展较快，为企业、社会培养了大量的职业人才。但高职教师队伍建设存在较多问题，未充分体现出应有的职教性、高教性、行业性特征，严重影响着我国高职教育的发展。这要求我们从源头上破除高职师资培养的体制机制障碍，构建师资培养支持体系；建立高职师资资格认证制度，提升高职教师的待遇和社会地位；深化人事制度改革，释放教师积极提升自我的内驱力；努力建立专业化、多元化、现代化的高职教师队伍，推动我国高职教育快速发展，为培育更多综合素质高、创造能力强的技术技能人才打下坚实的基础。

在经济全球化的影响下，整个教育系统均开始从保守走向开放，并逐渐形成了国际化的办学理念和思想。当前我国高职教育的发展正在由规模发展向质量提升的战略重心转移，即向内涵建设调整，其中师资队伍对高职人才培养的质量起着至关重要的作用。在现在职教体系下，如何提高师资队伍的整体水平、如何培养专业化的师资、如何稳定师资队伍等是当前迫切需要解决的一系列问题，也是保障高职人才培养质量的核心问题。

目前，我国高职教育正处在从大众化阶段向注重内涵发展与质量提升转化的阶段，高职师资队伍的建设得到了较大的改进。高职院校师资队伍建设除了要突出职教性、彰显高教性、凸显行业性，还要满足专业性、开放性、终身性、国际性等时代诉求。现阶段，我国已经密切重视对高职教师进行岗前培训和在职培训，不断提高教师理论教学能力、实践教学能力，着力培育"双师型"教师。

为保障高职教育开展的质量和效率，构建多元化的师资队伍显得尤为必要，其中兼职教师扮演的角色越来越重要。据统计，德国、澳大利亚、英国等职业技术教育相对较发达的国家兼职教师的数量占教师总量的63%以上。为了保障高职教育的正常开展，必须构建多元化的师资队伍，同时要妥善处理好兼职教师和专职教师的公平问题、发展问题。因此，要优化相关体制机制，创新师资队伍的管理模式；切实贯彻专兼职教师公平公正、同等重要的原则，确保全体教师的幸福感、成就感、获得感，激发全体教师的创造活力。在协同发展理念的指引下，重视对专职、兼职教师的培训，充分利用各项资源，着力提高师资队伍的整体素质，为培育优秀的新型职业人才打下坚实的基础。

目 录

第一章 高职院校教师专业化发展

当前，我国高职教育的发展已进入一个由规模扩张为主的外延式发展向以质量提升为主的内涵式发展的转型期，加强师资队伍建设成为高职教育内涵式发展的重要内容。因此，促进高职教师的专业化发展，提高教师队伍的整体素质，成为高职教育内涵式发展的必然要求。高职院校应坚持人才强校，加强师资培养，提升教师能力的发展，扎实推进高素质专业化的教师队伍建设，为职业教育科学发展提供强有力的人才保障。

第一节 高职院校教师专业化发展的必要性

高职教育内涵式发展在深入推进的过程中，高职教师队伍的建设相对滞后，教师的专业化水平成为制约高职教育可持续发展的薄弱环节。建设一支高素质、专业化的教师队伍，对提高技能型人才培养质量、完善现代职业教育体系、推动高职教育科学发展具有十分重要的意义。

一、高职院校教师专业化发展的内涵

（一）教师专业化是一个动态发展过程

《现代汉语词典》中关于"专业"的解释：①高等学校的一个系里或中等专业学校里，根据科学分工或生产部门的分工把学业分成的门类；②产业部门中根据产品生产的不同过程而分成的各业务部门；③专门从事某种工作或职业。专业化是指一个普通的职业群体在一定时期内，逐渐符合专业标准、成为专门职业并获得相应的专业地位的过程。

教师职业的专业化，体现了教师职业的独特性和不可替代性。教师职业的专业化是一种状态，也是一个漫长而曲折、不断深化的动态发展过程。在人类社会发展的历史进程中，教师职业是人类最古老的职业之一。据美国民族学家摩尔根《古代社会》一书记载，在举行就职的会议上，有专人向就职者讲述、传授以往的事情，历数前任的酋长为集体立功办事的情况，此种仪式世代相传，教育后辈。这种在就职大会上教育新酋长的人，就是人类最初的教师。在我国，教师职业可以追溯到殷商之前。《礼记·明

堂位》说:"米廪,有虞氏之庠也。""庠"就是舜帝时期的学校名称。"庠"的意思是"养",即把有经验的老人供养在那里,让他们从事教育学生的工作。这里被供养的老人,就是我国最早的教师。但由于社会分工不发达,教师一职并未从其他职业中独立出来而成为专门化的职业,往往由其他劳动者兼任。到了春秋战国时期,由于私学的逐渐兴起,教师职业才从其他职业中分离出来,成为一种相对独立的专门化职业。孔子是春秋时期私学的创立者,他是首个提出"有教无类""学而不厌,诲人不倦"教育理念的人,并实现了"三千徒众立,七十二贤人"的教育成果。进入封建社会以后,随着自然经济的缓慢发展,教师一职成了比较稳定的职业,出现了对教师职业道德比较精辟的概括,如唐朝韩愈的《师说》"古之学者必有师。师者,所以传道、授业、解惑也"。这是我国古代早期对教师职业角色的职业责任、职业权利与职业义务的具体描述。

教师是人类文化的传播者,在人类文化的传承和发展中起着重要的桥梁纽带作用。随着人类文明的发展及社会发展的需要,教师这一角色被赋予了更多更新的责任和使命。教师是一种神圣的职业,《中华人民共和国教师法》对教师的权利和义务都做出了法律上的阐释:教师是履行教育教学职责的专业人员,承担教书育人、培养社会主义事业建设者和接班人、提高民族素质的使命。教师应当忠诚于人民的教育事业。教师的权利包括以下方面:进行教育教学活动,开展教育教学改革和实验;从事科学研究、学术交流,参加专业的学术团体,在学术活动中充分发表意见;指导学生的学习和发展,评定学生的品行和学业成绩;按时获取工资报酬,享有国家规定的福利待遇及寒暑假期的带薪休假;对学校教育教学、管理工作和教育行政部门的工作提出意见和建议,通过教职工代表大会或者其他形式,参与学校的民主管理;参加进修或者其他方式的培训。教师应该履行以下义务:遵守宪法、法律和职业道德,为人师表;贯彻国家的教育方针,遵守规章制度,执行学校的教学计划,履行教师聘约,完成教育教学工作任务;对学生进行宪法所确定的基本原则的教育和爱国主义、民族团结的教育,法制教育及思想品德、文化、科学技术教育,组织、带领学生开展有益的社会活动;关心、爱护全体学生,尊重学生人格,促进学生在品德、智力、体质等方面全面发展;制止有害于学生的行为或者其他侵犯学生合法权益的行为,批评和抵制有害于学生健康成长的不良现象;不断提高自身的思想政治觉悟和教育教学业务水平。教师作为一种专门化的职业,国家实行教师资格制度,取得教师资格的人员应当具备相应的学历。

(二)高职院校教师专业化的基本内涵

从教师职业的发展历史和教师主体的角度来看,教师专业化的基本内涵包括以下两个方面的内容:一是教师群体职业的专业化,即教师职业逐渐分化成一种专门的职业,符合特定的专业标准,获得一定的职业声望,具有职业角色的不可替代性;二是教师个体的专业化,即教师个体通过系统的专门训练和终身学习,获得胜任工作岗位的专业知识与技能，不断提高从教能力和从教水平，从一名教育职场新人逐渐成为一名合格的专业教育工作者。

高职教师的专业化发展是教师专业化发展的一种类型，是指高职教师在自己的从教生涯中，依据高职教育人才培养的目标，遵循高职教育的特点和规律，经过持续的学习和专业培训，不断提升教育教学能力，实现专业自主，突显专业道德，成为一名合格的高职教育教学工作者，为受教育者提供高质量的教育教学服务。

（三）高职院校教师应具备的专业素养

2014年9月10日，习近平总书记在参加北京师范大学师生代表座谈会时，对广大教师提出了要做有理想信念、有道德情操、有扎实学识、有仁爱之心的"四有"好老师的要求。一名教师能真正具备从事教师的职业资格，合格扮演教师角色的根本要求是其应具有教师的专业素养，包括职业道德素养、学科知识素养、文化素养、教育专业素养。

1. 职业道德素养

教师职业是神圣的，是太阳底下最崇高的职业。教师的工作是良心工作，传播的是特殊的精神产品，教师职业是高道德含量的特殊职业。陶行知先生说过，教师是"千教万教，教人求真"。高尚的师德，就是一部好的教科书，对学生的影响是潜移默化、终身受益的。由于教师在社会生活中所处的特殊地位和作用，形成了教师职业所特有的崇高职责和历史使命——教书育人。高职院校教师不仅要精于"授业""解惑"，更要以"传道"为责任和使命，明确自己肩负的国家使命和社会责任，恪守自己的职业操守，不断提升自己的职业道德素养。

一是具备较高的政治素养。忠诚于党和人民的教育事业，自觉做中国特色社会主义的坚定信仰者和忠实实践者，积极引导学生热爱祖国、热爱人民、热爱中国共产党；不断传播正能量，用自己的行动倡导社会主义核心价值观，增强学生的价值判断能力、价值选择能力、价值塑造能力，引领学生健康成长。

二是具备献身教育、爱岗敬业的精神，执着于教书育人。学高为师，德高为范，教师永远要以敬畏之心对待自己的职业。朱熹说："敬业者何？不怠慢、不放荡之谓也。"选择了教师职业，就是选择了教师的生活方式。不能把教师职业仅仅看成是生存的手段，它更是教师一生的事业追求。高职教师应该率先垂范、以身作则，做以德施教、以德立身的楷模，以自己的言传身教引导和帮助学生把握好人生方向，特别是引导和帮助青少年学生扣好人生的第一粒扣子。

三是具有仁爱之心。教育是一门"仁而爱人"的事业，爱是教育的灵魂。高职教师应该是仁师，能够尊重学生、理解学生、宽容学生，用爱去启迪学生心智，用爱去为学生打开知识之门。"学而不厌、诲人不倦"，教师能用自己的知识、文化、人格和思想去影响学生、培育学生，实在是一件很有意义很快乐的事情。

2. 学科知识素养

知识储备不足、视野不够，教学中必然捉襟见肘，更谈不上游刃有余。高职教师应该广泛而准确地掌握所教学科的基础性知识，深入理解学科的知识结构，熟练运用专业技能；了解与该学科相关的知识，包括学科间的相关点、相关性质、逻辑关系等；了解学科专业知识的发展脉络，包括学科发展的历史、趋势和动向，了解学科研究的最新成果；了解学科领域的思维方式和方法论，包括领悟独特的认识世界的视角、层次及思维的工具和方法，熟悉学科内科学家创造发明的过程及成功的原因，学习科学家身上展现出来的科学精神和人格力量。

3. 文化知识素养

扎实的知识功底、过硬的教学能力、勤勉的教学态度、科学的教学方法是老师的基本素质，其中知识是根本基础。高职教师不仅要有胜任教学的专业知识，还要有广博的通用文化知识和宽阔的胸怀视野，具备人文情怀。好的老师应该是智慧型的老师，具备学习、处世、生活、育人的智慧，既授人以鱼，又授人以渔，能够在各个方面给学生以帮助和指导。

4. 教育专业素养

教育专业素养是教育者通过理论学习、实践训练而获得的教育认识能力和教育实践能力。高职教师不仅要具备所授课程的专业素养，还应具备教育专业素养，包括确立先进的职业教育理念，掌握丰富的职业教育理论；善于分析学情，熟悉高职教育规律；具备较高的教育教学水平和精湛的教学艺术，能够做到教育教学的有的放矢；努力探求学科和高职教育前沿领域，具备一定的职业教育科学研究能力。

二、高职院校教师的专业化发展是促进高职教育内涵式发展的必然要求

（一）高职院校教师的专业化发展是教师自身综合素质提高的决定性因素

"教书育人"是教师的天职，职业的知识传播者是教师所承担的社会角色。教师的特定职责要求其必须具备崇高的职业道德，拥有渊博的学识、精湛的教学艺术和较强的实践指导能力。只有走专业化发展之路，高职教师才能进一步培育自己的职业精神，掌握广泛深厚的文化科学知识、系统精深的专业学科知识和丰富的教育科学知识，构建合理的知识结构与完善的知识体系，增强教育教学能力，提高自身的综合素质。

（二）高职院校教师的专业化发展是实现高职教育人才培养目标的重要保障

教育大计，教师为本。教育部在关于印发《国家教育事业发展第十二个五年计划》的通知中明确指出，高等职业教育应重点培养产业转型升级和企业技术创新所需要的发展型、复合型和创新型的技术技能人才。高职教育的目标是培养高素质的技术技能型人才，这一目标的实现依赖于高职教师整体素质的提高。教师是学校教育教学活动的主要实施者，学校专业建设方案的制订、新课程的开发、教育教学计划的实施、教学活动的组织等，都必须在高职教师的参与下才能顺利完成。

（三）高职院校教师的专业化发展是提升学校办学软实力的根本举措

高职教育的内涵式发展，有助于学校办学软实力的不断提升，有助于高职教育质量的不断提高及学校竞争力的不断增强。为此，高职院校应做好以下四件事：一是通过促进教师的专业化发展，提高教师队伍的整体素质，巩固教学的中心地位，全面提高人才培养的质量；二是进一步优化专业结构，注重品牌效应，强化特色发展理念，提高服务地方经济的能力；三是不断创新教学模式，加快教学改革的步伐，进一步加强课程建设；四是加强校园文化建设，发挥环境育人的功能。

第二节　高职院校教师专业化发展的策略

一、当前高职院校教师专业化发展面临的主要问题

（一）高职院校教师专业化发展基础薄弱

高职院校教师专业化发展基础薄弱主要表现在以下几个方面：一是缺乏职业教育理念。从高职院校教师的来源来看，高职院校新入职的教师大部分来源于综合性大学或师范类院校，其所接受的学历教育均带有浓厚的学术化倾向，容易把职业教育等同于普通教育。高职院校教师对职业教育理论、职业教育规律和特点知之甚少，这在一定程度上影响了他们职业教育能力的提升。二是专业综合能力不强。部分有着研究生学历背景的青年教师，因其第一学历与研究生学历在专业上不一致，导致其缺乏专业的深度和广度，而高职院校专业设置灵活、专业更新速度快，部分新开设专业师资严重匮乏，只能由相关专业的教师转岗或由文化基础课教师改行担任，这就使部分教师的专业知识积累不够，影响了其专业综合能力的提升。三是专业化发展动力不足。高

职院校教师承担着繁重的教学任务，同时还承担着专业建设、教学改革、社会服务等多项工作，使得他们无暇顾及自己的专业发展，对自身的职业发展没有规划，导致其专业自主意识较薄弱。四是专业实践能力不强。高职院校的大多数专业教师，毕业于高等院校，从一个校门跨入另一个校门，均未接受过系统的专业技能培训，缺乏企业工作经历，缺少行业一线工作经验，他们的专业技能和实践教学能力普遍偏弱。

（二）高职院校教师专业化标准不明晰

首先，我国尚未建立符合高职教育特点的教师资格标准。我国在1995年颁布了《教师资格条例》，2000年又颁布了《〈教师资格条例〉实施办法》，从此教师资格制度在全国开始全面实施。高职教育作为高等教育的一种类型，因其培养目标的特殊性，高职教师的专业化发展有着不同于普通高校教师专业化发展的特征。目前，高职院校在招聘人才时，大多会以普通高校教师任职资格作为高职教师的准入标准，较多地考虑学历、职称等方面的要求，缺少针对职业教育的行业经历和实践能力方面的要求。其次，尚未建立符合高职教育特色的教师专业技术职务评审标准。高职院校教师专业技术职务的评审仍沿袭着普通高校教师职称评聘的标准，重论文、轻应用，注重对论文写作、课题研究等学术性指标的考核，而有关教师参与企业技术应用、新产品开发、社会服务等指标尚未被纳入专业技术职务评聘和工作绩效考核体系，目前，尚缺乏对高职教师的专业技能和实践教学能力的考核。高职教师专业化标准的不明晰，导致高职教师在承担繁重教学任务的同时，必然将大量的时间和精力放在论文、著作的撰写等硬指标上，无暇顾及专业实践和科研教改成果的推广，这在一定程度上制约了高职教师的专业化发展。

（三）高职院校教师专业化发展保障条件不力

从外部环境来看，高职师资培养培训制度尚不健全，培养、培训条件尚不完善。这主要体现在以下几个方面：

1. 缺乏培养高职院校师资的专门机构

普通综合性大学或师范院校是高职师资来源的主渠道，为数不多的职业技术师范院校则主要承担着中职师资的培养任务，职业技术师范教育的数量和规模无法满足高职教育发展的需要，高职教育生师比高达23：1，严重违背了高职人才培养的规律。

2. 高职院校师资培养缺乏针对性

高职师资培养尚未由学历教育转向资格教育，导致培养对象对职业教育的特征、规律和方法缺乏了解。

3. 职业院校教师企业实践机制尚不健全

教育部虽然陆续出台了《关于进一步完善职业教育教师培养培训制度的意见》《职业学校教师企业实践规定》等相关文件，并建立了一批国家级和省级职业教师培训基地，但总体而言，行业企业参与实践基地建设的积极性并不高，对教师企业实践工作支持力度不够，培训基地条件较差，在产教协作、校企合作方面尚有待加强。

二、促进高职院校教师专业化发展的策略

满足高职院校加强内涵式建设、提高办学质量的迫切需要、促进高职教师专业化成长、加强高素质专业化教师队伍建设，是提高高职教育质量的首要保障。应进一步突出高职教师队伍建设的基础性、先导性和战略性地位，系统设计、多措并举、创新机制、加大投入，建设一支高素质、专业化的教师队伍，为职业教育科学发展提供强有力的人才保障。

（一）建设高素质专业化教师队伍应遵循的主要原则

1.统筹规划，分级实施

各级相关部门应科学规划、周密安排，以提高专业教师实践教学能力为重点，着力培养一大批"双师型"专业骨干教师。按照中央、省（区、市）两级组织的方式，中央财政在高职院校教师专业素质提升中主要起引导和示范作用，省、市教育相关部门则要充分发挥在教师队伍建设中的主体作用，加强对本地区职业院校教师队伍建设的科学规划，创新制度，努力提升本地区职业院校教师队伍建设水平。

2.财政引导，多方参与

发挥政府在发展高职教育中的主导作用，地方财政要加大对院校教师队伍建设的投入力度，充分调动职业院校、培训机构、行业企业和教师个人的积极性，逐步建立健全政府主导、多方参与的工作机制和财政为主、多渠道筹措经费的投入机制。

3.突出重点，强化激励

地方教育行政部门应加强统筹规划，着力解决教师专业教学能力不强、来自企业的兼职教师比例偏低、教师培养培训体系薄弱等突出问题，特别是重点支持现代农业、先进制造业和现代服务业相关专业，以及中西部、农村和民族地区教师队伍建设。中央财政支持的项目，将重点向重视教师队伍建设工作且取得明显成效的地区、机构倾斜。

（二）高职院校教师专业化发展的实施路径

1.强化高职教师专业化发展意识

高职教师的专业化发展是一个终身学习、自我完善的过程，是教师个体的成长历程。因此，高职教师应树立专业化发展的意识，增强专业化发展的动力，这是高职教师专业化发展的前提。从学校层面来看，应关注教师的可持续发展，加强机制建设，采取经费支持、考核奖励等手段，对教师的专业化发展进行统筹规划，有效引导教师确立自我发展目标，合理制订专业发展规划，增强教师的自主发展能力。就教师自身

而言，高职院校教师应深刻领会国家大力发展高职教育的战略部署，深刻理解培养高素质高技能型人才的战略意义，树立终身学习的理念，增强自我发展意识，学习先进的职教理论，注重知识更新，积极参与教学改革，重视实践体验，加强教学反思，丰富教育智慧，不断提高自身的专业化水平。

2. 建立健全科学规范的聘任管理制度

一是完善高职教师资格制度，建立教师入职标准，充实专业教师任职资格条件，增加相关工作经历和职业能力方面的要求，同时进一步实施"双证书"制度，将双师素质纳入教师资格评价体系。二是推动高职教师职务晋升聘任制度改革。按照国家有关规定，进一步完善高职教师专业技术职务评审标准，将教师参与企业技术应用、新产品开发、社会服务等作为专业技术职务评聘和工作绩效考核的重要内容。三是打造高职教育教学名师。通过评聘和考核，依托名师工作室，培养、带动和造就高水平职教人才，努力探索高职教育教学改革，创新教育教学手段和方法，形成独具特色的人才培养模式。

3. 完善高职院校教师培养培训制度

加强对高职院校教师的培养培训是提升高职院校教师专业化水平的重要途径。

（1）加强职业技术师范教育。高职院校应多渠道招收职业教育师范生，扩大职业技术师范教育的规模，改革职业教育师范生培养模式，强化企业实践和职业学校实习环节，进一步优化培养过程。

（2）建立高职教师系统培养制度。开展高职教师系统培养，提升教师培养的层次，提高教师的专业化水平，扩大研究生层次职业教育教师培养的规模，提升培养质量，支持高职教师在职攻读硕士、博士学位及参与学历进修等。

（3）完善以企业实践为重点的继续教育制度。建立新任教师上岗培训制度，提升新任职教师的认知水平、师德素养和教学能力。定期组织教师开展岗位培训，使教师更新教育理念，掌握新知识、新技能、新工艺和新方法，提高他们的教育教学能力。加强对骨干教师和专业带头人的培训，提升他们的课程开发能力和教学科研能力。完善教师企业实践制度，创新教师培养、培训，开展校企合作机制，为教师搭建企业实践平台，为企业的职工培训、产品研发、技术改造等提供优质服务；通过参与企业生产实践，借助师父带徒弟的形式，进行现场观摩、技能训练、专题讲解、交流研讨，帮助教师重点了解企业生产组织方式、工艺流程、产业发展趋势等基本情况，熟悉企业相关岗位（工种）职责、操作规范、用人标准及管理制度等具体内容，结合企业实践改进实践教学，进一步提高教师的专业能力与执教水平。

4. 重点加强"双师型"教师队伍建设

高职教育的特点决定了高职教师不仅要成为专业教学能手，还要成为行业技术能手；既要具有丰富的专业理论素养，又要具有宽厚的行业职业知识和较强的实践能力。

"双师型"教师是高职教师专业化的主要标志。高职院校应通过多种渠道，加强"双师型"教师队伍建设，提高教师的专业实践能力。

（1）着力培养高职院校"双师型"骨干教师。通过开展青年教师职业技能大赛和建立教师考评机制等方式，以提高专业教师实践教学能力为重点，逐步将专业教师培养成"双师型"教师；完善校企共建"双师型"教师培养培训体系，大力引进行业企业领军人物，以更积极、开放、有效的人才政策，将具有创新实践经验的各类高级专业人才吸引到高职院校，不断充实高职院校教师队伍。

（2）启动"名师工程"。在培养"双师型"骨干教师的基础上，建设名师工作室，培养既有丰富理论素养，又具有较强专业实践能力的教学名师和专业带头人，重点打造教学服务型教师团队。建设好一个专业，必须要有一个好的专业带头人和一批高水平的名师，专业带头人的能力和水平决定了本专业的地位和水平。学校应从师德、师风、行业背景、专业实践水平和社会知名度等方面培养一批教学名师作为专业建设领航人。他们不仅要在自己的专业领域有所建树，还要能吸引、带动一批教师，形成一支高水平的教学服务团队。

（3）实施高职院校兼职教师推进项目。建立兼职教师岗位，完善兼职教师聘用程序、聘用合同、登记注册、使用考核等管理环节，优化科学合理的工作量考评和薪酬补助机制，逐步优化教师队伍结构，提高职业院校教育教学水平。聘任具有行业影响力的专家作为专业带头人，聘任具有丰富实践经验和特殊技能的企业专业人才和能工巧匠作为兼职教师，扩大兼职教师的比例。

（4）鼓励和支持兼职教师申请教学系列的专业技术职务，吸引企业技术骨干参与高职院校的专业建设与人才培养工作，进一步加强专业教学团队的建设。

第二章　高职院校教师队伍建设问题研究的意义

第一节　高职院校教师队伍建设研究的社会价值

一、可以提升职业教育教师队伍建设重要意义的认知度

在当今世界经济全球化的格局中，经济的发展水平决定着国家的实力、未来走向，决定着国家的命运。这就要求职业教育要尽快完善，实现与职业教育世界水平的对接，为企业的长期发展和后续的竞争力提供永久的动力。否则，就会导致中华民族生存发展的迟滞。

二、可以强化职业教育教师内涵的重塑与认知

作为一名从事职业教育的教师，不仅要有高度的责任感和职业教师的荣誉感及爱学生等一般的师德风范与教书育人的职业技能，在当前形势下，更应增强职业教育的理念，明确国家职业教育的培养目标，洞悉行业发展的最新态势和需求，了解相关技术的发展水平，具有帮助学生进行职业规划等种种能力。因此，高职院校的教师队伍应当是一支分工明确、各具"专攻"的队伍。

三、可以结合职业教育特点，创建教师队伍建设的理论与实践体系

教师队伍建设的深度，可以揭示职业教师队伍打造的功能与作用，确立职业教师培养的内容，探求职业教师的培养途径和方法，可以创建和丰富职业教师队伍建设的理论和实践体系。

四、教师队伍建设是职业教育发展诸多影响因素的核心

影响职业教育的因素有很多，如职业教育概念的界定、职业教育的社会认可度、职业教育质量、经济发展水平及职业教育体制的完善等。其中，职业教育质量是核心环节，是连接其他因素的重要纽带。

职业教育概念的内涵蕴含着职业教育的目的，决定着职业教育的内容、课程的实施方式方法，也是课程质量评价的依据。

职业教育的质量同职业教育的社会认可度更是相互影响、紧密联系。职业教育质量高，可以为社会输送大量可用的优秀人才，学生就业好，就会赢得良好的社会信誉；好的社会认可，又会促进职业教育的发展，形成良性循环。

同任何其他教育一样，职业教育的发展同样受到社会经济发展的制约，二者的关系也遵循着经济基础与上层建筑的逻辑关系。此外，教育体制的好坏决定着教育质量的高低，而我国职业教育体质还有待进一步完善。

所以说，职业教育质量是职业教育发展的风向标，是生命线。而说到底，职业教育目的的实现、教育质量的提升等必然受制于职业教育的师资队伍水平。因而搞好职业教师队伍建设，关乎着职业教育质量、职业教育的发展，是关乎企业发展、经济发展、国家发展的大事。

五、职业教育的内容是教师队伍建设的目标

职业教育的内容取决于职业教育的目标，关乎着职业教育的走向与发展，取决于职业教育在终身教育中的定位。教育的终极目标是要培养适应社会、服务社会、促进社会发展的劳动者。未来的社会将是高科技充实其间的一体化世界，为此，未来的国家建设者应有遍视全球的胸怀和眼界，依靠劳动者更强烈的民族意识、更高的科学技术素质、努力不辍的学习意识与能力、高效的管理才能、公正和谐的追求真理之心，去实现中华民族伟大复兴的目标。

高职教育是一种终身教育背景下的职业教育，是一种以培养"高素质高技能人才"为目标的高层次的职业教育。随着"中国梦"的实现，我国的工业化、信息化建设的步伐将不断加快，教育承担的历史责任将更加凸显，终身教育背景下的高职院校建设作为一个重要课题已经成为各个承担职业教育的院校必须认真思考的问题，加大高职院校教师队伍建设行动研究的力度，也是时代给予职业院校的重要任务。

教育的本质及现代社会的急速发展，使得终身学习、终身教育成为现代人的应然生活状态，高职教育也成为人才成长的一个重要选择。

人类社会经由农业、工业、后工业时期，来到了信息化时代以后，生活发生了巨

大变化。即时通信、无经济疆界的世界、世界经济全球化、休闲化生存方式、服务型社会、妇女社会地位的提升（抑或主导）、不断变换的工作方式、人口的急剧老龄化、合作性企业、个人主导生活……凡此种种，昭示我们的世界正在经历着一场革命，它为每一个人提供了无限的选择，提供了人生出彩的机会，而只有做好充分准备的人，才能跑赢这场"战争"，达到人生所要追求的目标。

从个体角度来讲，教育的本源在于维持与改善社会生活的质量。那种青少年时期求学、成人后工作，而后逐渐隔绝学校教育与学习的阶段分明的生活方式，已不能应对时代的巨变。现代只有终身接受教育，不断学习，才能在数字化时代中维持与改善生活质量，形成正确的世界观，掌握基础学科知识，把握住个人命运，为接受高等教育打基础。高等教育作为对学生专业知识的打造，侧重于培养学生社会能力的发展。其特点是周期长，既包括入职前的教育与培训，又包括入职后的继续教育，贯穿于整个职场时期，涉及当代的每一个人。说到底，职业教育的目的就是为个体适应社会生活而做的准备。职业教育不再只是必须于人生某一阶段完成的任务，它已成为伴随终生、分阶段、持续进行的一项重要生活内容。无论从教育本质，还是从占据的比例，职业教育都是终身教育的浓缩。职业教育在终身教育体系中占据着重要的地位，终身教育的研究与发展，离不开职业教育的研究。

科技的迅猛发展及资讯的发达，形成了目前经济全球化的地球村格局，统一的市场使得任何一个国家都难以摆脱他国的影响而独立生存。从全球变暖，到24小时都在交易；从全球人口爆炸到受到大气污染的挑战，都印证了这一点。只有充分认识世界发展态势才能确立我们的发展目标，只有与各国充分对话，增进理解，才能与各国和谐发展。这是作为地球村"村民"应有的认识。

人才培养，特别是具有高端科学技术水平的人才培养，是提高国家核心竞争力的重要手段，是国家、民族在世界丛林中益然生存的重要保证。虽然影响职业教育的因素有很多，如职业教育概念的界定、职业教育的社会认可度、职业教育质量、经济发展水平及职业教育体制的完善等。但是，职业教育质量是核心环节，是连接其他因素的重要纽带。它决定着职业教育的内容、课程的实施方式方法及课程质量评价的依据。

第二节　高职院校教师队伍建设研究的现实意义

教师队伍建设是我国职业教育发展的永恒主题，是高职学院可持续发展的根本性任务。它既是终身教育的需要，也是完善国家教育体系的需要，更是教育资源建设的基础，对形成有中国特色的职业教育体系有着重大的现实意义。加强高职院校教师队伍建设研究，可以深化对高职教育本质的研究，可以探索高职教育课程改革的方向，可以对高职课程体系的内涵、外延、开发规律进行深入的研究，从而对教师的任用与选拔，以及课程体系实现的路径、保障条件等，起到提升理论价值、深入进行实践反思的作用。

教师队伍建设使教师的专业化水平提升到了一个全新高度，它要求教师工作不仅是职业更要专业，即需要有专业知识和能力的人来承担教学工作任务，为国家培养适应时代发展的高端人才。随着 2020 年我国经济发展要实现新的发展目标，我国的经济发展和社会发展急需大批高技能应用型人才，高等职业教育培养的目标就是德、智、体、美、劳全面发展的高等技术应用型专门人才，满足生产、建设、服务及管理岗位对高素质人才的需求。"打铁还需自身硬"，高职教师不仅要有高尚的职业道德、先进的教育理念、多元化的知识结构、精湛的教学技能、熟练的专业实践技能，更要有良好的心理素质和较高的职业指导能力。高职教师自身的综合素质修养已成为提高教学质量、培养高质量人才的关键。

（一）教师的职业道德是教师队伍建设的首要内容

教师的职业道德是教师和一切教育工作者在从事教育活动中必须遵守的道德规范和行为准则，以及与之相适应的道德观念、情操和品质。择业动机在很大程度上决定了教师是否能用高尚的师德风范来要求自己。2012 年 3 月在天津城市职业学院新华分院开展了一项师德师风问卷调查，参加问卷的有 60 名各专业的授课教师，在"您选择从事教育工作的原因"的选项下，选择"热爱教育工作"的占 75%，"多重选择的结果"占 15%，"工作的偶然性"为 10%；在"您如何评价教师职业？"的选项下，"教书育人，为人师表"占 88%，"仅是一种职业而已"仅占 12%；"您认为教师的个人道德问题会不会给学生带来影响"的选项下，"会，教师个人道德也是师德内容"占 85%，"教师就是要比一般人的道德要高尚，不能放松自己修养"占 88%；"您认为教师职业道德修养主要靠什么"的选项下，"自我修养"占 43%，"管理机制约束"占 14%，"自律与他律相结合"占 43%。由此可见，喜欢并选择教师这一职业，师德规范也就成为自觉自律的行为。作为教育者，教师应首先具有高尚的情操和师德修养，才能率先成为高尚道德的模范和榜样。

就读高职的很多学生自我约束力差，厌恶说教，容易受社会不良风气的影响，这就要求从事高职教育的教师要树立良好的道德形象，做学生的榜样，在教育的过程中，用榜样的力量去感召激励学生、教育引领学生，做到润物细无声。只有忠诚于党的教育事业、品德高尚、专业知识广博的教师才能真正担当起教育者的责任。

（二）教师的学识水平是教师队伍建设的第一要务

随着知识更新的速度日益加快，高职院校教师队伍建设也将面临知识素质结构的调整与更新。高职教师应具有广博的知识和较强的专业技能，不仅要精通自己所教的学科知识，还要尽可能拓展知识面，研究专业知识如何适应生产、建设、管理、服务第一线需要，培养高职学生成为高等技术应用型专门人才。不同于研究型大学和综合型大学，高职教学主要以培养操作型、技能型的岗位性人才为宗旨，而不是培养理论、研究型的人才。因而高职教师要以实用性、技术性与就业前沿性及学习者多样化等需求为导向，淡化专业教学中的学术理论倾向，注重培养学生的实践操作技能。

高职院校的学生普遍存在着文化基础薄弱、缺乏学习的自主性和积极性、自我控制能力不强等问题，他们大都渴望掌握一技之长却又不肯刻苦努力，兴趣爱好较为广泛却又不愿静心钻研，思维活跃而又信心不足。因此，从事高职教育的教师要成为学生学习的引导者和促进者，用自己的专业知识、人生经验和教学能力帮助学生明确学习方向和目标，培养学习兴趣，激发求知欲望，养成良好的学习习惯。在教学的过程中鼓励学生敢于正视困难，勇于创新，争取成为社会的有用之才。

（三）教师的心理素质是教师队伍建设必须关注的重要课题

高职教师本身要具有良好的心理素质和身体素质。有了健康的身体、愉快的心情才能积极地投入到工作中去，才能用充沛的精力、饱满的热情担负起教育教学的重任。现代教育追求幸福教育，幸福教育就是在实施教育的过程中让学生充分感受到成长的快乐，让教师感受到职业的幸福。教师的心理素质会对学生产生巨大的影响，只有教师的心里充满阳光，学生才能在快乐的学习中成长。

良好的心理素质是人的素质的重要组成部分，培养和造就高素质的技能型人才是以心理健康为前提条件的。高职学生的心理特征表现为自我意识发展迅速，但比较浅薄，时常会自我否定；情感内容丰富多彩，但具有明显的"两极"性。他们的情感需求与社会相联系，一方面容易受感动，有较强的正义感；另一方面，辨别是非的能力较弱，容易受社会不良现象的影响。他们自尊心强，但自我控制力弱。由于在小学、初中时学习成绩不佳，逆反心理较强，得到的鼓励、表扬少，却过多地受到老师及家长的责备和批评，所以心里渴望得到尊重，追求平等的意识较强烈；他们的内心深处又存在着较为严重的自卑心理，遇到困难时特别依赖别人的帮助。高职学生心理发展的特殊性，更要求我们的教师要能成为学生心理健康的维护者和学生的心理教育者。在教书的过程中注重育人，分析学生的心理状态，尤其是那些课堂"麻烦制造者"，要耐心细致地做工作，和学生交朋友。在教育的过程中以积极鼓励为主，注重学生的心理疏导，培养学生勇于面对任何困难、积极乐观的人生态度。

（四）教师的就业指导能力是教师队伍建设的着力点与关键

我国高等职业教育的培养目标是适应生产、建设、管理、服务第一线需要的，德、智、体、美、劳等方面全面发展的高等技术应用型专门人才，概括了高等职业教育的特色，是高职教育办学方向的指南针。高职院校的教育教学工作应紧紧围绕学生的就业需要和社会对技能型人才的需求来进行，保证学生高质量的就业，也就成了高职教师的重要职责。

职业咨询和指导是高职教育的重要内容，教师应该是高职院校职业指导的主体。职业指导可以帮助学生选择与自己的兴趣、特长、个性特征相适应的职业，提高教育的社会效益，促进学生个性的发展与完善，形成正确的职业观，提高就业质量。教师要首先了解各自专业的培养目标，了解一线岗位对本专业的技能要求，才能承担起学生就业咨询和就业指导教育，指导学生明确"如何选择职业""所学专业与职业的关系"等。天津城市职业学院新华分院在教学中安排了《大学生就业指导》《职业素质培养》《劳动合同法解读》等公共选修课，启蒙学生的职业意识，培养职业道德，制订职业规划；培养学生根据社会经济发展需求和个人特点进行职业生涯设计的能力；端正择业观念，培养创新精神，树立创业意识；帮助学生了解所学专业相应的职业在社会发展中的地位、作用、发展状况及其对从业者的素质要求，使学生掌握一定的求职就业、开拓创业的知识、技能和方法，为成为合格的社会人、职场人做好准备。

高职教育的特性决定了教师除具备普通高校教师的教育教学能力之外，还必须具备履行生产岗位职责的实践能力，也就是职业技术能力和技术应用能力，包括职业岗位群所要求掌握的专业知识、技术操作能力及排除故障、维修设备的能力等。由于培养目标定位不同，高职教师在专业知识、通用能力、职业能力等方面的要求有其独特性。这些教师的科研能力侧重于应用技术研究和高新技术的开发与推广，要求"双师型"教师充分发挥与生产实际联系密切的优势，重点解决实际的技术问题，将理论研究的成果尽快转化为企业的生产力。教师必须敏锐地把握职业岗位的需求变化和技术内涵，在教育教学过程中及时确立与职业需求相对接的办学方向，及时调整和改进人才培养规格、培养模式、专业设置、课程体系、实践教学和考试方法等，体现高职教育鲜明的职业定向性的知识更新性，高职教师必须成为学习型的教师，保证自身知识不断更新，才能具备较强的综合职业能力，才能适应高等职业教育发展的需要。

总之，教师就业指导能力培养要着力于两个方面：一方面他们是教育教学的行家里手，具备从事教育工作相适应的理论水平与能力；另一方面，他们又具备职业经历，具有技师、工程师的实践能力，能够及时掌握企业信息，掌握行业发展动态，掌握行业最新技术，熟悉和精通专业的技术和业务，能指导完成学生的职业生涯设计，使学生顺利就业。

第三节　职业教育的发展现状与未来趋势的研判

研究师资队伍建设必须以现有的职业教育现状为出发点，以职业教育的未来发展趋势为方向，紧贴职业教育的发展脉络，有所作为，才能真正为职业教育的发展出力谋策。

一、职业教育的发展现状

21 世纪初以来，随着我国经济社会的快速发展，社会对职业技能生的需求明显增大，职业教育院校担负起了培养技能型人才的社会重任，职业教育也日益受到社会各界的广泛重视。目前，我国已经形成初、中、高等职业教育相互衔接，与普通教育、成人教育相互沟通，公办、民办并举，学历教育与非学历培训结合的职业教育体系框架。建立了专业设置、理论教学体系和实践教学体系，产学研结合、质量保障体系建设成为职业教育改革的主旋律。在实践中，逐步探索出了具有高等职业技术教育特色的办学指导思想、办学模式，建立起以职业能力为中心，加强素质教育的人才培养模式。自 20 世纪 80 年代初开始建立职业大学以来，职业教育已经为国家输送了 2 亿多高素质劳动者和技能型人才。我国职业教育的办学方向和改革思路日益清晰，特色日趋鲜明，一个有中国特色的职业教育体系已经逐步形成。

1996 年通过并颁布的《中华人民共和国职业教育法》，是我国职业教育发展历史上的重要里程碑，是我国职业教育发展的基本法律，它以法律的形式明确了职业教育的重要战略地位，确立了职业教育的体系。《中华人民共和国职业教育法》第一次将职业教育以法律的形式固定下来。1998 年《中华人民共和国高等教育法》第 68 条规定："本法所称高等学校是指大学、独立设置的学院和高等专科学校，其中包括高等职业学校和成人高等学校"，进一步明确了高等职业教育的法律地位。1999 年国务院批转的教育部《面向 21 世纪教育振兴行动计划》中明确提出："积极发展高等职业教育，是提高国民科技文化素质、推迟就业以及发展国民经济的迫切要求。"高等职业教育必须面向地区经济建设和社会发展，适应就业市场的实际需要，培养生产、服务、管理第一线需要的实用人才，真正办出特色。1999 年，《中共中央国务院关于深化教育改革全民推进素质教育的决定》中进一步明确要大力发展职业教育。经过职业教育的快速发展，目前，我国已形成了以《职业教育法》为基础，《教育法》《中华人民共和国劳动法》《就业促进法》等相关法律为补充，行政法规、地方性法规、行政规章为配套的法律制度体系。2012 年 3 月，温家宝总理在十一届全国人大五次会议上作《政府工作报告》时指出，要大力发展职业教育。2012 年 6 月，国务院新闻办公室发布了《国家人权行动计划（2012—2015）》，根据此计划，2012—2015 年，我国把大力发展职业教育，逐步实行免费中等职业教育作为人才强国的重要目标。2012 年 11 月，胡锦涛总书记在中国共产党第十八次全国代表大会的讲话中再一次提到：要办好学前教育，均衡发展九年义务教育，基本普及高中阶段教育，加快发展现代职业教育，推动高等教育内涵式发展，积极发展继续教育，完善终身教育体系。根据党中央的决定，我国在编制的《现代职业教育体系建设规划（2012—2020）》中，对未来我国职业教育进行了通盘考虑和整体设计。我国力争建成"适应需求、内部衔接、外部对接、多元立交"的具有中国特色、世界水准的现代职业教育体系。

随着职业教育办学方向的明确和对职业教育的认可度的逐步提高，职业教育的规模增长迅速。以高等职业教育为例，我国的高等职业院校已超过1 000余所，高职招生数、在校生数、毕业生数已占据高等教育的半壁江山。尤其是高职学生的就业率逐年提升。这是高职院校坚持为社会主义建设服务的方向，转变教育思想和观念，树立正确的质量观，立足于高等教育层次，突出职业教育特点，建设以服务为宗旨，走就业为导向产学研相结合之路的成果。根据调查统计，1998年高职毕业生就业率仅为42%，2003年上升到55%，2006年达到62%，2011年高职毕业生的就业率达到90%，2012年仍继续保持90%以上。这些现象显示出高职教育质量的提升和社会对高职认可度的提高，也说明了高级应用型人才受到社会各行各业的普遍欢迎。

我国的职业教育虽然有了长足的发展，但存在着很多制约因素和现实问题。以高等职业教育为例，这些因素已经制约了高职教育的科学发展，存在的问题如下：

（一）部分高等职业院校仍存在办学目标偏差、办学理念不够明确的问题

我国高职举办形式主要有三种：普通本科院校建置二级职业技术学院、普通专科学校改制、重点中等专业学校升格。这样的历史沿革，使某些高职院校不能准确把握职业教育的性质，仍沿袭普通教育办学模式和思路，将高职办成本科的压缩型和中专的放大型。某些高职院校办学存在浮躁心理，在专业设置、教学过程、教学方法和评价上，向本科院校看齐，没有把高职办学目标落实到教学实践中，也没有突出高职教育的特色。高职教育的目标是培养适应先进生产力要求的高级应用型、技能型的生产第一线人才，具有综合能力的高素质劳动者。高职教育必须明确贯彻培养目标是提高教育水平的根本，发展高职教育是落实科学发展观的必然要求，要有利于人力资源的开发，有利于推动现代化生产和国际竞争力的提高，不能过多考虑"高等性"而忽视"职业性"。

（二）高职教育认识不足使其社会认可度仍需提高

和前几十年相比，虽然社会认可度已有显著提高，但仍有进步的空间。中国人潜意识里将读书做学问和做工的人分成高低贵贱，做工的蓝领阶层在中国人心中没有地位，甚至结婚找对象都不占优势，有的还被看作是个缺点。所以专门以培养高级蓝领为己任的职业教育也就缺乏良好的发展环境。不少人重学术轻应用、重学历轻能力、重普教轻职教、重白领轻蓝领，认为高职教育是"次等教育"，学生不愿意上，家长不支持，用人单位不重视，社会认可度低，使得高职院校招生困难，从而制约了高职院

校的正常发展。有的学生家长对高职的认识严重不足，甚至在为孩子选择毕业后就业方向上有这样的疑问："我们孩子上了 3 年的大学，不是应该找一份办公室的工作吗？"为此，必须要为职业教育发展营造一个良好的舆论氛围，要树立正确的成才观，纠正成才评价机制的偏差。

（三）高职教育经费投入不足，投入机制有待进一步改进

在高职教育的资金投入上，国家对职业教育的投资有限且筹资渠道不畅，地方政府和财政也因财力不足而很少有高等职业教育的专项经费，甚至国家对大学的投入经费也基本上都花在普通本科院校上。根据发达国家举办职业教育的经验，职业教育的成本是普通教育的 2.5 倍，我国的高等职业教育的经费显著不足。目前，高等职业院校的事业经费尚不及普通本科院校的一半，有些省市甚至更少。根据统计，85.2% 的高职院校主要经费来源渠道单一：34.7% 的学校主要依赖学费，31.7% 的学校主要依靠地方政府拨款，16.8% 的学校主要依靠自筹，2% 的学校主要来源于中央政府拨款。几乎所有高职院校在师资、实验实训条件、实习基地、课程设置、教材建设等方面都存在困难。而高职教育培养的是应用型人才，注重实践性教学，对教学设备仿真性和先进性要求很高，资金不足大大制约了高职教育目标的实现，使得专业课教学往往停留在课堂理论教学上，致使学生的技术素质和动手能力相对较差，缺乏职业教育特色。

（四）师资力量薄弱，双师型教师缺乏，教学观念有待改善

随着我国高职教育的快速发展，高职教育双师型教师队伍建设也有很大发展，但从总体上看，仍落后于高职教育发展的需要。高职教育人才培养的特殊性，要求教师有扎实的专业理论功底和较强的职业技能，具备教师和工程师的双重素质和能力。然而，目前高职教师的来源多是招聘普通高校的本科或研究生，从普通学校吸收的教师从学校到学校，没有接受过职业技术教育理论和教学方法的培训，缺乏在企业或生产一线工作的经验，理论与实践脱节，难以对学生进行实操指导，无法胜任技能培训。有些学校虽然聘请了企业行业的管理、技术人员作为兼职教师，提升了学院的实践教学能力，但由于校企合作机制不完善，高职院校很难长期稳定地聘请他们做兼职教师，成为稳定的教学资源。另外，从学历和自身情况来看，高职院校教师中具有研究生学历的教师比例不足 20%，有高级职称的教师比例不足 30%，严重缺乏从事高职教育的高端人才。除此之外，高职教师中有些教师教学观念陈旧，教师角色不到位。高职教育对象的特点决定着教育者与被教育者的师生关系要区别于普通高等院校，是一种参与和互教为基础的组合。而许多高职教师面对教育对象的变化无动于衷，固守传统的普通教学模式，以"课本""课堂""灌输"为中心，扮演着不适当的角色。一些高职教师没有较强的驾驭教材、处理教材的能力，不能教学生自身需要的、实用的、有针对性的知识和技能，而且缺乏应变能力。为此必须建立以学生为主体的教学思想，在

教学中充分调动学生的积极性，畅所欲言，让学生成为学习的主人。

（五）专业设置与地区经济发展不匹配

大多数高职院校在决定专业设置时，往往不会对专业人才供需情况进行调研，缺乏科学有效的专业论证和预测机制，没有形成与地方经济主导产业发展趋势相适应又立足于自身办学条件和特色的切实可行的专业发展规划。高职院校多是从有利于招生的角度出发，盲目向综合性院校发展，争办一些"热门"专业，如动漫、会计、国际商务、数控等。由于课程设置缺乏系统化、科学化，使得毕业生所具备的技能基本上都是简单操作，劳动强度大，发展后劲不足，"供不应求"与"供大于求"的双重矛盾并存。高就业率的背后隐藏着职业的不稳定性，根据调查，高职院校中专业设置与区域经济社会发展对应情况较低，很少服务于当地农业生产、当地主导产业，也很少服务于本地区创业园区的建设。

（六）教师心理压力大，教师队伍建设存在不稳定的隐患

造成教师心理压力过大有以下原因：

一是社会地位缺失。近年来，我国高等职业教育跨越式发展引起了社会各界的高度关注，国家相继出台、制定与完善了一系列有关促进职业教育发展的政策和文件，有力地保障了职业教育的健康发展。但是，高职教育毕竟是诞生于20世纪80年代、高速发展与世纪之交的高等教育的后起之秀，在文凭高消费的环境中，其社会认同度、重视度远没有达到应有的位置，因而，广大高职院校教师尚处于高校教师和普教教师的夹缝中，职业和社会地位不说与公务员、执法部门比较，就在教师队伍中也远没有本科高校教师和优质普教教师那样令人垂青。职业和社会地位认同是每个职业人员都具有的一种对职业认可的价值体验，承受繁重的工作，得不到期望的认同，高职教师美好的职业憧憬与高职教育缺失的社会认同之间的反差给其造成一定程度的心理压力。

二是职业危机凸显。进入21世纪，人民群众接受优质高等教育的积极性持续高涨，国家把加快高职教育的发展提高到了前所未有的程度加以重视，但是，随着人口红利的逐渐削弱，高职院校的生源危机在高等教育大众化的形势下愈益加剧；随着就业准入学历的普遍提升，绝大部分高职院校毕业生的打拼空间受到限制。区别于本科高校教师，作为依托市场办学的高职院校的教师，他们中的大多数都会直接或间接地参与学校的招生、就业工作，他们会最先把握招生、就业进口和出口的形势，高职院校的办学挑战会在最短的时间内转化为教师的职业危机意识，从而形成不可低估的生存危机的心理压力。

三是教学压力倍增。当前，处在转型期的高等职业技术教育，其原有的办学理念、办学机制与教育手段都发生了很大变化，尤其经济社会发展对高职教育提出的种种新的要求，需要高职院校教师在自己的课堂教学、实践教学中不断地更新教学理念，改

革教育教学方式，以适应学生和社会的需要；需要他们具有面对复杂教学情境有效组织教学的能力。高职教育是高等性和职业性相统一的教育类型，高职院校的教师大多没有接受过系统的教师教育，缺乏有效组织复杂教学情境下的教学经验；高职学生多为应试教育的失利者，相当部分学生缺乏自主学习的科学方法，学习心理良莠不齐；高职院校的教师还要具有各不相同的专业技能，具备双师素质等。所有这些，都有形无形地增加了高职院校教师的心理压力。

四是科研业绩平平。我国高职教育的主体是由各类职业大学、成人教育和部分重点中等专业学校转制而成，历史原因造成高职院校教师的科研意识薄弱、科研水平一般、科研业绩平平，但是，作为高等教育的半壁江山，在高职院校教师的绩效考核、职称晋升等工作中，教科研项目指标、教科研论文指标等，并没有因为高职教育的历史因素、高职教师的转岗因素和高职教学的特殊因素而降低要求，面对科研工作的各项指标，高职院校的教师往往力不从心，无形之中产生心理压力。

五是育人成本加大。高职院校学生往往是应试教育的受挫者，他们大多是因为没有形成良好的学习心理品质，没有掌握科学的学习策略，自我行为调控的水平较低，自我意识不够健全，对自己的学习发展缺少规划，自我管理的能力与心理承受能力较弱等而踏入高职院校的，对他们进行科学化教育和管理具有更高的难度，而高职院校抗突发事件、抗风险的能力远没有本科院校那么大。新媒体时代，任何一个小的事件都可能会给高职院校带来危及生存的后果，这无疑对教师造成一定程度的心理压力。

应该说，高职院校教师心理压力产生的原因是复杂的、多方面的，既有外部原因，也有其自身因素。积极理性地审视高职院校教师的心理压力，提供积极有效的应对策略是解决问题的关键。

党和国家进一步加大对高职教育的重视程度和投入力度，加强现代高职教育的理论研究，充分借鉴与合理利用德国、北美、新加坡等国家先进的高职教育理念，结合我国社会经济发展的现实状况，不断扩大并努力提升高职教育的社会影响，深化全社会对高职教育的理性认识，积极营造全社会重视高职教育、热心高职教育的良好氛围，促进高职教育的健康发展。

二、职业教育的发展对策

（一）逐步建立多渠道的经费保障机制

由于职业教育注重实践性教学，对实训条件、基地、设备的投入相对较大，因此职业教育所需的资金远远高于普通教育。要争取政府更多的经费投入，是建立多渠道经费保障机制的必经之路。政府应按照教育成本确定经费配置比例，调整普通高等教育与高职教育经费的分配结构，提供公平的教育财政制度。另外，职业教育经费投入应在政府统筹管理下，鼓励行业、企事业、社团和公民个人等各种力量办学，充分调动企业办职业教育的积极性。用法律条文明确企业的责任和义务，对企业、个人、社团投资举办或捐赠职业教育实行税收优惠政策，形成多渠道办学投入机制。除此之外，中国职业教育培训市场蕴含的巨大潜力已经引起了国内外风险投资商的关注，加上国家对职业教育产业的大力扶持，使投资者已经对这一市场抱有较高的热情。致力于技能培养的职业教育领域也比较适合私募基金的进入。2006 年精品学习网，一个致力于中国教育培训的门户网站，得到技术创业投资基金（IDGVC）的注资数千万美元；环球雅思，一个著名的出国英语培训机构，得到软银亚洲赛富的投资额超过数亿元；新东方职业教育中心是现在东方标准的前身，一个专门从事 IT 人才综合技能培训、测评的机构，得到 DCM 和德同的共同投资近千万。这种私募基金进入职业教育市场，可以弥补现存的较大资金缺口，是职业教育发展稳定而持续的资金来源，也是职业教育未来多渠道经费保障的发展趋势之一。

（二）专业设置要进一步科学合理化，订单式人才培养模式要不断创新

职业教育尤其是高职教育，人才培养不仅要让学生掌握理论文化知识，更要教会其掌握实际操作技术和技能。开设实用课程，要坚持以就业为导向，以企业需求为着力点，培养技术型人才，不断提高受教育者的就业能力和适应职业变化的能力。要科学地设置专业，要考虑区域性产业结构差异和人才需求的动态变化，以适应市场变化。2012 年全国职业教育与成人教育工作视频会议确定了全国职教战线创新发展工作的八项重点，即大力提高服务经济发展方式转变、产业结构调整、产业优化升级、实体经济发展、区域经济发展、保障民生、解决就业结构性矛盾与构建合理教育结构。会议强调职业教育至少要做到积极发展面向鼓励类产业的专业，控制面向限制类产业的专业，逐步取消面向淘汰类产业的专业，并据此建设新的课程教材体系，改革教学内容和方式方法，把绿色经济、循环经济、低碳技术等现代产业理念和技术贯穿职业教育的各个方面。同时，职业教育必须尽快把全面对接现代产业体系建设的理念转化为实实在在的行动，根据国家产业优化升级的部署，调整专业结构，加强课程体系建设，有针对性地系统培养大批技能型人才、高端技能型人才和应用型人才，以支撑国家产业优化升级战略的实施。为此，职业院校要立足区域经济发展，面向区域主导产业，认真研究分析所在区域的需求，按照分区规划、分类指导的原则，建设一批具有区域特色的学校、专业和课程，使人才培养与区域经济发展相适应。要坚持校企结合的模式。没有企业、行业参与，高职教育就失去了发展的原动力。高职院校应主动密切地与企业联系，厂校合作，不断改善实训、实习基地条件，探索实训基地建设的校企组合新模式，企业提供设备、技术和师资支持，鼓励学生深入生产实际，开展技术推广和技术革新等创新和实践活动，加强和推进校外顶岗实习力度，使校内生产性实训、校外顶岗实习比例逐步加大，提高学生的实际动手能力。不断创新与企业的"订单"式培养模式。可以推广 2004 年教育部与劳动和社会保障部等六部委开展的职业院校技能型紧缺人才培养培训工程，强化校企命运共同体的理念，涉及 259 所高职院校与企业合作，"订单"式培养数控、汽车维修、计算机与软件技术、护理四个专业领域的紧缺人才，已收到很好的实践效果。其中以就业为导向实施教学，引入新加坡的"教学工厂"和德国"项目教学法"及"行业导向教学法"，调整课程设置与教学大纲，强化能力培养，运用现代化教学手段，不断提高教学质量，仍是今后的一个发展方向。

（三）加强"双师型"教师队伍建设

教师队伍的强弱直接关系着教学成败，建设一支有质有量的双师型教师队伍是切实提高教育质量的根本条件。在西方发达国家，例如，丹麦职业教育的教师首先应是熟练工人，或是完成了第三级教育，具备一定的专业技能和实际工作经验，才能够参加教师课程培训，考取教师资格证书。美国职业教育的教师必须是大学本科或硕士研究生毕业，经过教育学院和实践环节的专业培训之后，才能成为职业学校的教师。澳大利亚职业教育的师资培养通常有两种途径：一是通过高等院校培养高学历、高素质的专职职业教育教师；二是从社会选聘专业技术人员，让他们接受师范教育而逐渐成为兼职职业教育教师。适用于中国国情，加强内部培养是未来发展趋势，让教师走出去，深入企业行业实践挂职。有计划、有步骤地组织教师到与所教专业相关的部门、企业或办得好的职业院校参与实践、进修，弥补、充实欠缺的相关知识技能，丰富从事高职教育的经验。要进一步把专家请进来从事教学活动，提升教学品味。要从相关企事业单位选聘具有一定学术地位的专家、工程师或高级技师担任客座教授或兼职教师，弥补"双师"师资的不足，加强学校与企业、社会的联系，为学生就业铺平道路。要从制度上保证"双师型"教师队伍的建设与发展，规范教师职称评定标准。参照生产、建设、管理、服务第一线的专业人员评定办法，高职院校要成立专门机构，制订"双师型"教师建设规划，确定培训内容与形式，制定规章制度，培训成果与奖金、职称、竞岗等各种利益直接挂钩。要通过分配制度改革使教师获得实惠，加强基础设施建设，为"双师素质型"教师队伍建设提供条件。要重视青年教师的培养及教师的继续教育和终身教育，培养高层次的职业教育师资和职业学校校长。可效仿美国在大学里就开设职业教育硕士与博士课程和职业学校校长高级课程，颁发职业学校校长资格证书和职业指导协调能力证书等手段。

（四）完善开放式终身职业教育体系

1999 年召开的第二届国际技术和职业教育大会的主题就是"终身学习与培训：通向未来的桥梁"，大会建议各国要改进提供终身教育和培训的系统，制定灵活的终身职业教育政策。我国终身教育体系的进一步完善，要使所有从业人员都成为终身学习者，都有不断接受培训、更新知识和技能的机会。职业教育终身化必须在大力发展中等职业教育的同时，使高等职业教育得到迅速发展。要积极建立高等职业教育与普通高等教育及职业教育自身各层次间科学合理的课程衔接、学制转换及学习成绩评价认可机制，构建一个开放性的终身职业教育体系，形成各级各类职业教育人才培养的"立交桥"。

第三章 高职院校教师队伍建设的内容

第一节 教师教学设计能力建设

教师教学设计能力是教师教学设计智慧的展现。教学体现了教师对自己所持的信息、概念、技能、程序、态度、价值和信念的一种行动理念，是整合教育资源的一种行动过程，教学设计能力更多的是教学智慧的外在表现。教学设计是一种创造过程，一般展现为情境创设、新知探究和知识应用三个层次。从内容上讲，教学设计包括教学策略选择、教学模式选择、教学方法选择、教学媒体优化、教学评价设计等多个方面，对高职学院教师来讲，教学模式的选择最能体现教师的教学设计能力和教学设计智慧。教学模式是在一定教学思想和教学理论指导下建立起来的比较稳定的教学程序及其方法、策略体系，也是某种教育思想或教育理论的具体化和操作化。教学模式具有指向性、操作性、完整性、稳定性、灵活性五大特点，每个特点都凸显着教师的教学智慧。

一、高职教育的教学模式

（一）国外主要高职教育课程体系模式

美国、英国、德国、加拿大等西方国家的高职教育起步早、层次多，已形成较为成熟、各具特色的课程体系模式。综观其发展历史，职业教育课程开发方法首先是"学科系统化"，在经历了"职业分析导向"和"学习理论导向"的课程开发模式后，目前正向"工作过程导向"的模式发展。西方发达国家比较典型的课程体系模式有六种。

1. "双元制"课程体系模式

从 20 世纪 60 年代末开始，"双元制"（Duales System）成为德国职业教育的主要形式，其根本性标志是学生具有双重身份，既是学校的学生又是企业的学徒，学生一方面在职业学校里接受包括文化基础知识和专业理论知识的教育，另一方面在企业里接受职业技能训练。双元制最初在职业学校实施，后来逐渐发展到高职教育。

双元制教育的课程结构由三部分构成，即普通课程、专业课程、实践课程。专业课程由专业理论、专业计算与专业制图三门课组成。所有专业课程、实践课程的内容都按培训条例的要求，划分为基础培训、专业知识、专长培训三个逐级上升的层次。这种课程结构称为"核心阶梯式"。

双元制课程体系模式是一种以职业活动为中心的课程体系范型。在课程开发方面，围绕职业实践活动这个中心将有关专业理论知识进行有机、合理的综合；课程实施方面，突出职业实践活动的中心地位。其课程体系开发以系统的、科学的职业分析方法为基础，课程开发步骤主要有制定课程标准、设计课程结构。其中，课程标准由培训条例、教学计划纲要两个部分组成。培训条例由企业实施，而教学计划纲要则由职业学校实施，两者相辅相成。

随着科技的进步和劳动生产水平的提高，企业对劳动力的职业素质和行为要求发生了很大变化。双元制模式中的企业培训与职业教育在衔接沟通上出现了问题，作为配合方的职业学校教育难以适时满足企业界的要求，影响了职业教育的整体成效。企业界对职业学校教学的批评日益高涨。进入20世纪90年代以后，德国在双元制课程体系基础上进行了改革，提出了开发"学习领域"课程方案。学习领域课程开发的基础是职业工作过程。学习领域的最大特征在于不是通过学科体系而是通过整体、连续的"行动"过程来学习。"学习领域"课程方案的主要特征：建构主义学习理论是其教育理论基础；行动导向是其教学实施原则；职业学校是其开发实施主体。以职业工作过程分析为基础的"学习领域"课程体系克服了双元制课程体系模式忽视学生个体全面发展的不足，在加强学生跨专业的职业能力（如方法能力、社会能力）的培养上做出了很大改进。

2.CBE课程体系模式

CBE是"Competency Based Education"的缩写，翻译为"以能力为基础的教育"或"能力本位教育"。它是以职业能力分析为课程开发起点，把职业能力看作职业教育基础的一种指导思想和教育模式。其职业能力包括四个方面：一是知识，指涉及与本职业、本岗位密切相关的知识领域；二是技能、技巧，指操作、动手解决实际问题的能力；三是态度，指动机、动力、经验，是一个情感领域、活动领域；四是反馈，即如何对学员掌握程度进行评价、评估的量化指标领域。这四个方面都能达到，可构成一个"专项能力"，一般以一个学习模块的形式表现出来；若干个"专项能力"（通常是6～30个）构成一个"综合能力"，一般8～12项"综合能力"构成一个"职业能力"。

CBE课程体系模式强调以能力作为课程开发的中心，以能力为主线设计课程，所传授的知识是为能力培训服务的。课程设计采用模块式方案，重视学生的能力训练，教学上强调学生的主体作用。此模式对学生的评价以获取从事某种职业所需的能力为标准，理论课与实践课的比例约为1：1。

CBE课程体系开发运用DACUM（Developing A Curriculum）方法。其开发过程的

主要环节为工作分析、任务分析、教学分析、教学开发、教学实施。CBE 课程体系模式之 CACUM 课程开发方法被西方职教界公认为经济有效的方法体系。但是它也有明显的不足，如其能力分析是基于行为主义的思想，把职业能力分解为一些细小的任务和要素，将能力等同于技能或行为，过分强调外在行为，忽视内在能力和情感的变化；它以胜任某一岗位要求进行课程开发，职业针对性狭窄，很难适应劳动力市场的变化，不利于学生的可持续发展。

3.MES 课程体系模式

MES（Mdules Emplyable Skill）是由国际劳工组织研究开发出来的一种模块式技能组合课程体系模式，被译为"模块式职业技能培训模式"或"适于就业技能的模块组合"。人类社会的所有经济活动，可以按活动性质和任务分类划分成若干部分，每一部分称为一个职业领域；将职业领域内人们所从事的生产活动按工作条件、工作环境及其相互关系分成若干部分，每一部分就称为一个工作范围；将某一工作范围按生产活动的性质、任务再进行分割，所得的各个部分就称为工作；而生产者完成某一项工作必须具备的技能标准——一个职业技能系统，就称为工作规范。MES 其实就是这个职业技能系统的复写。经过层层分析所得出的技能标准还可以划分为过程或对象，按活动对象的性质或活动顺序分割成若干个活动单位，分割后的活动单位相互分为不同的层次，通常分为初、中、高三个不同的技术等级，一般是不能再分的这个单位称为模块。每一个模块是一个职业技能系统，学员每学完一个模块，就等于增加了一种就业技能。在这个系统中，每个模块都是可以灵活组合的技能及其所需知识相统一的教学单元。其开发步骤如下：建立工作岗位工作描述表→确定岗位职能→划分工作任务→确定工作模块→编制学习单元。

MES 课程体系模式突破了传统学科系统化的培训模式，建立了以职业岗位需求为依据的培训新模式，缩短了培训与就业的距离。同时，在职业技术培训系统观的基础上，创造性地运用"模块组合"的设计思想，把某一职业按国际通用标准，分解成若干标准化的单项能力教学模块，可根据各国、各地区的条件和要求，选择单项能力教学模块，组成适合本国、本地区要求的某一职业的培训计划，凸显了灵活性和适应性，它可以在不同经济背景的国与国之间转移，还可以在不同职业领域之间转移。但是，这种模式也有不足，即它所覆盖的职业面不够宽，其课程内容难免片面，过多强调教学内容与职业岗位要求的直接相关，有明显的工具主义、实用主义色彩。这种模式不能完全适应学校教育，是适用于短期培训的课程模式。

4. 职业群集课程体系模式

20 世纪 60 年代以前，美国在职业技术教育中普遍实施 CBE 课程体系模式。60 年代以后，在经济增长和科技发展的背景下，职业岗位的技术含量不断提高，职业岗位的变动日益频繁。于是，美国职业教育领域出现了两个相关联的概念：生计教育和职业迁移。生计教育的主要理念是"充分准备与发展成功的职业生涯乃是职业教育的目标"。在学生就业过程中，学校不仅应使学生在职业生涯阶梯上稳定地迈出第一步，而且应继续发展，以获得更大的成功，也就是说学校应着眼于学生整个职业生涯的发展和成功。因而学校必须提供具有发展潜力和弹性的课程。这样，以单一职业为出发点的课程显然不能适应其要求。于是，生计教育理念成为实现职业迁移的理论支撑，进而成为职业群集课程的理论基础。

职业群集课程体系模式是以职业群作为课程编制的出发点和基础。职业群集课程包含两部分内容，该职业群共同的知识与技能及相关职业的入门技术。学生毕业后，在企业中进一步接受针对职业岗位的培训。学生可先广泛学习某一职群的共同知识和技能，然后依照个人兴趣和能力逐渐缩小学习领域，进入某一特定职业；或在学习某一职群的共同知识和技能后，仍继续广泛学习各职业的入门技术。前者为金字塔式群集课程，后者为平行式群集课程。接受金字塔式群集课程教育的学生，毕业后可立即在选定的职业岗位上工作，以后如有需要，则在接受一定的在岗培训或继续教育后，即可转岗工作。接受平行式群集课程教育的学生，毕业后无论进入职群中何种职业岗位，都需再接受转岗培训，才能完全适应职业岗位要求。职业群集课程体系模式的主要目的是使学生具有就业弹性和适应性。其开发设计也是先研究职业群的共同基础知识和基本技能及各职业的入门技术，然后进行教学分析，再编制系统的课程和教材。

5. 事业发展型课程体系模式

事业发展型课程体系模式是以事业发展的四个主要阶段——事业觉察、事业试探、事业导向和职业准备为基础，强调纵向连贯发展的课程体系模式。每一个行业通常均可按其工作性质分为入门性、技术性、专门性、行政性和研究性五个不同层次的职业阶梯。因此在规划职业准备课程时必须先确定培养的是哪一层次的就业人才。这五个层次职业所需具备的工作知识和技能，具有螺旋上升的结构关系。在课程编制上可采用循序渐进的方式，使学生能根据个人的能力和需要，学习某一阶段的课程后立即进入就业市场，也可以再转入下一个学习阶段，修习进一步的课程。

6. 统合型课程体系模式

统合型职业教育课程体系模式分为科技整合及群集阶梯整合两种主要形式。科技整合型课程体系模式是将不同技术的职业课程系统地加以整合，以培养跨科类的复合型人才。群集阶梯整合课程体系模式是将职业群集与阶梯两种课程形态加以统合后形成的课程体系模式。这种模式既立足于职业群集，又实施分阶段教育。学生先接受职群的试探教育以决定选择何种职群为自己的学习目标，然后接受所选择职群的共同基础教育，继而分流接受甲类或乙类专业基础教育。在专业教育阶段，学生可以决定一种专门化方向。

二、国内高职教学模式的运用

教学模式是在一定的教育思想、教学理论、学习理论的指导下，在一定环境下展开的教学活动进程的稳定结构形式，是开展教学活动的一套方法论体系。换句话说，它是基于一定教学理论而建立起来的较稳定的教学活动框架和程序，直接面向和指导教学实践，是教学理论与教学实践之间的桥梁。它包含教学模式所依据的教学理论、教学目标、操作程序、实现条件和评价方法五个主要因素。由于教学实践依据的教学思想或理论的不同，学习内容和目标的不同，教学实践活动的形式和过程必然不同，从而形成了不同的教学模式。

目前国内高职教学模式运用比较典型的有：学科本位课程体系模式，平台式课程体系模式，模块式课程体系模式，宽基础、活模块、集群式课程体系模式，多元整合课程体系模式，项目化课程体系模式等。而"一体化、多层次、开放式"教学模式更具代表性，介绍如下：

（一）"一体化、多层次、开放式"教学模式的创建

国际流行的 CBE、双元制、MES 和 CDIO 职业教育模式都是建立在职业教育学的基础之上，都是以能力为基础的职业活动模式，有"完整的行为模式"，教与学的目标明确，以职业技能培养为核心，重视学习过程的质量控制和评估。目前我国高职教育中采用的教学模式类型较多，其主要有：启发式、探讨式、任务驱动式、问题解决式、学导式、行动导向式、产学一体式、五段式、"教学做"一体化、理实一体化等多种教学模式。在这些教学模式中，依据教学模式构成的理论体系分析，都存在着一定的局限性和片面性，只是强调了教与学某个方面，没有体现出从教学理论、教学目标、操作程序、实现条件和评价方法等多方面综合的教学模式特点。为此，遵循高等职业教育发展的特点与规律，将教学过程与生产劳动、社会实践相结合，运用教育学、心理学和一般系统理论，研究出一套较为完整的、适合我国国情与时代发展的、以能力为核心的"一体化、多层次、开放式"的高职教育新模式。

（二）"一体化、多层次、开放式"教学模式架构

"一体化、多层次、开放式"教学模式架构的核心内容就是开展融"教、学、做"为一体的教学方法，实施以任务驱动、项目导向的"多层次"实践教学体系，创设一种"开放式"网络自主学习、实践和教学管理环境，研究评价学生实践能力和创新能力的标准，形成以能力为核心的过程化和多元化考核评价体系。

（三）"教、学、做"一体化教学方法的建立

在教学模式中，其教学方法是关键。"教、学、做"一体化教学方法就是实现理论

与实践一体化、教学内容与工作任务一体化、教学情景与工作环境一体化、实训项目与工程项目一体化、教师与企业工程师一体化、学生与企业员工一体化、理论考试与实训考核一体化。以"做"为主，"做"是学的基础，也是教的基础，学习的目的是把事情做成、做好，还要不断地创新，把事做得更好、更精。其实质是教学过程的实践性，内涵是教学与生产劳动、与社会实践相结合的教学方法，切入点是"工学结合，校企合作"。就是要以项目为载体，以学生为主体，教师为主导，引导学生参与学习与实践，采取边教、边做、边学的方式，将理论学习与实践训练融为一体。在"做事"的过程中，学习知识、技术和技能，发现问题、研究问题、解决问题、创造问题，激发学生的学习兴趣，提高学生的职业素养，提升自主学习能力等，让学生掌握技术与技能，形成职业核心能力。

在开展"教学做"一体化教学过程中，不仅要充分发挥校内实验实训设备的作用，还要充分利用工学结合、校企合作这一载体，把课堂搬到工厂，把工厂搬到学校，实现校企合作组合新模式。重点应从以下几方面做起：

（1）调整专业人才培养方案和实施性教学计划，开发一体化教材，设计"入门项目、主导项目、自主项目、综合项目、顶岗实习"等多层次的实践训练项目体系，使实验、实训与实习环节贯穿于整个教学过程中，真正体现教学过程的实践性、开放性和职业性。

（2）培养"双师型"教师队伍，增加专业教师中具有企业工作经历的教师比例；安排学校教师到企业生产实践，积累实际工作经验，提升实践教学能力；聘请企业能工巧匠和专业技术人才到学校担任兼职教师，承担专业技能课程教学或实训、实习指导。

（3）建设一体化课程专用教室、开放式网络自主学习环境、开放式实训基地和开放式教学管理体制，充分发挥学生的主体作用，激发学生的主观能动性和创造性，让学生在一个具有"开放性"的和谐环境中自主学习与实践。

（4）改革考核评价制度，实行以能力为核心的过程多元化考核制度，增强考试的选择性和多样性，通过学生现场展示、模拟训练、动手操作、产品制作、成果报告等多种考核方式和手段，评定学生成绩，评价学生能力，减少纯理论性的试卷考试。

（四）"多层次"项目实践体系的构建

现代高等职业教育教学活动中，以工作过程为主线，以项目为载体。按工作过程中活动与知识的关系把要做的项目按由单一到综合，由简单到复杂的循序渐进规律分层进行设计，形成高等职业教育实践教学体系。设计为"入门项目、主导项目、自主项目、综合项目、顶岗实习"等多层次的实践训练项目。主要内容可设置为：

（1）入门项目：入学教育、军事训练、参观实习、认识实习等。

（2）主导项目：课程实验、课程设计、课程实训及课程实习等。

（3）自主项目：科技协会项目、挑战杯比赛项目、技能大赛项目、勤工俭学、社会兼职、社会调查、"三下乡"及社会实践项目等。

（4）综合项目：职业技能综合训练、专业综合实训、仿真实训、毕业设计与就业指导实训等。

（5）顶岗实习：学习、就业、工作三位一体紧密结合与渗透，使实习与上岗就业有效对接。

充分利用校内外实训基地条件，引入企业真实项目，创新设计"（企业）项目—（学生）主体—（生产）情境"的实践教学环境，优化设计实践项目具体内容，建立实践项目训练的有效管理机制，提高学生的实践技能。

（五）"开放式"自主学习、实践与教学管理环境建设

建立良好的"教、学、做"一体化教学与实践环境是实施一体化教学的物质保障，直接关系到学生实践能力与创新能力的培养。它不仅需要有必备的硬件条件，还需要有完备的软件环境，即建设一体化课程专用教室、开放式网络自主学习平台和开放式实训基地，形成"课堂与网络""工学结合""工学交替""校内与校外"相互融合的开放式自主学习与实践环境；采用弹性学制、学分制管理，实现半工半读、工学交替等"开放式"的人性化教学管理和学籍管理办法，促进学生实践能力、创新能力和竞争力的提升，培养出合格的高素质、创新型、高端技能型专门人才。

（六）建立以能力为核心的过程多元化考核体系

从培养具有高素质职业技能人才的要求出发，"教、学、做"一体化教学改革迫切需要建立一个合理的学生成绩评价体系，引导教师和学生按照高职人才培养的特点开展"教"和"学"的各项活动，以利于学生个体的职业发展需求，利于学生学习自主性、主动性的加强。为此，以"就业为导向、素质为本位、能力为核心"的职业教育理念，必须着力考核学生的岗位实践能力，构建以职业资格标准为导向，综合职业能力培养为核心，职业资格证书和学历证书相结合，课堂学习与社会实践、社会考评互相衔接的课程体系，建立一套以职业能力为核心的过程多元化考核评价体系。通过评价，提高学生的职业综合素质和专业技能、就业竞争力和社会适应力，激励学生进取，促进学生发展，实现职业教育的人才培养目标。重点应从以下几方面做起：

1. 重视过程性

以能力为标准，注重过程性评价，按照教学目标要求，将岗位能力训练的最终目标分解为多个项目，进行全程分段考核。评定成绩的时间，不以学期、学年为限制，以实际课程中所含职业技能内容的具体情况确定。这就要重新组织课程资源，构成技能的考核项目，根据项目的具体教学情况安排考试方式和时间。

2. 形式多样性

实行以实践为主、笔试为辅的考核方式，重点建立以能力为核心的过程化和多元化考核制度，增强考试的选择性和多样性。可采用学生现场展示、模拟训练、动手操作、产品制作、成果报告和现场解决实际问题等多种考核方式综合评价学生成绩。实现项目评价、过程评价、目标评价、理论与实践一体化评价模式。

3. 评价主体多元化

为全面真实地考察学生的职业技能，采用评价主体多元化。评价学生的主体多元化包括授课教师评价、企业技术指导人员评价和学生互动评价。此外，评价应当是一个动态的过程，要从重视学习结果的中介性评价转向对学生职业素养、心理素质、健康体魄、学习兴趣、情感体验、审美能力、团队精神等的综合评价，着眼于学生千差万别的发展现状，使评价更具有职业导向性和实效性。

第二节　高职课程的教学设计与教学方法

课程是教育活动的基本单元，在高职教育教学中，专业特点不同，知识和技能的目标、内容和表现形式不同，在具体组织一门课程的教学内容和实施教学的方法上，不同的课程会有一定的差异，就教学本身来说，教学设计与教学方法带有一定的艺术性，每个教师都会在长期的教学实践中形成自己的教学风格和特点。从高职教育教学规律来讲，不同课程从内容选取、结构安排、学时分配到选择合适的教学方法是有共性的，也是有规律可循的。

一、课程及课程体系

课程是教学活动的载体，是实施教育活动的基本单元。它是学生为未来从事职业、岗位操作和事业发展的需要而学习的知识、经验和技能的总和。课程对于教育来说，其重要性在于：课程是学校改革与发展、提高教育质量的关键环节和直接载体，因为学校是通过课程为学生服务的，也是通过课程教学来达到培养高素质技能人才的目的，另外，从教育的基本规律来看，课程是学生能力建构的基础和依托。总之，课程是教学设计和教学方法的实施载体。

课程体系是专业人才培养方案的核心内容，高职专业人才培养方案规定了专业人才培养目标、基本规格、内容框架及培养方式等，其核心是人才培养框架计划，它是安排教学任务、组织教学活动的基本依据，同时也是学校对教学过程及教学质量监控和评价的基础性文件。人才培养方案形成的关键是"以就业和职业岗位需求为导向，以职业能力培养为本位，以'双核'培养为总体目标"，将行动领域转换为学习领域，构建课程体系，明确职业岗位所需要的核心技能及对应的核心课程。

因此，教师接受一门课程的授课任务，在开展教学实施前一定要对专业人才培养的目标和要求有一个明确的认识，进而从整体上把握专业课程体系的基本架构，这样，才能在教学过程中不迷失教学方向，确保教学目的的实现。专业人才培养方案是教师进行课程教学设计的宏观基础，是保证课程的教学目标和内容与人才培养目标和要求达成一致的重要保证，而教学实施的具体依据则是课程教学标准和授课计划。

二、课程教学设计

课程教学设计应从两个方面来展开：一是教学内容设计，即设计和编制各类教学文件；二是教学组织设计，即教学组织实施的方法设计。

（一）设计及编制课程教学文件

一般来说，开展教学工作，需要一定的教学文件作为支持，其中对于教师授课须提交的反映教学过程及结果的材料和时间要求有明确的规定。这些要求一方面是对一名合格教师的严格规范；另一方面，也是更为重要的，是确保教师在实施教学活动中能够实现既定人才培养的目标和任务，避免教学活动从内容选择到组织实施的随意性，从而确保课程教学质量。

通常，一门课程的教学文件包括课程教学标准（或教学大纲）、授课计划、教案（包括习题册）、学生应完成的课程作业、考核学生学习效果的方案（或试题、试题库）、教学实施后对教学效果的分析（试卷与成绩分析）。应该说，课程教学标准和授课计划是课程教学设计的直接反映，是教学设计结果的基本表现形式，而教案则是它们的具体内容。

1. 课程教学标准

传统的学科体系下，课程教学设计的基本依据是教学大纲，它确定本门课程教学的基本任务和要求，依据学科的知识系统与有关先行课、后继课之间的联系，确定各章、节的基本内容，重点和难点；同时要提出本门课程教学组织实施的原则和学时数，并分列讲授课、习题课、实验课及其他实践性教学环节等教学时数的分配。无论是教材和教学参考书的选编、授课计划的制订，还是成绩考核、教学检查及课程评估都要以教学大纲为依据。

课程标准提出了面向学生的学习基本要求，是对学生在经过一段时间的学习后应该知道什么和能做什么的界定和表述，主要有内容标准（划定学习领域）和表现标准（规定学生在某领域应达到的水平）。课程标准与教学大纲相比，教学大纲"以教师的教为主体"，突出的是教师的"教"以及"如何教、教到什么程度"，课程教学标准"以学生的学为主体"，突出的是学生的"学"以及"通过学习能具有的能力"，这是进行课程教学设计的出发点。

2. 授课计划

授课计划是某学期某门课程的整体教学方案，它主要以课程内容、学时安排及分学时课程目标来体现。授课计划的作用是规定课程的授课内容、达到的教学目标及实施进度，授课计划是组织和监督课程教学活动的依据。

3. 教案

教案是教师为顺利而有效地开展教学活动，根据课程教学标准，以课时或课题为单位，对教学内容、教学步骤、教学方法等进行具体的安排和设计的一种实用性教学文书，又叫课时计划，一般以 2 学时为一个单元来设计，又被称为课程单元设计。

（二）教学组织设计

教学组织设计也称课程教学设计，就是根据课程教学应达到的能力目标，选择和组织课程内容，分学时有序地安排课程教学单元（通常以 2 学时为一个教学单元）。

一是要选好教材。选一本好教材很不容易，高职院校对教材选用的基本要求是选用"高职高专系列教材"，尽管高职高专教材的编写质量有待提高，但经过多年的职业教育教学改革，教材编写从内容到体例都做了有益的探索和尝试，相比学科体系的教材来说，其对高职院校的适应性还是可以接受的，教师在讲课过程中可以通过大量的学科教材对高职高专教材进行补充和完善，但学生用书必须适合高职学生的认知能力和知识基础。所以，一般不建议选用非高职教材，尤其是本科教材。

二是确定课程教学的能力目标。应以职业岗位需求为根据，确定本课程的能力目标，并用具体的、可检验的语言准确描述课程实际能够达到的能力目标，语言描述为"学生能用 ×× 做 ××"。这里所说的"做"是指"完成专业任务"，而不是指"掌握知识"，所以，"能理解 ×× 概念，能掌握 ×× 定义"的描述都不是对能力目标的规定。

三是从教材到课程的内容改造。这里强调的是对内容的主动改造，在教材的基础上进行二次开发。讲课也好，课程教学整体设计也好，不能完全依赖教材的内容和结构，一句话，就是要"用教材教而不要教教材"。这就要注意对教材内容的取舍，讲课不是讲书，不一定把教材内容毫无遗漏地全包括，选取内容就是根据职业岗位实际工作需要的知识、能力和素质要求，从"以知识的逻辑线索为依据"转变成"以职业活动的工作过程为依据"，还要考虑学习者可持续发展的可能性。

四是对选取的内容进行课程化，分学时按序列安排课程单元。这一环节设计的关键是确定每一课程单元的技能点和知识点，进而组织教学素材。这是现代高职课程教学改革中对教师来讲难度比较大的一个问题，通常教师习惯了学科体系的教学模式、课程的逻辑起点而进行任务驱动式的课程内容组织，关键在于项目载体的选择，一般要选择和设计一个或几个贯穿整个课程的大型综合项目。

作为训练学生职业岗位综合能力的主要载体，并且要将项目实施分解到课程单元中，明确每一课程单元的技能点和知识点。能力训练应该是多次反复地训练，要知道能力是讲不会的，也是教不会的，能力是学生自己练出来的。所以，设计综合项目的同时还要尽可能设计一些单项训练，这就好比习武，要经过日积月累、刻苦研习，才能百炼成钢。

除此以外，课程教学的整体设计还包括课程教学过程的一体化设计、读书（教师的知识准备）、做题（学生的知识巩固）、操作（教师要做预实验）、课程考核设计、第一堂课的设计等。

（三）课程的教学方法——行为引导型教学法

在以掌握技能为目标的高职课程教学中，行为引导型教学法是一种值得研究和尝试的教学方法，它不是一种既定的教学方法，而是一种教学理念，其目标是培养学生的关键能力，让学生在活动中培养兴趣，积极主动地学习，让学生学会学习。行为引导型教学法要求学生在学习中不只用脑，而且是脑、心、手共同参与学习，提升学生的行为能力。

1.行为引导型教学法实施的技巧

一是教师要进行角色转变。由教师单纯地讲解和复制知识的教师控制型单向交流模式转变为由教师引导学生通过意义建构的方式获得知识，进行合作学习的双向交流模式，教师关注的是学生之间的讨论与交流。

二是按学习领域的要求编制好教学文件、明确教学要求、安排好教学程序，上课前，要充分做好教学准备，要事先确定通过哪些主题来实现教学目标，教学中要更多地使用卡片、张贴板和多媒体教学设备，使学生的学习直观易懂，轻松高效。在这种情况下，教师实际上就是导演或艺术指导，学生才是真正的主角，这充分体现了以学生为主体的职业教育思想。

三是组织教学时，教师要为学生组织和编制好学习小组，建立以学生为中心的教学组织，让学生以团队的形式进行学习，以此来培养职业教育关键能力，尤其是社会能力。在教学过程中让学生学会使用展示术来展示自己的学习成果。

四是熟练运用头脑风暴法。由教师引导学生就某一课题自由发表意见，教师和学生共同讨论和收集解决实际问题的建议，促使学生对某一教学课题有自己的见解，经过组合和改进这些建议，达到创造性地解决问题的目的。

五是学会导入调控技术。导入是一种艺术，是教师的学识、才智、情感的综合体现。教师要重视导入技术的研究和锻炼，每种导入都应从教学目标出发，使学生明确学习目的和教学内容，启发他们学习的积极性和主动性。同时，教师对教学秩序应有较强的调控能力，包括信息调控、时间调控和反馈调控。教学实施过程中采用师生互动、生生互动等形式，多鼓励、赞扬、肯定，少批评或不批评，使学生逐渐建立起自信。

2. 五种行为引导型教学的主要方法

针对不同课程的特点，可以通过案例教学法、角色扮演教学法、引导课文教学法、项目教学法、模拟教学法等实施行为引导型教学。

（1）案例教学法主要通过一个具体案例的讨论和思考，去诱发学生的创设潜能，其实施关键是案例设计。

（2）角色扮演教学法作为一种扎根于个人和社会两个方面的教学模式，这种方法力图帮助个人了解他所处的社会环境与社会群体，共同致力于分析社会情境（或工作情境），分析人际关系，角色扮演的过程给人的行为提供了生动的实例，学生可以通过实例体验工作情景、感知工作态度、培养解决问题的技能、加深对课程内容的理解。

（3）项目教学法主要通过师生共同实施一个完整的或真实的项目工作而组织教学活动。实施的关键是采用小组工作的方式，共同制订计划、共同或分工完成整个项目。

（4）引导课文教学法。它是项目教学法的完善和发展。学生借助一种专门的教学文件即引导课文，通过自学的方式学习新的知识、技能和行为方式。在实际教学中，学生在大量技术材料（如学习指导，操作手册、操作说明书等）中独立获取所需要的专业信息，独立制订完成工作任务的计划，从而获得解决新的、未知的问题的能力，并系统地培养学生的"完整行为模式"。

（5）模拟教学法分为模拟设备教学与模拟情境教学两大类：模拟设备教学是利用模拟实验设备供学生操作，模拟设备操作允许学生操作失误，也可主动设置技能故障供学生排除，同时还可以设计单项技能训练；模拟情境教学主要是根据专业学习要求，模拟一个较为真实的社会场景，让学生在一个现实的社会环境氛围中对自己未来的职业岗位有一个比较具体的、综合性的全面理解，达到学生职业素质全面提高的目的。

总之，教师教学设计能力建设应从熟练运用教学模式和创新教学模式做起，不断展现高职教师的教学设计智慧。教学设计一定要展现一种精神力量，使教学内容有内涵，有条理性，有艺术性，从而在一种教学的创造性劳动中展现高职教师的才华和人生价值。

三、"U-G-S"教育模式的运用

在普教系统中形成了一种"师范大学—地方政府—中小学校"的合作教育模式。借鉴高职教育系统，可以把它改成"高职院校—地方政府—企业"的教育模式，充分运用其功能上使各构成要素相互联系、相互作用、相互促进的思想，实现通识教育与专业教育的融合。教育理论与教育实践的融合，既实现教师教育阶段的契合、教师主体的合作，又实现教育空间的弥合。东北师范大学"U-G-S"教育模式的主要理论要点如下：

（一）哲学基础："知行统一"的学习观

中国传统哲学中"知行统一"的思想对教师教育的启示是深远的，"U-G-S"教师教育模式通过面向实践的学习为师范生提供了"知而必行，行而后知"的条件，从而使师范生的知行统一成为可能。此外，对于大多数中小学教师，由于其实践往往欠缺思辨，达到"行之明觉精察处"的境界还很难。因此，"U-G-S"教师教育模式也为中小学一线教师提供了将其实践经验中缄默的知识激发出来的机会，从而也促使一线教师的知行统一得以实现。另外，从马克思主义实践哲学出发去审视教师教育，同样，教师教育理论也不应是与实践脱节的理论，而是应该有着实践取向的、体现在教师专业生活实践情境中的理论。"U-G-S"教师教育模式面向实践的学习力求改变以往教师培养中"理论与实践二元分立"的思维模式，以"行动中反思""行动中认识""认识中反思""认识中行动"的"反思性实践"为取向，突出教师的主体性，依靠教师自主实践和反思来融通教育实践中长期分离的"理论"和"实践"。"U-G-S"教师教育模式基于教师教育实践、面向教师教育实践、服务教师教育实践，旨在促进教师教育理论与教师教育实践的融合。

（二）价值追求"教师教育合作发展共同体"的形成

教师教育是一项需要多方机构和人员参与的复杂工程，没有相关机构和人员的积极参与和有效合作，教师教育的目标难以实现。一是教师教育者之间的合作。教师教育不仅涉及大学方面多学科的教师，也需要中小学教师作为实习指导教师参与。教师教育课程体系各要素之间能否有机融合，教师培养的目标能否实现，在很大程度上取决于参与教师教育的这些主体，同时不仅取决于他们各自的个体素质，更取决于他们教师教育理念的共识，以及基于这些共识的相互配合。二是师范生之间的合作。教师教育应该重视师范生合作意识的培养，并为师范生尽可能多地提供和创造合作学习的机会。"U-G-S"教师教育模式采用"县域集中、混合编队"的方式，为师范生提供了合作学习的实践载体。三是教师教育者与师范生之间的合作。教师教育者与师范生之间应该建立一种平等对话的关系，这不仅有助于师范生学会合作和教学，有助于教师教育者与师范生之间形成有效的"教学相长"效应，更可以为师范生参加工作后建立自己的师生关系提供示范。四是大学与中小学校之间的合作。大学只有与中小学校紧密合作，才能够及时把握基础教育改革与发展的脉动，教师教育也才能真正成为一种"为了实践的教育"。大学只有与中小学密切合作，才能保障师范生有充分的、高质量的教育实践机会，教师教育才能真正成为"基于实践的教育"，才能在理论与实践之间架起一道有机结合的桥梁，教师教育才能真正成为"关于实践的教育"。五是师范大学与地方政府的合作。吉林师范大学 20 世纪 80 年代探索的"长白山之路"为农村基础教育服务积累的"校—府"合作教师教育经验，学校主动牵手地方政府，将地方政府作为教师教育重要主体之一，赋予其责任与义务，为"U-G-S"教师教育模式提供行政资源保障。"U-G-S"教师教育模式的实施，最终就是要形成师范大学、地方政府、中小学校三方及其内部主体之间的教师教育合作发展共同体。

（三）实践载体："实验区"建设

教师教育模式需要在教育实践中发挥其价值，才能不断地获得调整、充实与完善。2007 年 12 月，吉林师范大学与辽宁省教育厅、吉林省教育厅、黑龙江省教育厅分别签署协议，共建"教师教育创新东北实验区"。"实验区"建设是培养优秀教师和未来教育家的基础性建设工程，是"U-G-S"教师教育模式的实践承载。在"目标一致、责任分担、利益共享、合作发展"的工作原则下，开展了师范生教育实践、在职教师专业发展、教育课题合作研究、教育信息资源平台建设等工作。目前，吉林师范大学"实验区"规模稳定在东北三省及内蒙古的 22 个县市教育局范围内的 110 所中学，可以同时容纳 1 500 名师范生进行教育实习工作。实验区建设经历了被动参与、互助共赢、共同责任和协同创新四个阶段。"实验区"建设为"U-G-S"教师教育模式的实施搭建了坚实的实践平台。

"U-G-S"教师教育模式突破了师范大学教育空间的限制，将师范大学"人才培养、科学研究、社会服务"的功能延伸至"实验区"中小学校，"实验区"有多大，师范大学的校园就有多大。依托"实验区"建设，"U-G-S"教师教育模式中的三方主体共同构建并实施了"教育见习—模拟教学—教育实习—实践反思"的教师教育实践课程体系，探索总结出"县域集中—混合编队—巡回指导—多元评价"的教育实习模式。师范大学的校园延伸至"实验区"，使师范生的实践课程学习充分体现"实践性"，充分实现与中小学校的对接，使师范生在真实的教育教学情境中获得真实的体验与锻炼。反之亦然，即"实验区"从小学校园延伸到了大学校园。这种延伸使"实验区"中小学教师也有更多机会享受师范大学的优质教师教育资源。在"U-G-S"教师教育模式的实施过程中，吉林师范大学针对"实验区"中小学教师专业发展现状和需求，构建并实施了以"常青藤工程"（激活教师进修学校职能，盘活教师进修学校资源）为主，由"集中培训""顶岗实习，置换培训""校本研修""送课下乡""订单培训""双向挂职""同课异构"等形式构成的立体在职教师培训网络。培训工作促进了实验区中小学教师的专业发展。"实验区"中小学教师专业水平的持续提高通过教育实习指导工作也间接"反哺"了师范大学的师范生培养。

根据吉林师范大学的成功经验，高职教育只要调整"U-G-S"的主体，其哲学思想、价值追求和实验区建设的理念和经验都可以运用到高职院校的内涵建设之中。"高职院校—地方政府—企业"形成全新的教师教育模式，完全可以达到吉林师范大学的实践效果，创造一个全新的教师教育模式。实际上，高职教育的"实验区"建设已经有成功的经验，天津市政府与教育部已对天津市高职教育示范区建设达成共识，"海河教育园区"就是"实验区"建设的典型代表。只要各个地区的政府从实际出发，充分整合教育资源，才能形成"学院—政府—企业"三位一体紧密合作的格局，高职教育也可以形成有自身特色的"U-G-S"模式。

第三节　教师队伍的自身建设

教师队伍自身建设包含着一系列理论与实验问题，如教师的内涵；身份、定位与角色认同；信念、态度、行为；专业精神内涵；职业道德建设；教师理论自觉。教师队伍建设存在的问题及"教学做合一"模式的运用等，都是教师队伍自身建设需要关注的问题。

一、教师角色定位的理论认同

（一）教师教育者的内涵

"教师教育者"这一名词是一个舶来品。其对应的英文名称为 teacher educator。"教师教育者"与"教师教育"概念的提出密切相关。20 世纪 30 年代后，发达国家的"师范教育"（normal education）概念逐渐被"教师教育"（teacher education）所取代并成为国际通用的概念。教师教育者泛指所有旨在培养或培训教师的人员，即教师的教师。广义的教师教育者主要包括基础教育机构中的教师教育者，也包括教师教育机构中的教师教育者。狭义的教师教育者仅指高等教师教育机构中的教师教育者。

1.基础教育机构中的教师教育者师范生（student teacher）

教育实习的中小学教师及指导新手教师的有经验的中小学教师（"师徒制"中所谓的"师傅"）。这一类教师教育者在西方国家被称为 school - based teacher educator、teacher of teacher、cooperating teacher 或者 mentor。在西方国家，指导职前教师实习的中小学教师往往被视为教师教育者。拜伦（Buran B.）等人采用质的研究方法研究课堂教师（classroom teacher）对教师教育者的角色认同，发现大学—中小学合作关系的密切程度影响到课堂教师对教师教育者的定义。那些曾经有指导职前教师经历的课堂教师更倾向于把自己视为教师教育者。基础教育机构中的教师教育者人数多、质量参差不齐、身份模糊。由于具有较强的教育实践能力和丰富的教育教学实践经验，他们往往被称为实践的教师教育者。与之相对应的是理论的教师教育者，即教师教育机构中的教师教育者。

2. 教师教育机构中的教师教育者

教师教育机构中的教师教育者包括高等教育机构中培养师范生的大学教师、中等师范学校中的教师及教师进修机构中的教师。狭义的教师教育者指高等教师教育机构中与培养师范生相关的大学教师，包括传统意义上教育学、心理学及学科教学法的大学老师。高等教师教育机构中的教师教育者在国内外却存在着差异。其具体表现为：①在我国，这类教师教育者主要是由获得博士学位的人担任，这些人往往没有从事中小学教学的经历，甚至很多没有学科专业背景，因此这类人员与其说将其称为教师教育者，不如将其称为教师教育研究者；②在欧美国家，这种类型的教师教育者往往在中小学任教多年后，通过获得教育硕士或者教育博士学位进入教师教育机构，从而成为教师教育者，他们从中小学进入高等教师教育机构后，主要关注的是研究。当然也存在一些类似于中国的纯学术的教师教育（研究）者。

（二）教师教育者模糊的身份认同

教师教育者的身份认同就是教师教育者对"我是谁"的理性思考。目前教师教育研究领域关于教师教育者身份认同的研究表明，教师教育者的身份认同没有达成共识。大体上有如下几种观点：①教师教育者包括教育学、心理学、课程教学法的老师；②除了包括教育学、心理学、课程教学法的老师之外，还包括各相关学科（如中文教育、数学教育等）的大学老师；③除了包括②中的老师之外，还包括所有与"人"相关学科的老师，如教授礼仪课、哲学课等方面的老师；④所有涉及培养或培训教师的大学老师都是教师教育者——这是最广泛意义上的教师教育者。

教师教育者身份认同模糊的原因有很多，但是教师教育大学化的趋势和教师教育者在高等教育领域中的地位不高是其两个重要原因。因此，很多教授呼吁要通过制度建设等措施提高教师教育者的地位，认为"教师教育学科建设的内容之一是'教师教育者的身份确立'"。在大学专业学院里设立教师教育教授席位，只有在教师教育教授席位设立的条件下，教师教育的人才培养、课程设置、科学研究等才会走向专业化。培养专业化教师需要有专业化的教师教育者，而教师教育教授席位应该是专业化的标志之一。国外学者则认为教师教育者需要进行自我研究（self-study）来实现自己的教师教育者身份认同。自我研究是教师教育者角色转变、实现教师教育者身份认同的途径之一。即通过提高教师教育的学术研究水平来提高教师教育者的地位。因为教师教育者作为大学教师的一员，学术研究水平的高低成为衡量其社会地位高低的重要标志。

（三）教师教育者的角色

教师教育者模糊的身份认同的一个重要原因在于教师教育者角色的模糊。那么何为角色？何为教师教育者的角色？在《辞海》中，"角色"有两个含义：①指戏剧、影视剧中的人物；② "社会角色"的简称，指"与人的社会地位相联系并按规定执行的行为模式。社会学将其定义为社会地位的行动和动态表现。社会心理学将其定义为通过交往活动中一系列具有一定模式的学习而得来的行动。二者对此词理解和定义尽管有所区别，但皆用角色概念来指明社会中的人际关系"。教师教育者的角色是指教师教育者作为一名专业人员应该在教师教育工作中所具备的功能，是教师教育者社会人际关系的具体体现。基于西方学者的研究及美国教师教育者协会（The Association of Teacher Educators）颁布的教师教育者标准，教师教育者至少应该扮演以下三种角色，即教师教育者是教师教育知识的生产者、教师专业合作的引领者及教师教育文化的推动者。

1. 教师教育者是教师教育知识的生产者

教学、科研和社会服务是大学的三大功能，其中科研便是知识生产的活动，大学教师从事科研就是为了进行知识的生产。教师教育者作为大学教师队伍中的一个特殊群体，他们的一个重要功能就是教师教育知识的生产。美国的教师教育者专业标准明确提出教师教育者要在"从事探究与学术研究，扩充教师教育知识的基础上"，要"在课程内容、专业知识、专业技能、专业品格、反思性研究、熟练掌握技术和评估及接受最佳实践方面做出教学表率"，而且在项目发展中，要"在开发具有缜密的、相关的、具有深厚理论基础的研究和实践方面扮演领导角色"，并且"要致力于提高教师教育专业的水平"。教师教育者关于知识的生产方面，一个重要的工作是把教师教学存在的隐性知识显性化，能够把实践性经验提升到理论高度，在这些方面为教师做示范。教师教育者在实践性知识（学习材料、课程）和理论本质知识方面（研究，在专业杂志的发表）要成为创生者。教学知识一方面是为了教师教育和学校产生以新课程形式而产生的实践性知识，另一方面是从研究中产生理论性知识。

2. 教师教育者是教师专业发展的引领者

教师专业发展是指教师由非专业人员逐渐成为专业人员的过程。教师专业发展是"教师的专业成长或教师内在专业结构不断更新、演进和丰富的过程。以教师专业结构，教师专业发展可有观念、知识、能力、专业态度和动机、自我专业发展需要意识等不同侧面；根据教师专业结构发展水平，教师专业发展可有不同等级"。教师教育者对教师专业发展的引领主要是指教师教育者为教师的观念、知识、能力、专业态度和动机、自我专业发展需要意识提供支持和帮助。教师教育者除了要熟悉师范生的教学情景外，还要与教师、专家教师和学校管理者保持联系，要与外部保持良好的沟通，包括高等教育机构、政策制定者。教师教育者要参与帮助师范生发展团队成员的合作能力，要在协调师范生、指导教师和大学教师教育者三者的之间关系方面做出表率。

3. 教师教育者是教师教育文化的推动者

教师教育文化是指教师教育领域中所有物质和精神财富的综合，既包括教师教育的物质文化，也包括教师教育领域中的世界观、人生观、价值观等具有意识形态性质的部分。教师教育领域中的公正、民主、多元等价值观就属于教师教育文化的重要组成部分。教师教育者要"致力于文化胜任力，促进教师教育领域中的社会公正"。在文化多样的社会里，学生的家庭背景、种族、信仰等社会文化方面存在着多样化的特点，因此，教师了解学生的这些文化差异后，必须在课程安排、教学、辅导等教育教学过程中做出适当的处理。而在教师教育过程中，教师教育者需要与未来的教师分享这些理念，即针对不同文化背景的孩子应该做出何种处理方式。在我国，种族文化的差异不太明显，但是不同民族、不同地区的文化存在差异，教师教育者在教师教育过程中应该注意到这些差异，从而让教师意识到文化差异对学生的影响。另外，教师教育者应该指导教师形成一种健康的、积极的文化观，因为教师作为推动社会发展的重要成员，往往是社会积极文化的传播者。

（四）教师信念的构建

关于信念的研究涉及哲学、心理学、社会学和人类学等多个领域。语文学上一般认为，信念是自己认为可以确信的观念和看法。哲学上认为，信念是人们对某种观点、原则和理想等形成的内心的真挚信仰。心理学上则认为，信念通常跟情感和意志融合在一起，并在很大程度上影响着个体的态度和行为方式。信念的几个典型维度，包括认知维度、判断取向、情感维度、情感—认知—评价混合取向等方面。即信念与人的认知、主观判断、评价、情感、态度、行为倾向等密切相关，是人们对某一事物或观点所持的较为稳定与持久的看法与认识，人们总是倾向于从自己的信念出发去观察周围事物，并做出判断及采取行动。信念也是行动前的倾向，影响着个人的态度，进而形成一种意向从而影响行为，行为的结果得到回馈信息，个人又据此修改其信念而不断循环。教师信念是教师自己确认并信奉的有关人、自然、社会和教育教学等方面的思想、观点和假设，主要包括教师对学校组织、教师角色、教育教学、学生成长、自我发展的信念，通过教师的态度来反映并潜移默化地影响教师的教育实践。树立教师的信念是构建教师文化的重要前提和出发点，对教师的态度与行为具有深远影响。

教师文化通常表现为无意识的、显性的规范意识、知识、技能和行为规则，同时也会涉及无意识的、隐性的信念、情感、习惯的多层构造。从教师的一言一行中便能感受到弥漫于教师群体中与众不同的生活气息和工作氛围，也能窥见教师的信念。然而，并非教师所有的信念都是积极或正面的。"教师信念的发展要受到教师从教后的教育实践、所处的社会环境条件、教师群体间的文化特质及自身知识储备等因素的影响。"当教师文化的核心价值观内化于教师的信念，使得教师的个人价值的追求与教师集体发展目标的实现相结合，教师文化就会对教师专业发展产生引领作用。从某种意义上说，教师专业发展就是信念的确立、改变或放弃。教师文化构建的成效，更多地体现在信念的培育，更多地强调教师的自觉与自律。信念的培育不能通过说教和灌输的方式来形成，而应是潜移默化地进入教师的心灵和生活。

此外，教师工作本身的复杂性、创造性、生成性及教育效果的滞后性、内隐性，也影响着社会对教师专业不可替代性的认识。另一个影响教师信念形成的因素是教师专业性自觉匮乏，导致教师不能自觉地把外在责任与义务转变成内在动力，不能自觉地对所从事的教育实践活动展开自我反思，很多教师仅仅满足于充当"教书匠"的角色，创新意识薄弱，研究能力欠缺，自我成长的热情与动力低迷，形成一种被动适应的教师文化。因此，只有着力于信念，才能促进教师专业精神和态度的培育，促成教师专业自觉的养成。教师的信念是教师专业发展的原动力，表现为教师在教育教学中对专业的忠诚，对事业的使命感，对工作的责任心，对专业发展的追求，对专业道德的坚守，对职业的奉献。教师信念引领教师树立坚定的理想和价值观、强烈的职业意识和奉献精神，实现教师在心理和文化上积极的专业认同，使教师在职业生涯的不同阶段都能得到可持续的专业发展。

1. 改变教师态度是构建教师文化的切入点

态度是个体对特定对象做出反应时所持的带有评价性的心理倾向，包含认知、情感和行为倾向三个元素，认知是情感的基础，情感能够导致行为结果。态度影响个体对行为的选择，使得某种行为的出现成为可能。态度源于信念，同时，态度也能够反作用于信念，影响信念的确立和转变。事实上，信念尽管影响甚至决定态度，却只有通过态度才能得以体现。态度更具体，往往指向一种特殊的对象或情境，信念则比较抽象，超越具体事物而涉及行动的标准和目的。态度和信念都可改变，两者相比之下，态度更易改变。教师的态度包括教师对学生、工作、同事和自身发展的心理倾向，改变教师态度可以作为构建教师文化的切入点和着眼点，以态度的改变来推动教师信念内化为教师的行为。

从变化这个视角来看，态度与文化存在更多共性。荷兰哲学家皮尔森（Peursen, C.A.V.）在为其著作《文化战略》中文版写的引言中指出："文化"不是一个名词，而是一个动词，即文化是按一定意图对自然或自然物进行转化的人类全部活动的总和，换句话说，"文化"内在地蕴含着转变意图和态度之意。而且从语义的角度分析，"文化"一词本身就含有态度转变之意。"文化"是古已有之的汉语词汇。"文"与"化"各有其意义，并联使用较早见于战国末年儒生编辑的《易·贲卦·象传》："天文也。文明以止，人文也。观乎天文，以察时变；观乎人文，以化成天下。""人文"与"化成天下"紧密联系，"以文教化"的意义已十分明显。西汉以后，"文"与"化"成为复合词，"以文教化"成为"文化"的重要含义，与武力征服相对应，意指性情的陶冶、品德的教养，强调内在的改变。有学者认为，教育改革的过程在很大程度上是改变态度和价值观的过程。可以说，教师文化构建就是在确立信念的基础上转变教师现有的不适应学校发展的态度，并随着态度的更新产生持久的行为倾向。

信念是无形的，不管教师是否意识到，教师信念都在通过态度影响着教师的行动。一般来说，教师对自己工作的满意度、对学校的认可度，与他们教育教学行为的激情和创新成正相关。态度转变复杂而艰巨，得依赖于在教师文化构建中所采取的具体而有效的策略。建立在开放、互信、互助基础上的教师文化是教师信念的最高境界，能从根本上促进教师的专业发展。因此，教师文化建构的一个重要方面就是要建立起合作与对话的环境和氛围，形成民主平等的教师关系、团结协作的同事关系，以及尊重信任的上下关系。在教师文化构建过程中还应重视教师的自主意识和民主权利，使其通过积极参与获得正向的情感体验，并自觉将此情感渗透于日常的教育教学关系，如教师可以通过参与小组决策和讨论，孕育集体自主意识，建立协作关系，从而推动教师真正参与学校生活，并有信心去推动学校教学改革和教育质量的提高。通过教师间的相互学习、交流、支持与激励，通过平等的对话、沟通、协商，教师对教育教学的某一认识逐渐发生改变，进而用新的认识支撑起新的态度，最终促使教师认识、理解并认同教师文化，并内化为自觉的行为。同时，教师也应不断审视、反思和更新态度，转变那些不正确的、不合理的甚至消极的态度。而教师文化的作用力又能产生反作用，尤其是当教师的态度与教师的信念相一致时，会推进教师文化的构建。

2. 内化教师行为是构建教师文化的落脚点

行为是一个多学科研究的命题。哲学上认为行为是人们日常生活中所表现的一切活动。心理学不同派别对行为有不同的定义。综合来看，行为是人们在价值观念影响下表现出来的外在活动。行为是与信念和态度密切相关的概念。态度反映信念指导下的事物或活动对个体的意义或价值，而这种意义或价值通过态度指导下的行为来实现，当然，行为也能影响态度的变化。

教师文化基于教师的信念，由内而外展现，最终落实在教师的专业态度和教育教学行为上。教师行为是教师信念与教师态度的动态表现，是衡量教师文化建设成效的标尺，也是学校精神与价值观的折射。教师的行为包括语言运用、教学方法使用、情感表达、师生互动、同事交往等，可以概括为教学行为、育人行为、专业发展行为，体现出教师对职责履行的态度。教师文化构建需把握信念、态度和行为的相互关系，致力于转变教师教学行为，更新教学理念；优化教师育人行为，提高教师专业品质；关注教师专业发展行为，促进教师专业持续提升。具体而言，教师应改变传统的教学方式，在教学活动中尊重学生的个体差异，强调师生之间、学生之间的互动与交流，培养学生独立思考与主动探究的能力，激发学生的学习兴趣，引导学生树立科学的学习观；教师应具备良好的道德修养，为人师表，以育人为本，关心爱护学生，公平对待学生，重视学生的全面发展，为学生创设良好的环境和条件；在教师专业发展过程中，树立专业自主意识，注重专业知识的更新与积累，强调相关学科的支撑和渗透，通过同伴互助、叙事探究、情境学习等方式，提高教育教学研究水平，形成具有理念指导的行为风格。尽管态度对人的行为产生影响，但行为主体还受制于外部环境，并依据自己的信念对外在的行为规范进行选择和整合，最终内化为个体的自觉意识。行为规范如果不能得以内化，文化的影响力就会折损。有研究认为，教师的要求、愿望、意志与学校制度产生冲突和困惑，以及对于这些冲突和困惑的解决与妥协，可视作教师所特有的感情、思考、行为的表现形式，并生成一种特有的文化。教师文化建设的过程也是教师管理制度不断调整、不断完善的过程。孔子所说的"内仁外礼"，其中，"仁"是内在的道德自觉，重自律，"礼"是外在的规范和制度，重他律。仁义的内化体现为道德行为。只有积淀和贯通"仁"的"礼"才不停留于外部的规章制度。因此，学校教师管理制度的真正旨意应该是使文化深入教师的心灵，成为教师的共同追求。行为规范的内化需要一个过程，从点滴做起，由不自觉到自觉，变"压力"为"动力"，教师行为才能超越制度本身而达到文化自觉，教师便不再局限于只是被告知怎么做的执行者，而是成为主动参与者和创造者，不仅知道如何做正确的事，还能知道如何正确地做事。

（五）信念、态度和行为三者之间的协同作用

教育本质上就是"一种基于信念的行为"。信念也就必然成为教师文化的核心与灵魂，决定着教师文化的性质与方向，影响着教师的态度与行为。教师文化只有真正化为教师的信念与态度，方能通过教师的行为自然流露。由此，教师的行为不仅是教师个体与态度的外显，更可视作教师文化的彰显。构建教师文化，离不开信念、态度、行为三者的协同作用。而三者不仅充当文化的必要组成部分，更能对教师文化的架构起到逻辑性梳理的作用。

文化要素包含人工饰物、价值观和基本假设三个相互作用的层次。其中，人工饰物是最显性的文化层次，包括建筑、语言、技术和产品、艺术品、仪式及庆典等。价值观包括组织成员共享的策略、目标和哲学，体现在成员的基本价值上，这个层次的文化是有意识的。基本假设是最隐蔽的文化层次，内化为组织成员无意识的、想当然的、不容争辩的信仰、观点、思想和感觉，很难被观察到，它们是一切行为和价值。由信念、价值观、规范、行为四种要素（层次）所组成的文化互动模式，涵盖了教师文化的真谛。其中，信念是中心要素也是最深层次的，包括没有明言的假设和理解。信念逐级往下影响，而价值观、规范和行为的交互影响也会反作用于信念。同时整个模型和外界也是互动的。

教师文化可以理解为教师的信念、态度、行为的总和。但教师文化首先体现为一种信念，即教师对于人性、社会关系、教育教学、学生成长、自我发展等的假设，它是无形的、深藏不露的，却是态度和行为的终极来源和心理动力。教师的态度处于"信

念—态度—行为"结构的关键联结点，是隐性的信念与显性的行为互动的中介。而教师的行为是外显的，易于观察，我们可以看到行为的结果，但通常不能看到行为背后的驱动力，透过教师表露的行为，可推断教师所持有的教育态度，进而可追溯教师所确立的教育信念。从文化的存在形式来看，教师的信念属于教师文化中的隐性层面，而教师的行为处于显性层面，教师的态度则是沟通信念和行为的桥梁。信念通过态度指导行为，行为通过态度反映信念，使隐性文化显性化，显性文化隐性化，相互渗透、相互支撑，促进教师文化的构建与确立。

把握教师的信念、态度、行为三者之间的关系，是审视与剖析教师文化构建机制的一把钥匙。检验教师文化是否最终形成，关键要看教师信念是否确立，并体现为信念引领下积极的工作态度及与态度相对应的外在行为方式。教师文化构建应重在确立教师的崇高信念，形成教师的积极态度，并最终内化为教师的自觉行为。

二、教师使命的内涵及特征

教师是教育实践的主体，必须以实现教育的终极价值为己任。教育的终极价值是帮助和促进人的精神的完满发展，促进心灵的丰盈和健全。教师必须具有教育的良知，知道培养什么人，怎样培养人，知道用什么教育资源去实现人才培养目标。教师必须是文明社会的促进者，文化崇高精神的保护者，优秀人性的培育者，社会进步的推动者。无论知识的传授、道德行为的训练、能力的发展、习惯的养成，都是为了实现精神人格的健全发展，使德智体美劳成为人才必须全面具备的品格。因此，深刻理解教师的使命内涵极为重要，它是教师自身建设的重要课题。

"什么样的教师才是好教师？"这是全球教育改革，尤其是教师教育改革关注的焦点。从外在的教师职业技能关注转向对教师内在的自我、教师的专业精神的探查，才能找到教师使命的本质。"教师使命"作为教师专业精神最核心层次，国内外学者都做了深入的理论探讨，而从"使命"的内涵入手，较深入地探讨教师使命的内涵及特征，理清其概念内涵，才是教师自身建设必须解决的理论难题。

（一）中外"使命"概念的内涵差异

使命，《辞海》中有三种解释：①使者所奉之命令。《北史·魏收传》："李谐、卢元明首通使命，二人才器并为邻国所重。"②奉命出使之意。《宋史·田景咸传》："每使命至，唯设肉一器，宾主共食。"③任务。在现代汉语中指"派人办事的命令，多比喻重大的责任"。而英语词典中"使命"一词为"calling"和"mission"，含义为"task""duty"，有"责任""任务、命令"等意义，另有"代表团""传教""（神的）感召"和"天职"之意，即"a particular task or duty which you feel that you should do""strong urge or feeling of duty to do a particular job"。结合中西方文化背景，仔细推敲和比较之后，发现"使命"在中英文理解上有极大的差异，主要体现在如下三点。

一是主体动力上：被动性与主动性之别。现代汉语中，"使命"多为"命令""任务"。所谓的职务、责任或任务，更多是"被给予的"，即多为国家、社会、组织、团体等外部力量赋予、给予个体的某种责任。因此，在个体与外部的关联中，个体处于"奉""接受""肩负""牢记"的状态，多处于被动。而从英文 mission——"a particular task or duty which you feel that you should do"，从释义上理解，"feel""should""feeling"等词含有主体的"感知""认同"和"感觉"，calling——"a strong inner impulse toward a particular course of action"直接指出含有内在的驱动力，体现主体的自觉性和能动性，可以理解为主体主动的"自我赋予"。

二是意义指向上：外向与内向之异。汉语中的"使命"是国家或团体等外部力量赋予个体的某种任务或者责任，是需要主体去实现、去完成，这种意义的指向是外在的，是为了外部的某种有形的利或无形的名。而英文 calling & mission，都是与宗教紧密相关的词。例如，calling 含有"蒙召""感召""呼召"的意义，是指"上帝"所指示的方向。在不同的文化当中，类似的呼唤既可以来自不同的神，也可以来自遥远的祖先。这是对上帝、神的坚定信仰，是一种神圣的自我救赎，可以说这种"呼召"多数来自信仰者内心。主体不是为了外在实现而去行动，而是自觉自愿的主体意识，使命的灵魂应该是主体的自主体认，其意义指向是内在的自我实现。

三是对象取向上：群体与个体之差。在中国文化中，使命均用来给群体的某种目标和任务贴上标签，在期刊网以题名为"使命"精确查询，有 12 484 篇文献，篇名或体现某一群体的时代责任，如"科学工作者"；或描述出某一行业的发展趋势，如"出版业"；或展示某个区域的建设方向，如"河东区"；或展现某一组织或机构发展目标，如"环保集团"。80% 以上题名有国家意志、政治色彩和政策方针导向，如"共产党人""白衣战士"等，60% 左右反映宏观时代背景，如"新世纪""十二五"等。可见，使命在中文语境里带有浓重的政治、时代的色彩，是强烈的群体、集体主义表达。在英文中，以 calling 为例，与上帝、神的感召息息相关，个体的信仰和自我救赎，有强烈的个体性，并在内容、程度等方面都体现出个体差异，而非统一发布的信仰教条或一致的思想主张。

综上所述，东西方不同文化背景下使命的内涵具有较大的差异，西方所理解的使命具有主动性、内向性与个体性，东方文化传统中的使命具有被动性、外向性和群体性。综合东西方对使命概念的理解，广义的使命概念具有宏观、中观、微观多层面的内涵。

（二）教师使命的内涵和特征

1. 教师使命的内涵

教师使命是使命的下位概念，具有使命的一般特征，即主动性、内向性和个体性。

但同时教师作为一种特殊的职业，是正在形成中的专业（an emerging profession）。因此，教师使命有其特殊之处，其概念包含职业使命感与超越性使命两个层次。

首先，教师是一种职业（vocation），因此，教师使命最外层是一般职业所具有的职业性使命（sense of calling）。职业使命感，即任何事业背后必然存在着无形的敬业精神力量。敬业精神本质上是一种信仰，即使是最卑微的工作，也会从中获得某种人生价值。因此，职业使命感被认为是与工作意义有着强烈的联结，并且相信工作能够完成人生目标的一种将工作视为自己生命的情怀。职业使命感是个人知觉到他所从事的是一份特殊而有意义的工作。当个人将工作视为一种使命时，个人会专注于工作上，认为他所从事的是可以为社会增添福祉并且有贡献的工作。因此，教师感知到自己所从事职业的意义，拥有职业使命感，工作的目的不是获得物质、金钱、名誉这些外在报偿，那么更重要的则是内心的满足感和自我价值实现，并含有寻求生命意义的成分在内。

其次，教师使命核心层次，即内核是超越性使命（transcendent mission）。教师作为一门走向专业化的职业，具有其职业特殊性：一是教师工作对象的人本性。教师工作的对象是活生生的人；二是教师工作的育人性，教师不仅要教书，而且要育人；三是教师工作的非工具性。教师不用工具而要用自己的知识、智慧、人格魅力去影响学生，用心灵影响心灵。教师职业的特殊性正是其"专业性"所在，教师工作具有强烈的"人是目的"的色彩，而体现教师专业特殊性的专业精神的核心部分，教师使命应有超越"工具"的意义，即超越性使命。也就是说，教师专业精神的最高境界是对精神自身完整的追求，追求一种超越职业的和自我内部精神圆满（wholeness）的实现，即是教师对超越性使命的追寻。

好教师最基本的特质共有六层，由外而内依次为从可直接被观察的环境、行为到专业能力、专业信念、专业认同、教师使命。模式中最核心、最深层的就是教师使命。

一些学者认为教师教育应该以心理学为基础，教师教育发展新方向应该与心理学及精神治疗相结合。从思维逻辑层次出发，即从NLP（Neuro-linguistic programming）出发。

比任何层次都更高且深入的问题，即从事教职的目的。这是教师使命必须回答的问题。教师使命的一个理论要点是个人正向特质和核心特质。即积极心理学强调的个人正向特质，包括创造力、信任、关怀、勇气、敏感、果断、自发性和灵活性等。而核心特质与积极心理学的正向特质大同小异，包括感恩、正直、创造性等积极品质。

综上所述，教师使命概念内涵分为两个层次，教师职业使命感和超越性使命。第一个层次是"职业使命感"而非"职业使命"，第二个层次为"超越性使命"而非"超越性使命感"。教师使命的第一层次是低层次专业精神的初步提升，此时使命尚未形成习惯化和自动化，教师还需要去知觉和感知，感知职业的目的、意义和价值所在，追求生命价值的"自我实现",因此使命的第一个层次是"职业使命感"。教师使命的第二层次已经再次升华,形成了精神的内核,是一种高级的心理能量,是强大的精神力量之源。因此,超越性使命具有极强的内在主动性,不需要教师去感知它,甚至教师并未知觉到它的存在,它却已经深深影响教师的行为表现,渗透在教师日常教育教学实践的方方面面,这是一种"不以自我实现为目的的自我实现"。

(二)教师使命的特征

教师使命作为教师专业精神的核心层次,具有区别于其他层次的特征,包括超越性、实践性和动态性。

1. 教师使命具有超越性

无论是教师职业使命还是超越性使命都是对个体价值的追问,要去回答的是"我是什么?"而不是"我是谁?"这个具有终极归宿和意义的问题。

对这个问题的探询本身就体现了超越现实社会,去追求与对象、宇宙、大自然融为一体的价值理念。 虽然人不可能完全脱离现实,教师在职业生涯中不可能完全离开教学、摆脱课堂,但是人应该有一种宏大的宇宙观,把自己视为宇宙的一分子,教师使命就是教师能够超越职业本身,超越各种现实的偏见和观念,如性别之差、种族之异甚至家庭社会经济条件、学生的学习成绩等过于狭隘的评判,超越分类和界别,而能更具有民主的精神、高水平的意识,站在一种人类关怀的高度去重新认识和体验教育对于学生、对于自身的价值所在。教师使命具有超越性,但并不意味着教师脱离现实,脱离课堂和学生,超越现实是为了更好地回归现实、反思现实,为了现实的和谐美好做出更多的努力。单纯追求超越,不顾客观现实,就会陷入虚无的境地。

2. 教师使命具有实践性

教师使命意味着被召唤,是个体内在、外在的力量,教师使命感是"来自教师内心的声音,是教师内在真实自我的本性"。而这种来自内心的声音与教师的教学实践密不可分,是在教师的教育教学互动过程中萌发并形成的。教师寻找其使命的过程就是"真正地、自然而然地投入教学"的过程。教师在教学的经历中寻求意义,寻求教学给他们带来的个人和社会的价值。强烈的职业使命感包括教学实践的理念,这种理念让个体的教学工作与他的生活紧密相连。因此,拥有使命感的教师,会使教学真正地成为他们"所热爱的工作",成为自己生命的一部分。

3. 教师使命具有动态发展性

教师使命具有动态发展性。教师自我的转变是复杂的、多向度的,并不只固着在"自我生存"的层面,也会呈现"由外及内"的转变:关注学生—关注教学任务—关注自我。在新手教师成长的过程中,成长的阶段在生存层面上由内而外,而在教师内在自我的层面上是由外而内的。随着对自我的关注越来越多,对学生和教学任务的反思也越来越深，教师内在专业精神、教师使命也随之发生变化。几乎在教师认同、教师美德形成的同时，逐渐形成教师职业使命感，并在实践与反思过程中不断地升华和转化为较稳定的教师超越性使命。在理想状态下，从职前教师到新手教师再到专家教师，构成教师使命核心，自主性强的超越性使命逐渐生成并且稳固，成为教师使命、教师专业精神的内核，而自主性弱的职业使命感则逐渐弱化。

教师专业发展关注外在学历和教学技能的同时，更需要关注教师内在专业精神的成长。只有在外在能力提升的同时内在专业精神逐渐丰满起来，教师才是真正意义上的教师，才能有真正意义上的教学工作。关注教师专业精神的最核心层次"教师使命"，可以理顺教师使命与教师专业发展之间应当是相互促进的积极关系。教师专业发展程度越高，教师使命也越高；反过来教师使命感越强，越能提供专业发展的动力。因此，从职前教师培养到职后的培训，都应该注重教师职业使命感的培育和超越性使命的养成。教师使命具有超越性、实践性和动态发展性，如何培养具有使命的教师，需要什么样的课程与实践都是值得进一步思考和研究的问题。

三、教师师德建设

百年大计，教育为本；教育大计，教师为本。作为传播文明、培育人才的摇篮和基地，高校的师德建设不仅关系着高校人才培养的质量和水平、高校生存和发展的走向，而且关系着我国教育事业的发展、社会主义和谐社会的建立。一名高素质的教师，除了要有深厚的专业功底外，更要拥有高尚的师德。师德一般是指教师在从事教育教学活动中逐步形成的道德观念、道德情操、道德行为和道德意志，是在履行教书育人职责时必须遵循的行为准则和道德规范的总和。关于师德的内涵表述是多种多样的，大致包括以下若干点：爱岗敬业、德行端正、人格高尚、尊生重教、育人为本、治学严谨、博学敬业、求知创新、诚实守信、以身立教、为人师表等。随着时代的变迁和社会对高校教师要求的不同，师德的内涵及其评价也发生了相应的变化，其内涵还应包含人文精神。而师德建设的内涵则应包括两大因素：一是内因，即教师的自我建设；二是外因，即制度保障因素。内在因素是最基本的，外因应促使内因发挥积极作用。师德建设就是使内外因素构成合力，促进师德的内涵更深入地发展。

（一）师德内涵的实质

师德是教师的本质趋向，是教师职业的基本要求，师德属于职业道德的范畴，职业道德是社会道德体系中的主体道德，它是社会分工的产物，又是维系社会分工精细和程序化发展不可替代的因素。它渗透到职业领域的方方面面，强有力地影响整个社会职业体系。师德作为职业道德的分支，必然具有职业道德共性的要求，如爱岗敬业、诚实守信、办事公道、服务群众、奉献社会等，但它又不同于一般的职业道德，有着其行业特殊性的要求。教师在道德意识水平上比其他职业有更高的要求。"师者，人之模范也""德高为师"，教师在道德行为上比其他行业更具有典型的示范性。韩愈说："以一身文教，而为师与百千万年间，其身亡而其教存。"孔子曰："其身正，不令而行；其身不正，虽令不从。"在学生的心目中，教师是社会的规范、道德的化身、人类的楷模、父母的替身，他们把师德高尚的教师作为学习的榜样，模仿其态度、情趣、品德乃至行为举止、音容笑貌。

师德是社会主体道德中的核心层，它是培育社会各职业道德的基础，是作为生产力主体要素——劳动者职业道德意识的源头，在对教育者的作用上，比其他行业具有更广、更深、更远的穿透影响力，其显著的群体性特征，将影响将来成为公民的学生，进而影响代代相传的整个社会民众的素质和社会风气。特别是在社会分工程度日益提高的今天，一个国家和民族的精神风貌，与教师职业道德状况有内在的渊源，因此，师德必然高于全社会任何一个行业的职业道德，应成为职业道德之范。而人文精神应该是新时期师德的基本内涵，也可以说是师德内涵的实质或核心。

（二）师德建设的内涵

在建设和谐社会的系统工程中，精神文明是其中的重要组成部分，而学校是精神文明建设的主阵地，师德建设理应在全社会精神文明建设中走在所有行业职业道德建设的前列，这是教师社会角色应当为社会承担的责任，也是学校引导社会价值取向的一个重要方面。师德建设的内涵应包含两方面的构成因素：一是内因，即自我建设与完善因素；二是外因，即管理与制度建设因素。

1.师德建设的内因

当人的需要朝向一定目标时就会产生动机，动机将以其强大的推动力，使人的奋斗目标得以实现。 由此，当教师的道德需要与道德目标结合在一起时，就会产生强大的道德动机，推动教师去实现崇高的道德目标。那么教师的道德需要能转化为道德动机，自觉地将人文精神转化为行为准则和价值追求，便要靠教师的自我反省与自我修养，即师德内化的过程，就是自我的培养、自我的建设，也就是自律与自觉。师德建设也要求教师必须在实践中，不断地自我学习、自我修炼、自我约束、自我调控。社会向道德领域不断提出问题，给道德修养以巨大的动力，也只有在社会不断的需求和推动下，道德的修养才能越发深刻。

师德建设的内在因素，体现了师德的内化过程。也就是教师不断加强自身修养、不断完善自我、超越自我的过程，在这个过程中教师必须坚持自省的原则，即加强自身师德的约束意识，反省自己的教育教学行为，从而使自己的师德日臻完善；还要坚持自励的原则，即用人文的精神激励自己、鞭策自己，自觉地以识养德，以德养气，从而真正达到崇高的师德境界。

2. 师德建设的外因

从师德建设的内在因素看，师德是一种具有高度的自觉、自尊、自立性的产物，这一特点决定了我们的建设不能是机械与强硬的。而应促其道德需要向道德动机转化，使教师把人文精神作为师德所追求的目标。在管理手段上要注意科学的目标管理与激励手段的正确运用等。这就需要建立适当的制度加以保障。

（三）教师专业精神的构建

专业精神源于教师自身的道德性，只有道德高尚才可能生发出内在的专业精神。

1. 精神的概念

"精神"一词在英文中为 spirit，在《牛津大词典》的解释中，精神包含了一切区别于肉体的心智、感觉和个性气质等。因为西方文化中尚智的传统，即崇尚理性、逻辑等可以言说的人类活动，"精神"往往和宗教联系起来，带有神秘主义的倾向，"精神性"主要表现为宗教的内心生活。直到近几十年，西方哲学界后现代的转向，才慢慢把非科学的或者不是完全可以言说的人类活动纳入哲学和社会科学的视野。在中国文化传统中，因为没有"科学—宗教"的二元对立，特别是在儒家传统中，"精神"一直以来都被认为是日常生活中的组成部分，是"为人、为学"的功夫，它摆脱了宗教的神秘色彩，而被认为是处事立人之修养的结果。钱穆在《灵魂与心》中更是直接指出精神是理性的产物。中国传统文化语境下，"精神"具有更为包容的向度，包含了理性、情感和道德的各个要素。其中道德性又是人类精神性发展的核心标志，它在精神系统中起统摄、支架性的作用。道德的发展是人的情感进入价值观的内化之后的稳定阶段，道德的发展建立在情感交往的基础上，成为精神发展的重要方面。

所以，精神作为理性的产物，是具有主体性的个体对自我、工作对象、工作实践本身的感知、反思、理解及行动上的调整，这种理解进而扩展到和自己没有直接关系的他人、对更广泛意义上的生命和宇宙存在，即儒家所指的推己及人的"人文关怀"。精神的本质在于具有主体性的个体的感悟、反思、体察、探索和实践，这些活动既有理性的因素，也包含强烈的道德和情感因素，个体的"精神"则在这些活动中得到外显。对于教师来说，教师在具有了自主的反思和探究意识之后，其精神的独特性通过教学活动显现出来。但是抽象地谈论教师精神并没有意义，因为精神的独特性决定了其在具体情境和每个个体身上不同的外显形式，如教师 A 的敬业精神可能表现为对学生的严厉管教，而教师 B 的敬业精神可能表现为花大量的时间进行备课。但是要称得上教师的专业精神，教师 A 和教师 B 都需要对自己的行为有持续的理性反思，以保证自己的行为是有利于学生智力道德情感等各方面发展而不是起到阻碍作用的。

2. 教师专业的概念

对教师专业的概念界定需要解决两个问题：第一，为什么教师是专业性的职业？第二，为什么教学作为教师专业性实践是教师专业精神发展的前提？

教师是一种专业性的职业。教师是否是一种专业性的职业一直以来饱受争议，很多人认为教师并不具有像医生或律师那样的专业身份，进入教师行业并不需要像进入医生或律师行业那样经过长期、严格的训练，教师的知识也不像医生或者律师的知识那样具有专业性。所谓的专业知识，即没有专业身份的人所不具备的特殊的知识。于是在教育界曾掀起一股"教师专业化"的热潮，一方面旨在提高教师的专业地位；另一方面则旨在为教学成为一门专门化的职业提出正当性的要求，为教师赋权。1974 年国外著名学者霍伊（Hoyle）提出"专业主义"（professionalism）和"专业性"（professionalitiy）两个概念来区分探讨教学与专业之间的不同含义。"专业主义"用来表示为提高本职业的社会地位、收入和改善工作条件所采取的策略和手段，实现这一目标的过程被称为"专业化"（professionalization）。另一方面，把教师在教学过程中所运用的知识、技能及程序，用"专业性"这个概念概括。这两个概念的区分有助于我们理解教师职业，其具有专业性但专业化还需要一个过程。

一方面，众多教育学者坚持教师的专业地位，在理论和实践的层面均为提升教师的专业化而努力，提出专业的教师所需要具备的知识基础，以此来保证教师教学的专业性。另一方面，也有学者提出警示，教师的专业化并不仅仅是教师完成功能上进行知识传递的角色。教师的专业化要避免过度强调教师专业知识而忽略教师相对于医生、律师等其他专业行业的特殊性，教师的教学需要重视教师和学生的情感交流和道德自觉。

在对教师专业性的讨论中，一些学者更是直接指出了教师专业性研究中的缺失，即过度强调教师知识和教学技巧的独特和专有，而忽略了教师作为一种专业所具有的道德层面的独特性。他们认为，教师工作对象和工作性质的独特性需要教师具有道德感，教师所具有的道德精神是教师体现其独特的专业性所在。教师的专业性在于：一是其他专业的知识具有独有性，只有行业者占有，比如，医生诊断的知识并不和病人共享，医生具有诊断知识的权威性。而在教学中，教师的任务之一在于通过一定的教学方式和教学技巧与教学对象（学生）共享知识，达到传递知识的目的。二是医生或律师为了保持其专业身份往往并不涉入对象（病人或受代理人）的个人生活，而教师却必须尽可能全方面地了解对象（学生）生活的各个方面，通过家长会、家访、面谈、观察等各种方式理解学生的性格、个性、习惯及成长经历等，以和学生在教学中进行有效沟通并制订适当的指导计划。三是在医生或律师行业，往往其对象（病人或受代理人）并不干涉医生或律师的专业决策，对象处在相对被动、服从的状态，只需要听从安排即可。而教师和学生之间则需要双方的持续努力，如果学生并没有主动学习的意愿，没有学习的实际行动，那么教师单方面的教学依然是无效的。

由于教师的工作对象是健康、独立但不成熟的个体，这就决定了教师的专业性和其他行业的专业性存在实质性的不同。教师的专业性不能仅仅通过教师知识或技能的专业化完成，教师的专业性必须回到对教学本身的理解，即回到教学的德行中来。

教师专业性的特点：教学作为教师的专业道德实践。一些学者提出，尽管教师掌握的知识对于教师专业发展非常关键，但教师的专业发展、优秀教师的培养不应该仅仅关注教师知识。他们认为如果忽略了非知识层面对教师的影响，将不能真正理解教师的教学工作，也不能理解教师这一专业的特性。教师道德又集中体现在教师教学中的道德性，教师教学作为道德的实践是教师专业精神发展的前提。这是因为教学本身所具有的道德性并不在于教学所带来的结果，比如学生成绩的提高。尽管学生成绩的提高是高品质的教学带来的结果之一，但教学的道德性在于教学者专业本身的特性，即教学天然地需要导向善。正是因为教学本身的道德性，所以教师的知识、价值、态度、信念、性情等这些教师所具有的带有中性色彩的"认同"，才会导向善的一面，演变成教师的专业美德，并通过具体的教学行为体现出来。

必须承认，教学并不仅是一份一般意义上的职业，而且带有内在的道德倾向，即促进人在心智情感各个方面从不成熟状态走向成熟状态，而这种道德感是通过教师对教学的理解、对学生的理解和对教学内容的理解实现的，是教师在教学实践中内在生发出的德行，包括责任、关心、奉献、求真、创新，等等。这些德行并不能穷尽，也无须穷尽，重要的是需要理解教学作为一种复杂的专业所需要的智力和情感的投入，这种投入本身会带来教师专业精神的实现。正是教学的这一特点，为我们教师的专业精神提供了基础，因为教师的专业精神区别于教师的伦理规范，并不能通过外界的规定产生，教师的专业精神只有在教师认识到教学本身所具有的内在德行之后才会出现。

3. 教师专业精神的三个发展层次

教师专业的立足点就是教师的专业精神是教师在理性、道德和审美情感上通过教学实践过程的集中体现，三者融为一体、不可分割。将教师专业精神的内涵分为三个层次，旨在体现教师专业精神的动态发展过程和逐步推进的精神境界。

在教师专业精神的三个发展层次中，首先，教师专业精神发展需要教师对其职业具有认同感，这种认同包括对自我的认同，即认同自我所从事职业的价值，还包括组织认同，即认同自我和组织之间的职业关系。

其次，教师的专业精神进入第二层面时，因为教师已经获得专业认同，而教师专业的道德性使得教师在第二层面的实践必然带有道德的色彩，教师专业精神具体体现为教师在专业实践中的种种美德。可以将这些美德分为理性精神、道德精神和审美精神，但需要再次强调的是，三者并没有截然的区分，往往相互包容、互不可缺。精神具有不同的体现形式，并具有内隐性，它只有通过教师的教学实践，如教学方式、教学风格、教学机制等具体的形式体现出来，教师在具体的教学实践中进行感悟、反思、探索和实践，又促进其专业精神的发展。值得注意的是，教师美德通过教学实践外显，但美德自身的内隐性决定其不以外显为目的，因为教师的精神始终具有内在的自发性，如果过多地注重其外显性，则会陷入表演性的展示而失去了其精神实质。

最后，当教师在教学实践中体现出种种教学的美德并不断进行反思时，其专业认同得到进一步加强，教师的美德逐渐发展成更为稳定的教师人格的一部分，即人格化作为情感发展的最高阶段，人的精神发展的较高阶段是价值观及态度内化为比较稳定的人格。教师稳定的价值观的建立可以被称为教师使命感的获得，在这个阶段，教师对其职业获得更为广阔的理解，通过教学获得自我实现但又不以自我实现为目的，而完全以他人的发展为己任。所以，教师的使命感是不以自我实现为目的的自我实现。在这个阶段，教师内在的精神力量得到彰显，外部条件对教师的教学影响变小，教师可以创造性地应对外部环境的阻碍因素，这是教师专业精神发展的较高境界。

教师专业精神发展有三个层次：

（1）第一层次：教师认同。教师的职业认同是其专业精神发展的起点，而职业认同的获得一方面是教师个人对其专业的认识即教师个人认同，包括教师对其专业知识的理解，对其专业的态度和信念，教师个人性情和其专业性质的匹配以及教师个人价值观和其专业价值观的一致性等；另一方面是教师对自身和其所在的组织机构关系的认识，即"教师自主性""教师忠诚度""教师的奉献意愿"。

教师个人认同涉及教师的内在生活（inner life），包括教师的态度、信念、价值观、自我个性特点、个人生活史等自我认识的方方面面。教师态度和教师信念具有一致性，但教师信念对教师的实践影响更大。如果教师教育不涉及教师态度和教师信念的领域，教师教育对教师的影响将微乎其微。同时，教师性情区别于教师的行为、态度或技艺，强调教师行为上的某种倾向，它是教师某种思维习惯指导下的行为，是某种思维的习惯，所以具有某种程度上的无意识，但又不同于完全无意识的行为，而是因为不断地重复之后反思的缺位。此外，教师视野是比教师信念更进一步的职业认同，其中包含了教师要超越规定的要求而更好地改善学生学习状况的努力，并且这种努力并不仅局限于成绩上的改善，而是对学生全面发展的追求。教师视野建立在教师对自我的深入认识和独立思考的基础上，是教师对自我和职业理性思考的结果。在建构教师的职业认同时，要理出两条线索：一条是教师的个人认同，即教师个体对职业的认识，偏重于教师的内在生活，另外一条线索是教师和所在组织之间的关系，偏重于教师形成职业认同的外部环境，即教师的组织认同。现代教师职业的一个特点即教师不可能是以一个单独的个体进行教学，教师一定是在某个组织中（往往是以学校的形式出现）进行教学活动，教师的组织认同影响教师对职业的认同。

需要强调的是，和教师职业认同相关的概念常常具有交叉性，这些概念也只是为理解教师职业认同提供更加丰富的内涵，但并不能保证我们涵盖了所有的概念。它们之间也往往是一个动态发展的过程，比如，教师的奉献意愿常常和教师的组织认同有关，但也和教师的个人认同，特别是教师对职业的信念、价值和认识有紧密的联系。

（2）第二层次：教师美德。理论界把教师美德更加稳定的形态分成三个方面：理性精神、道德精神和审美精神。首先需要指出的是，把教师美德的内涵分为三个层面是为了说明教师美德的多样性和丰富性，并不说明这三个方面可以割裂存在，三者之间往往是共生且相互关联的。

教师的理性精神是教师美德的第一要素。教师对教学的理性探究，首先是一种道德上的努力。教师理性精神可以包括教师的批判精神、反思精神、创造精神、探索精神、开放精神、求真精神（对证据的尊重和对真实性的探求），等等。相对于理性精神对证据和逻辑的强调以增加对知识的理解的教学过程中的合理性追求，教师美德中所体现出的人文性即道德精神更能展现教师这一职业的特点。因为教师所面对的对象是未成熟的、不断成长的个体，需要教师体现出强烈的对人性从不成熟到成熟过程中种种需要的认识和理解。具有教学美德的教师常常表现出勇气、友善、信赖、正义、机智、具有荣誉感、温和、高尚、高贵、大度、节制等特点。而教师道德精神中的公正、富有同情心、谦卑和宽容更是教师美德的闪光点，是教师道德精神的重要方面。

（3）第三层次：教师使命感。教师的美德是建立在教师对自我性情、信念、态度或价值的职业认同基础上的。教师专业美德的建立需要教师对教学进行感悟、反思、研究和实践。"教学机制"并不排斥教师的专业美德，而在很大程度上来自和自我认同的契合带来的即时的深切感受和专业判断。教师专业精神的进一步发展，在此基础上逐渐脱离对既定情境的特定感受，而更多地进入对人生根本问题的追问和反思，使得教师人格进入更加稳定的状态，不易受外界的影响。当然人生的基本问题包括但不局限于：什么是人？什么是自我？什么是人生根本问题？但一旦获得了对这些根本问题的认识，即人之为人的生存之道，教师就会突破外界环境的种种影响，进入人格的稳定状态。这种稳定状态并非是不求变通，而是自我可以主导内心的精神力量而不轻易被外界的力量所左右，达到内心的自主。它建立在教师对自身、教学和学生及更加广阔的世界和宇宙的理解基础上，这是一种哲学的、在道德的反思之后建立起的稳定的人格特征。

教师使命感的获得是一种比较难达到的状态，而且它不是一种具有明确意向的、可以追求的目标，它是通过个人的不懈追求所达到的"道"，这个"道"可能因人而异，并没有一个统一的、一致的目标。

（四）教师职业道德建设的专业化

教师职业道德是与教师职业相关的道德，而不是一般性的个人道德，有时甚至是相互矛盾和冲突的。在一般情况下，教师的职业道德也是教师个人道德的一部分，个人道德水平越高，职业道德水平也越高。然而，在具体的教育过程中，教师的个人道德与职业道德的标准常常不尽相同，个人的道德水平并不一定代表职业道德的水平。如果教师的教育行为对社会或学生造成伤害，那么个人的奉献精神再好也不能被视为正当的教育行为。比如，教师的奉献精神绝不能以牺牲学生的发展为代价。一般个人道德是普遍适用的，可以按照常识来判断，但职业道德必须由其教育活动的特点来决定。在常人看来是高尚的行为，对于教育过程来说却未必是积极的，甚至可能是应当受到谴责的。

教育过程中的许多行为，在日常生活中往往不存在道德问题。所谓职业道德问题，是因为其"专业性"而具有"道德性"，即在教育过程中某些行为存在发生道德问题的风险和可能。比如，国外职业道德规范有教师不应与学生建立教育关系以外的私人关系等相关要求，而这些条款在日常生活中可能并不存在道德上的问题，只是在教育关系中才会转变为一种道德问题。

从这个角度来看，传统教师职业道德建设是存在问题的：从一般个人道德为起点去解决教育过程中的道德问题，并以这样的立场和态度去制订教师职业道德的规范和标准，进而导致职业道德建设既空乏又抽象，对具体教育过程缺少规范性和约束力。

第二，教师职业道德是表现于教师职业行为中的道德规范，常常与教师的专业规范相一致，有时甚至是完全等同的。

职业道德也是一种专业道德，是对教师在教育活动过程中的道德要求。然而，正是从这个意义说，在许多情况下，教师的职业道德及职业道德规范实际与其专业规范是完全等同的。或者换句话说，教师的职业道德规范，实际就是专业规范的一部分，而不是专业规范以外的道德规范。比如，在一些国家的教师规范中，甚至有不允许把私人电话留给学生等非常具体的条款，这些与教育活动过程密切相关的道德规范，针对性极强，完全是专业规范的一部分，使教师的专业活动附加了道德的含义和要求，从而直接限制和避免了教育过程中各种可能出现的道德风险和后果。

1.国外教师专业伦理建设的思路

如果说我国教师职业道德建设有什么缺陷的话，那就是尚未形成一个基于法律规范之上的教师职业道德体系。国外教师职业道德建设给我们相当多的启示：

第一，借鉴法律规范的设计与标准推进教师职业道德建设的规范化，进而才有可能真正建立具有实际影响力和约束力的教师职业道德规范体系。在西方国家，教师职业道德规范的设立常常基于法律准则之上，各种行为规范必须放置于法律的框架之内。

比如，加拿大在 1996 年通过两次最高法院决议并制定法律，对教师的专业伦理及道德规范加以确立。对教师的道德要求首先是以对公民的义务要求为前提，在充分考虑教师工作职业特点的基础上，遵循宪法与法律赋予公民的权利与义务来制定。比如，美国教育协会颁布的教师职业道德规范，包含针对学生、教师同事及家长和社区四个部分，其中都有相当内容涉及法律概念。

比如，针对学生的总论部分有这样的表述："教育者有义务帮助学生构建文明的德行，包括正直、责任、勤奋、合作、忠诚及尊重法律等。"具体内容有五条，其中有两条涉及法律，即"教育者需要公平对待每个学生，并依照法律和学校政策寻求解决方法""教育者不可以揭露有关学生的隐私信息，除非受法律要求"。针对教师部分的总论内容也有这样的表述："教育者要努力维持专业的高尚，通过尊重和遵循法律展示个人诚信。"其具体内容有七条，也有一条明确涉及法律："教育者要遵循不与伦理规范冲突的学校政策和法律规范。"在我国香港，诸多道德规范直接与法律规范相衔接，比如，根据其现行法律规定，公立学校教师都属于公务员，要接受香港廉政公署的严格监管，受到包括《防止贿赂条例》的监管，同时还必须遵守《接受利益（行政长官许可）公告》的规定，对于教师接受学生送礼等行为都可直接适用相关法律条款加以约束和限制。由此可见，所谓职业道德建设的"专业化"，其核心内容可能就是与法律规范的接轨。只有从法律规范的角度来看待教师职业道德问题，才能真正说明我们具有专业化的眼光和视野。

我国目前的职业道德规范，在制定方式上尚缺少法律视野。其上涉及法律的只有《中华人民共和国教师法》，而实施还是强调靠行政和督导机制负责落实和执行。

第二，只有用法律的语言方式表述教师职业道德标准，才能更加体现教师职业道德规范的严肃性和神圣性。

我国教师职业道德规范，常常过于空泛和狭隘，在语言表述上主要采用陈述句的形式，很少采用规范性语言，更像是一种口号和倡议。因此，常常因为缺少规范性而导致专业约束力大大下降。

2. 我国教师职业道德专业化的举措

在专业化时代，教师职业道德建设必须走"专业化"道路，因此，制定适应专业化时代的教师职业道德建设策略就成为教师职业道德研究的重要课题。

第一，职业伦理建设的主要目的，不仅是提高教师个人的道德水平，而且是促进教师的专业成长。

目前，国内教师职业道德建设的缺陷是过于偏重对教师的管理和处罚，单纯依靠教育行政部门和学校的检查和考核，而忽视了教师专业发展的内在动力。必须从教师专业发展的角度要求职业道德规范应当能够为教师提供专业指引，促进他们的专业判断和专业行为的提升。事实上，这样的建设思路或劝诫方式包含了更多中国文化的元素，这种方式把规范变成服务，把"为教育"变成"为教师"，更容易为教师所接受。我国自古就有"一日为师终身为父"的传统。在中国，学生就是自己的孩子，甚至可以视为"私人物品"。由此可见，中国文化的独特性对职业道德建设有十分重要的影响。

第二，扩大教师专业标准的概念和内涵，将教师的专业伦理纳入教师专业规范的范畴之内。

虽然，教师的职业伦理或职业道德，不像法律那样具有严格的强制性、义务性和制裁性，但仍然需要严格的规范和标准。同时，也只有将其放置于教师的专业规范内，并作为教师专业训练的标准之一，教师的职业道德规范才有可能真正获得某种强制性。相反，如果将教师的道德标准放置于教师专业规范之外，无疑将削弱教师职业道德规范的严肃性，成为可有可无的象征和口号。

（五）教师道德的特点及实施要求

"品格可以通过习惯来塑造，通过教学生养成良好的习惯，进而了解什么应该做、什么不该做，而这正是道德教育的主要目标。""道德规范如果有冲突，那么如何进行道德选择？""为什么学生时代大多能遵守各项规范，而走入社会后则表现不一？"这些问题是道德教育中的常见问题，可以从道德的外显性与内涵性这一视角进行分析。

道德可以视作由容易感知的道德规范、品格等外显模式与深藏其中的道德价值和精神等内涵模式复合而成。道德内涵作为道德的灵魂，对它的把握是道德自主建构的核心，道德规范和品格是道德内涵的作用和表现形式。

1. 教师道德的特点

道德内涵所确定的是人的生活原则、生活的根本方向，其指向的是"使人成为人"。正如康德所说："对道德法则的敬重是唯一而同时无可置疑的道德动力，并且这种情感除了仅仅出于这个根据的客体之外就不指向任何客体。"由康德所说的道德法则，我们只能从道德内涵的层面去理解，而不能把它理解为随时代而变化的道德规范，唯有如此，道德法则才可以具有其绝对命令的光辉地位，成为道德追求的努力方向。同时，道德内涵的表现形式又是无处不在的，指向生活的方方面面以及"怎样去做成一个人"的根本生存方式。也许在一个人独处的时候，不存在人与他人关系的问题，但是依然存在人如何面对自己良心的问题，人需要对自己的内心有所交代，这也许是道德成长最重要的问题。因此道德内涵虽然崇高但又一定是平易和灵活的，它会体现于生活无数的细节之中。

道德规范、习俗、条文等都只能作为道德内涵的外在表现或参考条件，各种价值体系都是从人自己的本性中派生出来的，而不必求助于人自身之外的权威。各种规范、习俗等只能是为道德内涵服务的，并可以经由道德内涵而加以质疑或者辩护，而不是不能反思和质疑的。将规范等同于道德，就会将规范神圣化，从而导致道德实践过程变成一种依法则行事的理性或强制过程。因此，道德外显之和不能等同于道德内涵本身，因此出于道德的目的才能胜过仅仅是行为合乎道德的表象。

道德教育过程中凝聚的道德内涵的浓度和质量，决定了道德外显的感染力。这导致道德教育的实效性必然比其他学科更依赖于环境和氛围，以及教师本身的道德修养。一切语言、行为、文字、思想都在传递着信息，其中有些内容就包含着道德内涵的信息。教师感悟到的道德内涵和所达到的道德修养，会自然而然地通过他与学生的信息交流而表达和扩散开来，无法遮盖，无法夸大，也无须强制。这才是隐性德育的关键所在。道德内涵的传递与接受是道德教育过程中的本质，也是决定道德教育是否具备实效性的核心因素。因此，道德教育其实对教师的要求是很高的，这种高并非高在教学经验或者学识上，而是一种对内在修养的追求和实践上。

在道德的精神享受下，道德成长过程是可能达到减法模式的。道德减法模式包括三个层面：道德知识和规范约束的减法、浅层利益和需求的减法、自我心灵负担的减法。道德精神享受的体验，将使得个体对贴近道德内涵的体悟和行为感触更深，从而在这个过程中对道德知源和各种规范的价值性方面有更深刻的认识，超越道德知识和规范本身，而不是造成基于道德规范的"道德越高，条条框框越多"的道德误解。减法模式的代表可以用孔子的"从心所欲，不逾矩"来描述，也是老子所说的"上德不德"所指示的发展方向。只有道德精神享受真正实现了，道德实践者自身才能自主地进入对浅层利益和需求的不断减少，进入老子所说的"闻道者日损"的状态。

2. 教师道德教育的实施要求

（1）重视道德的外显性与内涵性的双重属性，重视道德成长中的精神因素，从理念上澄清教师道德的特点及内涵要求，从机制上强化教师道德教育的力度。

（2）将师生的共同成长作为教育过程的关键，强化教师的道德修养，要求教师通过内省来提升自己的道德意识，不断实践道德成长的内在需求和体验。

（3）理论研究和德育实践，必须使教师认清自己的角色定位，挖掘和整合基于自身真实认知和体验的道德原则，实现持续不断的道德成长。教师在道德教育中的作用首先取决于教师本身的道德意识状态，其次要明确道德情感与体验维度与道德意识密切相关。只有理论自觉才有行动的自觉，道德意识清醒，才有可能提升道德水准与层次。

四、高职教师队伍建设的"教学做合一"模式

职业教育师资队伍建设是世界各国都重视的一个课题。教师队伍建设是影响教育质量与可持续发展的关键因素，新一轮的技术革命要求职业教育必须适应时代的要求，而教师队伍的作用依然是最重要的因素。

近年来，随着我国高等职业院校教学改革的不断深化，高职学院建设的重要组成部分——实践教学也在发生变化，要求在"教学做合一"下培养的学生毕业后"零距离"上岗，这对高职学院的师资提出了新的要求，即教师除应具有一般教师的基本素质外，还要具备体现在"技高"上的"特殊"素质。目前大多数高职院校的教师是从学校走向学校、从课堂走向课堂的，缺乏企业工作和生产实践的经历与阅历，欠缺实际动手能力，与"教学做合一"模式下所需既有渊博的基础理论知识的"软"能力，又有丰富的实践工作和现场解决工作问题的"硬"能力的"双师型"教师存在明显差距。因此，必须培训教师队伍，建设在"教学做合一"模式视角下高职师资队伍。

（一）"教学做合一""双师型"教师队伍的内涵

"教学做合一"由来已久，其基本特征是要求教师在实践中教，学生在实践过程中学。要求高职学院立足市场，结合地方的支柱产业或经济特色，面向生产一线，以强调技能和职业岗位能力培养为重点，通过理论教学和实践教学交叉进行且理论教学服从于实践教学的模式，将知识传授、能力训练、素质修养等方面有机结合，从而提高学生的综合素质，满足岗位的需要。

"双师型"教师的界定有多种说法，教育部提出：既具有讲师（或以上）教师职称，又有本专业中级或以上技术职称，或五年以上本专业一线实际工作经历，或参加过专业技能培训合格的，或主持实践技术研究或应用的教师都可以认定为"双师型"教师，而"教学做合一"特别注重"双师型"教师的实践动手能力。

（二）"教学做合一"的"双师型"教师队伍建设的必要性

要提高职业教育的教学质量，必须建立一支"双师结构"型的教师队伍，因为只有"双师结构"型的教师队伍才能承担起满足"教学做合一"的教学需要。"双师型"的教师队伍是高职院校的脊梁，建设"双师结构"型教师队伍是职业教育改革与发展的必然要求。

近几年来存在着一方面高职院校毕业生就业难，另一方面高技能人才短缺的"怪圈"。就师资队伍而言，许多高职院校的教师忙于应付繁重的理论教学任务，难以顾及学生实践能力的培养，加之许多教师自身学历偏低、动手能力不强，难以达到"教学做合一"的教学要求，还有相当比例的教师没有获得职业资格证书或未到企业生产一线进行专业实践，因此很难培养出适应就业市场需求、符合岗位要求的高技能人才。"教学做合一"模式的"双师型"教师队伍建设的目的是提高专业教师的专业理论水平和实践动手能力，建立教师终身学习观念，提升实践技能，满足"教学做合一"的教学需求。在这种情况下，高职院校"双师型"教师队伍建设就显得尤为必要。

（三）"教学做合一"模式培训"双师型"教师队伍的实践

1. 健全"双师型"教师培养的管理机制

建立培养"双师型"教师的工作机制。要形成适合"教学做合一"的"双师型"教学团队，高职学院必须建立横向到边、纵向到底的全方位覆盖的高职教师在职培训体系。通过校内人事分配制度、教师聘用制度等相关制度和细化的教师培训优惠政策来实现培训工作机制的创新。建立以岗位聘用制为核心的用人机制，实行"按需设岗、全员招聘、择优聘用、严格考核、一年一聘"的教师岗位聘用制，开创教师培训工作机制的新格局。

建立"双师型"教师的考核机制。高职学院要合理运用国家的政策和规定，建立教师培训考核评价体系。要对教师参加培训的情况做出相应的考核，并和教师的使用、职务晋升、职称评聘紧密结合起来，激发教师主动参与培训的内在动力，形成教师培训从"要我培训"转变为"我要培训"的新局面。

建立"双师型"教师的保障机制。高职学院要设立培训基金，使教师培训工作从人力、物力、财力上得到保障，要建立教师继续教育的规划和制度，使教师培训从管理手段上得到保障。

2. "教学做合一"培训"双师型"教师队伍的途径

重视校企合作平台的搭建，加大教师的培训力度。高职教育是一个开放的、不断更新并与社会紧密联系的系统，就高职教育自身的发展而言，建立与企业的合作关系非常重要。搭建校企合作平台，是"双师型"教师队伍建设的最佳方式。首先，教师可以去合作企业实习，及时掌握企业生产和工艺过程，不断学习、更新知识，这样既有助于"双师"素质培养，也有利于专业建设、课程建设和教学改革。其次，高职院校还可通过产学合作吸收企业既谙熟专业技能又适合教师岗位的专门人才，把生产、服务、管理一线的成功经验引入课堂和实训环节。

通过搭建校企合作平台，实现在生产一线培训教师。按照"实际教学工作需要"的教师培训原则，进行"缺什么，补什么"，有计划、有目的地组织专业课教师深入企业第一线，熟悉生产环节和操作工艺，掌握最新技术信息，提高实际操作技能，及时了解企业发展的最新动态，了解生产建设一线对人才素质、人才知识结构的要求。培养教师现场解决问题的能力。要通过搭建平台，广泛开展教师工程实践培训，围绕校企合作、工学结合教学模式，对学生岗位能力的培养和教师教学的实际需要，采取相应的措施，送教师到科研院所、企业一线进行培训，提高教师现场解决实际问题的能力。

以培训在职教师为主，引进人才和聘请兼职教师为辅。对在职教师进行培训是建设"双师型"师资队伍的主要途径。由于历史原因，"双师型"教师比例偏低，通过对在职教师的培训，使其逐步达到"双师型"标准，可以保持高职教育师资队伍的稳定性，也有利于高职教师的专业化发展。 要通过聘请职教师资培训基地的相关专家或生产第一线的技术人员对教师进行短期培训，校企要共建学习型组织，并在校内实训中心通过传、帮、带的作用进行实践锻炼，提高教师素质。也可指选派本校教师到职教师资培训基地、国内外职业技能培训机构进行培训，或是到实习基地、企业第一线进行学习，这既可以引导学生的企业实训，又能让教师得到职业实践锻炼。

积极引进具有"双师型"条件的人才，有效建设"双师型"教师队伍 。引进企业中那些博学善讲、既有教师素质又有丰富实践经验的人员，不仅能够满足教学需要，还能够为学校的课程建设带来生机。除此之外，积极聘任科研、企事业单位优秀的科技工程技术人员、管理人员、技术能手等作为学校的兼职教师，对高职院校的师资队伍也是很好的补充。

（四）"教学做合一"模式培训"双师型"教师队伍的举措

1.围绕校企合作，强化"双师型"教师培训

改变传统单一的培训观念，树立走校企合作的培训之路的理念。从广度上来看，教师培训要突破以往仅由师范学院、本科学院培养职业技术教育师资的封闭型培训理念。从纵深上来看，教师培训要突破以往只从单个层面对教师进行培训的观念。企业岗位职业能力是由专业化的理论知识、专业的实践和操作能力、职业素养构成的综合能力，要培养学生的职业能力，教师更应该具备该能力。因此，在教师培训上要改变传统的单一培训观念，坚持走校企合作的培训之路，实现校企合作"双赢"。

"双师型"教师队伍建设要走专兼结合的道路。兼职教师是高职院校教师队伍不可缺少的重要组成部分。聘请兼职教师不是权宜之计，而是高职教育办学特色的需要。兼职教师不仅可以弥补学校专业教师的不足，有利于缓解专业转换过程中新专业教师短缺的矛盾，更重要的是他们有丰富的实践经验和操作技能，熟悉本地区、本行业情况，能带来科研和生产第一线的新技术、新信息，使职业院校能及时掌握经济发展的动态，加强与社会的联系。

2.以"教学做合一"为中心，改变"双师型"教师的培训方式

通过基地建设，在校内外实训基地培训教师。实训基地是教师完成实践教学任务、指导学生进行毕业设计、课程设计、专业实习等教学活动的重要场所，教师参加实验室建设，既可节约经费，又能培养教师的实践能力和组织能力。实训基地是高职院校培养高素质劳动者的摇篮，应当把教学与生产实际紧密地结合起来。通过实训中心的建设，锻炼造就一支既有理论知识又具有专业技术实践能力的"双师型"教师队伍，实现教师的在职培训。

通过深层次的合作，坚持培训方式多样化。在培训方式上变原来的以"理论学习为主"为现在的"实践操作学习为主"，变"强迫式培训"为"引导式培训"，变"提

高学历培训"为"教学需要培训",变"到高等学院培训"为"到生产企业、科研院所培训"等多种形式培训。具体安排上采取"内培、外训"的方式,即对教师的培训由立足校内,以在职为主,形式多样和利用寒、暑假有计划、有目的地安排教师到校外实训基地培训及送学生到校企合作企业顶岗实习,了解企业岗位的需求,学习新的生产工艺相结合。

3.重视兼职教师的管理,发挥兼职教师的作用

建立制度、加强管理。兼职教师是高职学院的"编外人员",他们大多来自生产一线,有他们自身的优势,但也有一些问题,如正常的教学秩序难以保证。正因为是兼职,所以他们会因为种种原因而难以保证教学的连续性,有的兼职教师经常请假、缺课;对学生的基本情况缺乏深入了解,不能完全做到因材施教。只有充分认识到兼职教师的重要意义,切实加强对兼职教师的管理,制定职业院校聘请兼职教师的措施和办法,绝不能为了教学任务,在聘任上把关力度不严,使得一些水平较低、责任心不强的人进入兼职教师的队伍之中。在兼职教师中也要形成竞争激励机制,最大限度地把师资队伍的建设工作推上一个新的台阶。

标本兼治,发挥作用。针对兼职教师的实际问题,要加大宣传,让兼职教师对高职教育充满使命感、责任感和荣誉感。关心他们的工作,坚持"四个一样",即工作上校内校外一个样、课程安排上校内校外一个样、教学管理上校内校外一个样、教学评价上校内校外一个样。管理上做到"四个留人",即坚持事业留人、坚持待遇留人、坚持感情留人、坚持环境留人,最大限度地发挥兼职教师的作用。

五、高职院校师资队伍建设要解决的具体问题

(一)师资队伍建设要处理好"五个比例"

高职教育区别于普通高等学校本科教育,因此,对高职教育的师资队伍建设应有独特的师资构成成分要求。高职院校师资队伍具体包括哪些构成成分呢?一般应由经历比、兼职比、学历比、职称比、"双师"比五个方面构成,具体地说,这五个比例的内容是:①具有企业工作经历的专业教师在全部专业教师中所占的比例;②兼职教师在整个教师队伍中所占的比例;③具有研究生学历或硕士及以上学位的青年教师占全部教师的比例;④具有高级职称的教师在全部教师中所占的比例;⑤具有"双师"素质的教师在专业基础课与专业课教师中所占的比例。

(二)制定有利于师资队伍和谐发展的师资建设规划,健全稳定师资队伍的政策与措施

1.坚持统筹兼顾

从素质、数量、学历、职称、实践等方面入手,高标准、高起点制定师资队伍建

设规划，重点抓好三个结构调整，即合理的职称结构，合理的文化课、专业课、实训课教师的比例，合理的学历和经历结构。

2. 有计划地吸引国内外优秀人才加盟到职业教育师资队伍中来

要善于利用一切教育资源，既可以加强师资队伍的力量，又可以带动在职教师教学水平的提高。但这并不是一朝一夕的事情，学院领导要果断决策，一旦看准，要不惜重金。

3. 在稳定教师队伍的基础上，加大对现有师资的再培养

要对在职教师有的放矢地进行培养，为每个教师制定短期目标和长远规划，包括专业方向、开课及开新课情况、使用现代化教学手段、获取职业资格证书、指导实践教学、参与科研课题、撰写学术论文等，从而使教师的综合水平得以提高。

4. 建立科学的教学质量评价体系

对教师的工作情况应从德、能、勤、绩四个方面综合评判，由学生评教、教研室评价、系部综合评价和教学督导评价等几部分构成并分别进行。引导教师参加学术研究和参与科研立项，撰写论文，参加教学竞赛，并根据成果打分。综合定量评价结果存入教师业务档案，评议结果与教师交流，促进教师采取措施改进教学。

5. 健全激励机制，营造竞争氛围

为教师创造良好的工作环境和生活条件，提高教师的社会地位和经济待遇；改革分配制度，引入竞争机制，实施名师工程，对名师及教学骨干在分配上予以倾斜；探索高职教师职称评聘新政策，如在"产学研"方面表现特别优秀的教师，可以破格聘任为"行业专家"，享受副高乃至正高级待遇；营造有利于人才脱颖而出的校园环境，真正做到"感情留人、事业留人、机制留人、待遇留人"。

6. 建立专项基金

政府主管部门和办学单位应设在年度经费预算中，设立教师队伍建设专项资金，做到专款专用，在经费上给予保证。

7. 制定科学的培养培训制度

设立工科类职业技术教育学专业硕士点和博士点，提高专任教师学历水平。针对目前大部分高职院校，特别是公办高职院校专任教师学历水平偏低的现状，应尽快出台相关政策，为高职教育吸引和留住优秀人才提供政策支持。要通过制定科学的培训、培养制度，提高已有教师的学历水平。各高职院校应积极鼓励教师在职攻读硕士学位，以改善教师的学历结构。从学校发展和教师成长的双重需求出发，建议设立师资培养专项基金，具体可根据各院校发展实际状况进行安排，每年的资金主要用于鼓励教师在职攻读硕士学位。要积极为教师创造良好的进修条件，通过合理配置教师资源和完善教学管理，保证教师的进修时间，对以学历提高为目的的进修，可视其进修后的成果体现，包括与专业教学直接相关的论文与教学开发的实效等，给予相应的奖励。

8. 发挥示范性院校的带动和辐射作用

通过共享型专业教学资源库的创建促进师资队伍整体水平的提高。国家示范性高职院校建设计划中有一项重要内容，就是"积极开展地区之间、城乡之间的对口支援与交流，主动为区域内职业院校培训师资，促进地区职业教育的协调发展"。这样，在示范性建设院校的带动和扶持下，师资队伍水平相对较差的高职院校就可以积极接受示范性建设院校教师的对口支援，或者由建设院校派出支教教师到受援院校承担教学任务、指导教研活动、参与教学管理等，通过建设院校教师的示范作用，达到提高其他院校教师水平的目的。另外，各高职院校也可以组织选派教师到示范性建设院校学习和进修，通过现场参观与学习加深对高职教育理念的认识，学习先进的教育教学方法，推进院校自身和专业的教学建设与教学改革。特别是学习如何根据经济社会发展需要，建立专业设置、招生规模的计划与调整机制；如何坚持育人为本、德育为先，突出职业道德教育，促进学生健康成才；如何改进人才培养方案，创新人才培养模式，探索职业岗位要求与专业教学计划有机结合的途径和方式；如何根据高技能人才培养的实际需要开发一批体现工学结合特色的课程体系，改革教学内容、教学方法、教学手段和评价方式，提高人才培养水平。

总之，教师队伍建设应从各高职院校内涵发展的实际需要出发，把教师队伍建设抓紧、抓细、抓扎实。除了借鉴国内外教师队伍建设的先进经验以外，更重要的是自身要有"科学强校""人才强校"的措施与办法，有长远发展的考虑。一些院校教师队伍结构不合理，很可能出现"老、中、青"的断层，学院领导要及时解决这个问题，以保障教师队伍的稳定。

（三）用好高职院校师资队伍建设策略

高职院校要把教师看成是可持续发展的最重要资本，结合评估的软硬条件要求，高职院校师资队伍建设可采用以下四种策略。

1. 生涯规划策略

生涯规划管理是西方企业人力资源管理的重要手段，其核心在于以人为本，人与企业和谐发展。高职院校教师管理引进生涯规划策略，目的是有效抑制学校与教师个体在发展目标整合上的偏差，避免教师丧失工作的主动性、积极性。

要将教师职业生涯愿景与学校发展目标有机统一。职业生涯愿景是教师个人的长期职业定位，是个人选择和发展自己的职业时所对应的目标。人的期望是多样而复杂的，职业生涯愿景包含着丰富的内容，个人价值观、个性倾向、知识技能等最为重要，是个人职业生涯愿景的核心部分。学校迎评促建的目标就是要提升人才培养质量，提高办学水平，争取优异成绩。要实现教师职业生涯愿景与学校发展目标整合一致，学校必须主动介入教师的职业发展生涯，它体现在为教师服务的方方面面，如变过去的静态档案管理为动态的职业生涯手册管理，从校领导、处系领导至教研室主任（专业负责人），建立层级式的职业生涯过程定期分析、引导、矫正制度，给教师职业生涯发展提供专业性的意见和建议，包括价值观的确立、主要长处、需改进之处、职业兴趣和改进计划等，帮助教师规划职业发展通道。

要将学校激励与教师自我激励有机统一。学校要关爱、赏识和尊重教师，这是师资队伍建设和迎评创建调动积极性的有效途径。美国著名心理学家马斯洛认为：社会上几乎所有的人都有一种对于他们的稳定的、牢固不变的、通常较高的评价的需要和欲望，有一种对于自尊、自重和来自他人的尊重的需要和欲望。教师是一个思想敏锐的群体，他们对学校领导、学生以及校园中其他人群的评价极其重视，因此在构建教学质量评价体系时，一定要充分考虑教师个性发展及自我实现的需要，多从正面总结教师教学中的经验和理念，关注他们的内心需要，尊重他们的人格，支持他们对教学管理和教书育人的探索，善待他们的失误，给教师一个宽松的环境和努力向上的机会。迎评创建工作需要制定特殊的激励政策，引导教师参与学校的重点建设项目，如优质专业建设、精品课程建设、示范性实训基地建设等，让教师从中受益。在制度制定、执行中要吸纳教师参与，使制度更趋完善，提高教师执行制度的自觉性。师资队伍建设要富有成效，还需要学校与教师之间的相互激励。完全依靠学校单方面激励，时间长了也会产生激励疲劳，失去应有的积极作用，成为一种心理负担。因此学校宜根据教师的个性倾向，采用互动的、有适当压力的激励方式，许多时候和情况下的教师自我激励，可以达到"不需扬鞭自奋蹄"的效果。

要将教师的专业化、职业化发展纳入生涯规划管理。加强教师专业化、职业化发展管理，涉及教师队伍规划、培训、聘任工作的运行机制、资源配置和管理及分配方式，是一项以人为本的制度。要特别重视教师知识技能的培训，如建立教师继续教育制度，定期选送教师到国内外高校研修，到企业中挂职锻炼、顶岗学技，鼓励教师拿更高的学位证书、更多的技能证书。

2. 团队策略

职业生涯发展离不开他人的帮助，获得支持和帮助是一种很重要的心理需要，这就要求教师摒弃在给予与索取之间寻找平衡的内闭心理，创建和谐的专业团队。团队策略的目的是整合教师中的各种资源，激发团队的工作热情和创新意识。创建方法多种多样，可以打破学科、教研室的界限，按专业或课程设立；也可以取消教研室，设立教学科研一体化的研究所，允许不同学科、不同专业的人乃至校外人员在一起进行学术思想、技术水平的碰撞，从而产生创新的火花。创建专业团队可以走老中青有机结合，完善老带新的导师制度或青蓝工程，实现学校整体教学水平和科研教改能力最大化提升，减轻部分教师科研能力不强的心理压力，为教师晋升职称带来便利。专业团队不仅要负责调研—专业（课程）策划—专业（课程）设计—专业（课程）建设—

学生培养—学生就业的系统项目设计，而且要具体设计和开发每个环节上的项目，然后组织实施、修正完善、总结提高。在专业团队建设中，要着力培养专业带头人，团队能否有活力关键在于专业带头人的思想作风、业务能力、学术道德和凝聚人心的本领；同时要很好地坚持团队合作的原则——共同目标、相互尊重、独特贡献，使每个教师都能找准自己的位置，在不可取代的位置上做出独特的贡献。

3. 共享策略

共享就是使学校更充分地使用已有人才资源，减少教师引进、培养等重复劳动和相应成本，主动寻求企业人才资源。师资共享不是指学校对其个人单方面索取和享用，而是指建立学校与企业对等的合作平台，共同使用双方人才，体现为责、权、利的共同分担。学校要利用自身的优势回馈企业，为企业内训、技术成果转化提供帮助，为企业培养岗位所需的高技能人才。共享程度反映了学校产学合作的成效，师资共享程度越高，说明学校和社会、企业融入度越高，学校的美誉度越高。

4. 环境策略

高职院校师资队伍建设需要营造一个与政府和社会互动的、学校自主的良好环境。要让学校成为培育高水平师资的土壤和环境，让有潜力成为名师的教师在这样的土壤和环境中健康成长。在这方面，当前以科学的方法、坚定的态度推进新一轮的人事制度改革和分配制度改革是带有根本性的重大举措。如果没有相适应的管理体制、良好的运行机制、科学的评价机制，没有优厚的待遇条件，既不可能成就高水平教师，也不可能吸引和留住高水平教师。

六、教师的理论自觉

教师的理论自觉即教师对自我理论主体存在的自觉，通过教师自身构建的实践理论并借以某一个专家型教师实践理论的榜样示范去促进教师的专业发展，是理论自觉的一个外在表现。

事实上，每一位教师在其日常的专业生活中，都会逐步形成对教育教学的理解和看法。但并不是每一种经验性的看法都能称得上实践理论，教师的实践经验，需要培养，并要提升教师自身的理论自觉。只有具有一定理论自觉意识的教师，其专业生活实践才能成为经由理性批判，而不是混乱的、杂乱无章的经验习惯，才可能形成真正对教师专业发展起推动作用的实践理论。

（一）教师理论自觉的含义分析

教师的理论自觉意味着教师以一种独立思想精神和批判态度对那些习以为常的教育教学事件有意识地追问与反思，以寻求对日常教育现象、问题的澄清。在研究型变革时代，教师的理论自觉大体可以概括为如下三个方面，即教师的理论主体自觉、问题自觉和方法论自觉。

1. 教师的理论主体自觉

教师的理论主体自觉即是教师对自己作为理论主体的可能和理论成就其专业主体存在的价值的觉察与承认。它意味着教师在日常的教育教学生活中，首先承认自己是一个具有理论构建潜质即具有学习理论、吸纳理论和构建理论能力的主体。同时不仅承认自己的专业生活需要不断地构建，尽管教师理论主体自觉对教师专业发展意义重大，而且现实中教师的理论主体意识常常处于被抑制和缺失的状态。表现之一是教师怀疑和不相信自己具有理论构建的可能。理论往往意味着一种宏大的勾画和叙事方式，是一种自己只能远观而无力靠近且具有几分神秘莫测味道的事物。导管可能理论（理论者所研制的理论）的勾画是美好的，但它对教师而言只是阳春白雪的高雅之物，与自己日常周而复始的教育教学相去甚远。表现之二是教师拒斥理论对其专业发展的意义和作用。譬如有教师就认为"理论是无用的没有价值的"，充其量只是专家学者用以舞弄的工具，常常都是脱离了具体的教育教学实践需求的玄虚话语。由于对自己作为理论主体能力的质疑与不信，加上专家学者理论的话语方式与教师日常生活表达方式的差异，教师对理论一般都是由怀疑至疏离。最终，理论及理论工作者的生活与教师的日常实践成为永不相交的平行轨道，其日常教育教学成为经验模仿的习惯性运作。

2. 教师的问题自觉

生活是有意识的生命创造活动，也是创造人的世界的生活方式，创造性本身就寓于生活的过程中无时无刻会遇到的问题，问题解决始终挑战着人类的智慧。教师的教育教学生活正是由其所遭遇的持续不断的问题及其问题解决所构成的持续过程。问题意识的养成和问题的自觉需要主体在确立自己理性主体的基础上，对其所遭遇的繁杂的生活现象予以积极的省察和批判，对其所遭遇的问题进行是否如此和为何如此的理性审视，进而反思其可能的解决策略。

教师的问题自觉就是教师在确立其理论主体的基础上，对教育教学生活中那些习以为常的教育教学事件有意识地进行"是否如此"和"为何如此"的追问与反思。换句话说，教师的问题自觉就是对自身日常专业生活场域中"最一般的""最熟知的"教育现象、问题及时进行反思和研究，以寻求澄清与解惑，并把这种反思和研究作为教育教学的常态生活。

在当下教师的教育教学实践中，并不是所有的教师都具有这种问题自觉意识和能够认识到这种问题自觉对其专业生活的意义与作用。在教学中，部分教师由于习惯于固守其既有的经验惯习而对教育教学中所发生的发展变化往往视而不见。大多数教师在备课时往往会严格遵守既定课程大纲所规定的目标，更倾向于根据权威设定的规则和指南行事；很少甚至几乎从不根据学生的需要和自己对教育教学情境的理解和判断做出决断。对于学生在课堂中的反应，其评判标准更是把教育教学参考用书所给予的标准答案作为唯一的评判准绳，很少关注和容许那些符合具体情境导向的个性化的学生表现的存在。

3. 教师的方法论自觉

如果说教师的理论主体自觉是教师理论自觉的物质基础，教师的问题自觉是教师理论自觉的本体性依附，教师的方法论自觉就是教师超越教育教学的技术取向形成其个体"行动"理论的策略。

教师从教学生涯伊始，就在"寻觅一切与方法有关的资源，剔除一切与方法无关的东西"，从而使得"对方法的迷恋"成为"教学世界中的独特景象"。当面对教育变革和专业发展的要求时，教师们首先想到的就是用什么样的方法可以体现教育变革的理念和快速实现专业发展。当发觉所谓体现新教育变革和教师专业发展理念的方法不好用时，常常认为是这种方法本身的问题，于是又去寻找一种更能体现和符合要求的"新方法"。

所谓方法论"是以教学活动中各种教学方法与不同层次的教学对象性质之间的关系为研究对象，着重揭示已有教学方法及其体系背后的理论基础、核心构成与教学对象的各种复杂关系，以构建和解决教学方法和教学对象之间的新型关系和相应的新理论基础为核心任务"。培育教师的"方法论"自觉就是将教师从对方法的迷恋中解救出来，不再盲目迷信某一种方法最为有效或者最能体现教育变革精神，而是去思考各种教学方法背后的理论基础、核心构成及其与教学对象的复杂关系。换言之，通过"方法论"意识的培育，使教师逐步养成对自己长期习以为常及那些外在于自己教学实践的"体现新理论"的教学方法进行仔细审视与分析的习惯。由此，教师可以并且敢于结合现实的情况做出符合需要的教学方法的改良和创新。

（二）教师理论自觉研究的意义

随着教师专业化运动的深入推进和研究型变革时代的来临，今天的教师比以往任何时候的教师都将面临更多、更为复杂的教育改革理论，自身专业能力提升和社会教育教学改革要求的挑战。为此，命题教育研究的下移进入教师的课程教学生活，在关注、观察和倾听教师在专业生活中的方法和表达成为教育研究新的取向。教师理论自觉命题的提出，正是对教师专业发展研究从宏大的理论勾画转向基于教师生活实践的研究转变。因此，教师理论自觉的研究，都将对教师的专业发展、新的教育改革的推进和教育科学研究自身发展产生积极的推动作用。

1. 教师理论自觉研究有助于推动教师的专业发展

今天我们正处于一个不断变革和逐渐转型的社会形态中，教师也是如此。而新的研究型变革时代，必然会对教师的角色和专业发展提出更多新的要求。此外，社会的不断变革和转型孕育和诞生了许许多多的变革理论，这些理论不断地影响和冲击着人类的生活；教师的专业发展也面临着形形色色的教育变革理论的冲击。为此，如何在各种变革理论中保持自己的理性立场，不被纷繁复杂的变革理论和变革潮流所迷惑与淹没，是教师在变革的社会时代所不得不面对的课题。

然而，课程由外部课程专家和学科专家开发，以程式化的开展方式开发出课程产品，然后由教师根据详尽的课程指南将课程产品推向学生、实现课程目标的做法，消解和抵制了教师立足于自身实践的主体性行为，从而泯灭了教师的理论自觉意识，成为知识教学的传递工具。因此，课程必须具有教师的印迹，课程的研究与实施，都必须考虑教师的地位和作用，承认教师所应有的意义，这样才是强化教师理论自觉的正确态度与举措。

如何在尊重教师应有的课程参与权利基础上，立足于教师实践知识和实践智慧上，在教师与课程的双向互动中，寻求课程实施的改进和促进教师的专业发展，成为今天人们思考、讨论的焦点。只有具有理论自觉意识的教师，才能挺立起自身的主体意识，实现自身对课程教学生活的体认和价值澄清。换言之，教师的理论自觉意识及其提升，是教师"观察、反思课程现象，提炼、表达自己的教育思想，走出所遭遇的精神困境，重塑教育信仰，解决理论与实践脱离"，获得专业发展的必然选择。

2. 教师理论自觉研究的深化有助于教育学理论的发展

教育研究转向关注教师实践和教师实践性知识研究的提出，为教育教学理论摆脱那种从理论到理论、为理论而理论的传统路径提供了新的可能。事实上，尽管每一位教师在其日常的专业生活中，都会逐步形成对教育教学的理解和看法。但并不是每一种经验性的看法都能称得上是实践理论。在现实中，很多教师起点大致相同但其后来专业发展差异巨大，这与他们自身在经验累积中是否对日常经验予以理性反思关系密切。换言之，教师理论自觉的培育与养成，是教师对自己日常经验予以批判反思，进而构建实践理论的必备基础；同时也是教育科学研究避免理论研究者研究重心的盲目下移和唯实践是从的错误取向，使教育教学理论发展获得新动力的重要条件。

3. 有助于教育改革在实践层面的发生和深化

研究性变革时代的教育教学变革是时代的必然。尽管我们以前的教育教学方针政策在一定程度上推进了当时的教育教学和教师的专业成长。然而，世易时移，随着社会的发展变化，旧的教育教学理论也必然面临着通过改造而实现变革的历史使命。

而无论是自上而下的经由国家政府推进的改革还是自下而上的经由基层试验推广而进行的变革，归根到底都需要经过教师的实践方可实现。教师的教育教学实践是具有情景导向、学理导向、个人导向、社会导向以及经验导向特质的，因此改革除了要分析环境中的情势、机会与限制，选择合适的策略行动外，其先备条件就是教师要具有理论意识，通过专业生活的理论自觉，经过理论批判甚至经由自己在价值观、态度、道德及信念上做出改变，在改变中创造教师的实践理论，这样才能寻求对理论与实践脱离的消解。

第四节 教师专业能力建设

教师的专业能力建设是教师专业化发展的一个重要课题，也是架起理论与实践桥梁的根本需要。一般来说，教师专业能力培养要从"学习和自我发展能力""教学情境创设能力""探究教学能力""组织合作学习能力""教师反思能力""教学评价能力"入手，强化职业核心能力，使之成为伴随教师终身的可持续发展能力。

一、学习和自我发展能力的培养

教师的学习和自我发展是一个连续的、动态的、纵贯整个教师职业生涯的过程。其中，来自教师个体和周围环境的各种因素都会对教师的学习和发展产生积极或消极的影响。而教师的学习和自我发展能力的形成并不是天生就有的，只有经过不断地努力和有意识地培养与训练，才能实现教师学习与自我发展力的不断提高，增强其对社会发展的适应性。

所谓教师的能力是指教师在教育教学活动中形成并表现出来的、直接影响教育教学活动成效和质量、决定教育教学活动的实施与完成的某些能力的综合。教师的能力是一般能力的合理整合和特殊发展，是在实践中发展起来的、反映教师职业活动要求的能力体系。一般认为现代教师的专业能力应包括教师的教育能力、教学能力和反思能力等。在现代教师的能力结构中，教师的学习能力和自我发展能力影响着教师个人及教育教学活动的变化、发展和创新。教师的学习和自我发展能力主要是以下八种能力的有机结合。

（一）基本认知能力

基本认知能力包括记忆力、注意力、观察力、想象力和思维能力，即一个人的智力。

记忆力是智力活动的基础，是一个人不可缺少的基本才智，是获得各种信息和经验的首要心理要素。注意力是使心理活动指向并集中于客观事物的能力。人的一切智力活动只有在注意力的参与下才能顺利进行，可以说，注意力是智力活动的组织者和维护者。观察力是感知和思维相结合而形成的一种能力，观察是有目的的、主动的感知过程。各种专门人才都需要一定的观察能力。教师只有具备了较强的观察力，才能对学生观其行而知其心，随时掌握学生发展变化的动态，并获得丰富而有价值的教育现象的材料，从而发现新问题，找出事物的规律，并得出正确的科学论证。想象力是智力活动富于创造性的条件，也是教师能力最基本的特征，是教师进行创造的前提。思维能力指在已有知识经验的基础上，借助语言对客观事物进行间接概括反映的能力。

思维能力是智力的核心，人脑通过思维可以组织人的感官触及不到的宏观与微观世界，从而把握事物的本质规律和整体性。

总之，基本认知能力即智力，它始终贯穿于教师的职业活动之中，标志着一个教师能力起点的高度。一个智力水平很低的人是不会成为一名会学习、能够不断自我完善和发展出色的教师的。

（二）系统学习能力

系统学习能力即指学习和掌握新知识、新信息、新技术、新方法的能力，包括自学能力、成长学习能力（再学习能力）、信息资料的加工利用及整合能力等。

1. 自学能力

自学能力一般包括对学习内容的选择能力、学习的坚持力及学习的效果和速度。

选择能力。在纷繁的知识海洋中，对于学习内容的选择是学习者首先要解决的问题。当代教师要充分认识到，选择学习内容对学习是非常重要的，"有所不为才能有所为"，因此，学习亦要"有所止之"，才能有所成就。

坚持力。在学习的过程中，不能忽视学习的坚持性，避免半途而废。只有不怕困难、矢志不渝的人才能真正有所建树。

效果和速度。阅读速度，理解程度，重点、难点的把握都是教师能力的体现。尤其是在知识信息如潮水般向人们涌来的今天，提高单位时间内学习的速度和效率已越来越重要。为此，教师应使自己的学习方式快速化与创新化，充分利用现代化的学习工具，如电脑、手机等。

2. 成长学习能力（再学习能力）

这种学习能力一般应具备以下五个要素：一是成长因素的自我识别，即知道自己具有哪些方面的特长，哪些方面的短处，以使自己的学习能够扬长避短、事半功倍；二是成长学习的目标决策能力，即能够根据自己学习的长远目标和阶段目标制订学习计划和学习策略的能力，以保证学习任务能有步骤地得以完成；三是高层次的学习方法，即科学的学习方法与思维方法有机结合，在提高学习效率的同时有所发现、有所创造；四是成长学习的自我评价与调节能力，即学习者对学习的效果具有正确的评估，并经常改进学习方法、调节学习机制的能力；五是悟性和勤奋，这是再学习的每个教师所必须具备的素质，有悟性和开拓意识，对再学习有兴趣和敏感，再加之勤奋的精神，就能很快地实现学习的目标。

3. 信息资料的加工利用及整合能力

这是教师扩展视野和知识的必要能力。教师对信息资料的加工利用表现在：对信息的高度敏感性，即能够广泛地接受来自学生、学校、媒体、政府等方面的信息和学术刊物、著作的信息；对信息的利用率，即筛选有用的信息进行简化、归类、存档，适时运用。

为适应新时代对教育和教师的全面要求，以便更好地、更有效地获得信息资料，教师无疑还要具备一定的外语水平。良好的外语能力为加强国际交流、进行双语教学清除了障碍。外语能力已成为 21 世纪教师"学会说话""学会看书"的新要求。

（三）社会环境适应能力

适应是心理健康的标志之一。适应是有机体与环境的一种平衡状态。心理学家皮亚杰指出："智慧的本质就是适应。"现代社会的飞速发展、教育的重大变革给教师提出了许多新的挑战，适者生存、适者发展仍然是一个不可逆转的法则。学会适应，具有一定的社会环境适应能力，是每一个教师健康生活、获取成功的前提与基础。

1. 对适应的一般理解

适应一词源于生物学的概念。它是指所有活着的有机体都要随着它们环境中某些条件的改变而改变其活动。从心理学的角度研究适应，可将其定义为：个体通过不断做出身心调整，在现实生活环境中维持一种良好的、有效的生存状态的过程。适应是指个体与环境在相互作用中发生改变的过程。个体社会环境的适应方面，涉及如下三点。

（1）适应客观环境的变化。无论是什么样的人，当刚从熟悉的环境进入陌生环境时，都要有一个适应的过程，这一过程包括对新环境的熟悉及了解新环境对自己的要求等，而且这一过程还包括逐渐从过去熟悉的环境中解脱出来，在生活方式、思维方式等方面做出相应的改变，以适应新环境的要求。

（2）建立新的人际关系。随着环境的改变，建立新的人际关系，不仅是适应环境的要求，也是个体逐渐走向成熟的必要条件。这就要求人们清楚地认识新的人际关系的特点；同时，还要逐渐掌握处理各种人际关系方面的技巧。

（3）确立新的自我。个人适应环境的过程实际上就是重新确立自我的过程。当个体进入新环境后，原有的自我就要重新被评价，以便适应新环境。但是这种重新确立不是完全的自我背叛，而是主动地寻求一种新的契合点，既保持自我的人格特点，又与新环境相适应。

2. 社会环境适应的能力与发展

在现实生活中，人们对环境的适应大体上有两种。一种是消极的适应，即适应是人与环境的消极互动过程，在这一过程中，个体认同、顺应了环境中的消极因素，压抑了自身的积极因素（自身的潜能），违背了人的心理发展方向。其结果是环境改造了人，而人未发挥自己对环境的能动作用。例如，看破红尘、安于现状、不思进取等消极性的态度都是以压抑自己的潜能、牺牲个人的发展为代价的。这种对环境的适应是退化，而不是发展。而另一种是积极的适应，即能够正确地分析自身的特点及环境的特点，从对两者的分析中找到自己的生长点，积极主动地调整自己与环境的不适应行为，增强个体在环境中的主动性、积极性，使自身得到发展。也就是说，把环境中的有利因素和个体中的积极因素统一在自己能动的实践活动中，就获得了一种积极的适应。社会环境适应能力是个体通过不断地身心调整，在现实生活环境中能够突破困境、维持一种良好的、有效的生存与发展状态的能力，这种积极的适应能力对教师的生存与发展都是至关重要的。

教师的社会环境适应能力，一方面应体现在对社会角色的适应能力，能够形成与时代相适应的角色期望和行为方式；另一方面应体现在对社会变革及教育改革所带来的冲突及压力的应变中，与现实相适应的保持心理平衡的能力。只有学会积极地适应，才能面对现实、接受现实、适应现实，对现实抱有乐观的认识和判断，对生活、学习和工作中的各种挑战才能妥善处理，也才能从实际出发不断调整工作、学习及生活目标，审时度势地进行角色转换，调节自身行为，把握成功，获得发展。适应与发展的关键是战胜自我、积极行动。

（四）身心保健及调适能力

1. 教师身心健康的含义及表现

教师身心健康是指教师具有健康的身体素质和心理素质。

（1）教师健康的身体素质主要表现在以下两个方面

1）对繁重的教学、紧张的工作、琐碎的家务具有较强的承受能力，能精力充沛、生气勃勃、从容不迫地从事工作和学习，应付日常生活和工作。

2）反应敏捷、体格强壮、耳聪目明、头脑灵活、声音洪亮。

（2）教师健康的心理素质主要表现在以下六个方面

1）较强的社会适应性，能与现实保持平衡。

2）人际交往和谐，积极态度多于消极态度。

3）有良好的自我意识，能正确地对待自己，善于与人交往，理解、尊敬、信任别人。

4）情绪乐观稳定，心胸开阔，能自尊自制。

5）热爱生活，热爱教育工作，有追求成功的欲望和信心，有幸福感。

6）过有效的生活，心中有目标，活得很充实。

健康和身心不仅是教师成才与发展的基本内因和要求，也是教师良好身心素质产生的一个基本前提。

2. 影响教师身心健康的基本因素及分析

影响教师身心健康的因素是多方面，也是比较复杂的，主要有以下两个方面。一是客观方面，如事业与家庭的负载过重，待遇与收入偏低，给教师增加过大的身心压力，不重视满足教师的正当需要，不能创设和形成良好的群体心理氛围，缺乏完善的教育领域内容的竞争机制等。二是主观方面，即从教师自身因素来看，教师不能科学地生活，对心理和身体健康难以自我保护，缺乏一定的身心保健和调节的意识及能力，也是重要原因。

身心保健与调节能力，是教师能够在对自身实行客观的身心了解之后，发挥内部机制的作用，针对存在的问题，自我调整，采取切实可行的措施，主动加强保健，调节自己的身心状态，对身心素质不断自我完善的能力。这是一种能够弥补身心疲乏、恢复充沛体力、保持健康身心的能力。这种保健和调节的意识和能力，是保障教师在竞争上增强个人的适应力，以健康良好的身心品质从容地对待社会生活、对待教育事业，谋求个人发展的重要条件。

（五）自我监控及管理能力

教师的自我监控及管理能力，是教师具有对自身的行为及自我发展的监督控制及管理的能力。在行为上主要表现为：具有能够做到为人师表、保证个人言行的严谨端正、处乱不惊、从容不迫的能力；具有善于完善自我和节制自我的能力；具有能够进行自我剖析、规划、设计、约束、激励、反馈等的能力。教师是自我发展的主体，所以对教师的任何管理，都不如教师的自我监控与管理更有效。

教师在具备一定的自我监控及管理能力方面，具有明显的优势，这是因为：

（1）教师有较高的成就动机，对自己有比较高的期望值，对自己的要求比较严格。

（2）由于教师工作的示范性，教师角色对学生有重要的影响，教师必须严于律己，对自己的言行加以规范和约束。

（3）教师有比较高的科学文化素质，有较强的能力，有进行自我监控及管理的基础。

（4）有自我发展的内在强大动力的教师，更能够实现真正的自我监控及管理。这也是教师具有自我监控及管理能力的基本条件，即教师有自我发展的内驱力，对发展目标有坚不可摧的信念。

（六）职业生涯规划与设计能力

职业生涯是人的一生中所从事的职业和所走过的职业生活的大部分历程。职业生涯设计能力是指对有关职业发展的各个方面进行的设想、规划和管理能力。教师的职业生涯，是一个人作为教师从事教师职业的整个过程。教师只有树立职业生涯设计的意识，掌握职业生涯设计的方法，培养和提高职业生涯设计的能力，才能真正把自己的职业生涯置于理性的思考之上，从而使教师关注自我发展，增强自我发展的主动性、预期性。

职业生涯设计包括一个人一生中所有与工作相联系的行为与活动的设计，在设计时应考虑以下几个特点。

1. 连续性

职业生涯是表示一个人一生中在职业岗位上所度过的整个经历。这个经历是漫长的，它影响着一个人的其他生活，甚至决定着一个人的生命和质量。这个经历中各个阶段都是衔接的，因此，职业生涯的设计，应当是一种与工作相关的连续经历和设计。

2. 独特性

生涯是个人为实现自我而逐渐展开的一种独特的生命历程。不同个体的生涯，在形态上或许有类似之处，其实质却有诸多的不同。每个人在不同的人生阶段都有不同的追求，每个人都有不同的自我定位和目标设计，有不同的行为能力和心理特征，这些都使每个人有不同的变化和成长。因此，职业生涯的设计也应体现出每个人职业生涯的独特性。

3. 互动性

职业生涯不完全是由个人支配的，它还受多方面因素的影响，除了本人对生涯的设想和计划之外，还有家庭中父母的意见与配偶的理解和支持、组织的需要与人事安排、社会环境的变化等，这些都会对职业生涯设计等产生影响。所以说，在职业生涯设计时要综合考虑多种因素的互动。

（七）教育科研能力

教师的教育科研能力是以教师科研理论为指导，满腔热情地投身于教育实践，在博采众长的基础上形成和发展的。它是一个综合的能力结构，具体表现在以下几方面。

1. 问题意识以及定向的能力

科学研究始于问题，研究总是从问题开始的。因此，教师必须培养自己的问题意识和不断提高自己的定向能力，这是研究者敏锐的洞察力、对形势的判断力及胆识的综合反映。教师的科研意识、发现和选择研究问题的能力是教师科研能力的重要表现。

2. 整合意识与理论思维的能力

对教育的研究不能只停留在直觉的把握、经验的感悟上，要求教师不仅要有合理的、扎实深厚的知识结构、文化素养，而且要有理论思维的头脑、有整合的意识及合理的思维形式，能在纷繁复杂的教育现象中把某个现象的本质提炼出来，并准确地把握问题的实质。同时善于从一个基本思想导出一系列新的见解，善于从理论上思考教育问题，能把握复杂问题的实质并把握整体。这需要教师通过教育科研逐渐形成有益于个人研究力发展的思维和透析力、综合力和迁移力，能够透彻分析、认识研究对象，提出新观点、新见解、新问题。

3. 创造意识及实践的能力

即具有敢于突破原有理论的框架，从新的角度高度分析、研究教育问题的能力，进而产生新思想，发展和创造新事物，在实践中思索和解决实际问题。

4.合作意识与协作研究的能力

优势互补、群体攻关，这是现代教育科研发展的重要趋势。群体成员在知识、能力、专长等方面具有不同的特质、不同的思维方式、不同的研究风格，可以形成异质互补的优势，精诚团结、协作研究，可以充分发挥科研的群体效应。

（八）知识更新及创造的能力

各个国家都普遍重视教师的知识更新能力和创造能力。要求教师必须具有较强的掌握信息和更新认识的能力，即"扩展能力"，要迅速灵活地适应科学技术和时代变化，具有很强的信息处理能力（吸收和更新知识的更新能力）和创新能力（获取新知识的能力和扩充新知识的能力）。

具有快速及时地更新知识的能力。这就要求教师能够自觉跟上时代步伐，不断进行自身知识结构的新陈代谢。尤其要注意运用现代教学技术和手段，如电脑多媒体和网络技术等，以达到教育效果。

具有创新能力是教师扩展能力的核心。这不仅是教育内部的要求，也是社会发展的需要。创新能力主要表现在以下两个方面。一是具有创新精神，主要表现为有强烈的求知欲、兴趣、创造动机和创新意识、工作精神和毅力、信心和魄力等。二是具有创造性思维品质，如直觉思维、发散性思维、灵感思维等。创造性思维一般有流畅性、灵活性和独创性的特点。

教师创造能力是教师的创造性精神和创造性思维品质在教育活动中的具体体现，主要表现在以下几方面。

1.教学设计灵活多样、富有弹性

具有创造性的教师能够进行灵活多样和具有独创性的教学设计，他们往往根据教学目标和教学对象及自身的风格选择适宜的教学模式、有效的教学方法，使整个教学设计富有弹性，也可以根据目标的达成情况和学生的接受能力随时调整教学过程。

2.教学信息的传达经济、迅速、有效

从教学信息论的角度来说，教学的成效主要取决于能否经济快速和有效地将教学信息传给学生。具有创造性的教师能够根据知识的特点和学生的心理机动灵活地组织教学活动，不断地探索既简明迅捷又适合学生接受能力的信息传递方式，用比较少的时间和精力将教学内容准确有效地传给学生。

3.善于激发学生的学习兴趣

具有创造能力的教师善于挖掘教学内容中丰富多彩的内容，创造条件让学生将书本的知识与日常生活结合起来，创造生动活泼的教育教学形式，采用引人入胜的教学方法，激发学生的学习热情。

4. 能够启发学生积极思考，引导学生去发现和创新

这是培养学生创造能力的关键。具有创造能力的教师善于发现学生的最近发展区，能够把握时机创设问题情境，诱发学生对现有知识的不满和怀疑，把学生引入"愤"和"悱"的境界，引起他们探索和研究的好奇心，培养其发现问题和解决问题的能力。

5. 根据教学的反馈信息进行机智的教学调控

具有创造性的教师善于捕捉教学反馈信息，在没有事先准备的情况下灵活高速地教学，迅速发现和利用教学时机，从而达到意想不到的教学效果。

二、教学情境创设能力的培养

（一）教学情境创设能力的特点

1. 新颖性

创设问题情境的新颖性，使学生乐于创新学习。教学的艺术，不在于传授知识的多少，而在于激励、唤醒、鼓舞。教学中教师只有根据学生的年龄特征、知识经验、能力水平、认知规律等因素，抓住学生思维的热点、焦点，不断创设有创意的、新颖的问题情境，让学生身临其境，感受知识的魅力，才能使学生产生疑问，激发探索的欲望，乐于发现问题，乐于创新学习空间。

2. 空间性

创设问题情境的空间性，使学生敢于创新学习。由于学生的智力、基础知识、学习能力、生活经验与环境等方面的差异，即使面对同样的问题，他们的思维方式、采用的手段方法也是各不相同，教师的讲解与分析，往往不能满足学生的需求。因此，创设问题情境时必须留有一定的空间，把学习的主动权交给学生，对学生的新想法给予鼓励，使学生敢于打破常规，别出心裁，勇于标新立异，寻找与众不同的学习、解题途径，激发学生的创新动机，为学生的创新学习提供时间和空间的保证。只有为学生创设了问题情境的思维空间，学生才会有积极思维，才会有创新学习。具有挑战性的问题情境，可促使学生多方位地进行联想，自觉地探索尽可能多的问题答案和解题途径，有利于提高学生学习的兴趣，培养学生接受挑战的意识，发展学生的求异思维，为学生的创新学习提供条件，引导学生积极主动地、创造性地学习。

3. 实践性

创设问题情境的实践性，使学生善于创新学习。教学离不开实践活动，加强实践操作是培养学生创新学习能力的重要措施。知识的应用是一个渐进的认知过程，是学生在教师的引导下，利用必要的材料，在自我实践的基础上，通过意义建构而主动获得的。因此，在认知建构中，教师应根据学生的认知特点和学习心理，有意识地设置动手操作的情景，给学生提供必要的探索新知的思维材料，设置"动"景，使静态的

知识动态化，调动学生的多种参与，对新知识的主动探究，让学生通过自己的操作、观察、比较、交流、评价等实践活动，亲自经历知识的形成过程。一方面增强学生主动参与意识，使学生在实践活动中学会相关知识；另一方面，通过教学实践活动，使其创新学习能力得到提高。

这种在教师点拨下的学生动手自行操作、自主探究活动，有利于调动学生多种感官参与学习，并通过设疑—猜想—实验—验证—归纳的过程，使学生情趣盎然，思维得到充分训练，学生在实践活动中，动手、观察、思考、协作能力都得到了培养。教学中，教师要有意识地向学生提示寻找问题的角度，提出问题和解决问题的方法，使学生更善于自主创新学习。

4.竞争性

创设问题情境的竞争性，使学生勤于创新学习。因此在教学中，适时创设竞争的学习氛围，是培养学生探索兴趣和独立思考习惯的有效途径，适当的良性竞争，可激发学生的创新热情和创新意识，能培养学生思维的变通性和独创力。只有对学生点滴的创新给予及时的表扬、肯定、鼓励，才能激发学生创新学习的热情，逐步培养学生创新学习的能力。课堂教学中问题情境的竞争性，从形式上来看，可以是小组内同学间、小组与小组间的竞争；从内容上来看，可以是小组内、小组间对问题解决的竞答，或小组内、小组间的相互质疑，也可以对练习完成的质量、速度或某一问题处理深刻性的评价等；从情境创设的方式上来看，可以由教师创设，也可以由学生根据自己的认识提出。

（二）创设教学情境的基本要素

1.情境是符合学生已有的生活经验的学习环境及学生认知水平的必备要素

学生的原有经验是进入教学情境中的重要知识，教学情境的创设必须建立在学生的认知发展水平和已有的知识经验基础之上，使学生的原有经验通过再创造，获得新的意义，从而使学生产生新的发展。

2.情境包含丰富的学科知识、能力及外部世界的诸多因素，是相互联系的

在一定的教学情境下，通过适当的方式将零散的、隐含于特定问题中的诸多因素相互联系与综合，使学生获得相关的知识和技能，同时使学生在非认知方面（如情趣、态度、价值观、合作交流能力等）获得发展。

3.情境具有调动学生积极学习和成长的情意因素，具有学生参与的角色要素

良好的教学情境，能使学生积极主动地、充满自信地参与学习，使学生的认知活动与情感活动有机地结合，从而促进学生非智力因素的发展和健康人格的形成。一个好的教学情境必须具备调动学生参加学习活动的积极学习和成长的情意因素。学生的参与性是新课程教学环境的基本要求，教学情境必须具有学生参与的角色要素，从而让学生较快地进入建构性学习活动。

4. 教学情境中包含了大量的课程资源，体现了学校课程资源较高的开发利用程度，具有可供操作的硬件设施和时空要素

为了使学生能够充分地参与学习活动，教师必须具备较强的课程资源意识，注意对课程资源筛选、加工、整合再创造。因地制宜，多种途径、多种方式、多种渠道有目的地开发和利用各种资源，包括校内、校外、网络、学生家庭、所在社区等的课程资源，来创设教学情境。创设的教学情境应具备较好的可操作的设备条件，具有使师生共同进行学习活动的时空要素。

5. 情境具有趣味性和浸润性，可以引起学生浓厚的探索问题的兴趣，有较好的对问题进一步拓展的空间

通过营造一种生动有趣的、具有吸引力的学习背景，创设一种与亲和的人际情景交融在一起的教学情境，激发学生学习的兴趣与动机，使学生在宽松、和谐、愉悦的氛围中，由对问题的自然想法开始探索，发挥情境的浸润功能以激发学生的探究热情。

（三）创设教学情境的类型

无论教学情境的外在形式还是教学情境的内容，都能使学生产生积极的情绪反应，但不同形式、不同内容的教学情境在教学中的侧重点不同。实际教学中往往是多种教学情境同时作用于课堂，综合发挥教学情境的浸润性。教学情境根据不同的分类标准可以有多种类型。

根据教学情境与现实世界存在的关系，可分为真实型等七种类型。

1. 真实型教学情境

现实客观存在的社会是学生知识建构不可缺少的资源和运用知识不可替代的学习情境，学生在其中感悟、观察、体验。通过形式多样的真实客观存在的教学情境，让学生亲临生活实际，在社区、工厂、田间、野外等真实的生活与场景中学习知识，运用所学知识解决实际问题，这就是真实型教学情境。在真实的情境中进行教学，拓宽了教育的空间，将理论与实际相联系，可以使所学的知识得以运用，学生在身临其境的演练中施展自己的才能，品尝着受阻的焦虑和成功的喜悦，在积极的思考中提高解决实际问题的能力。

2. 仿真型教学情境

教学中有时受时间、空间、财力、物力的限制，不可能每节课都把学生带入实际生活中。一些较难接触或学生不易真实接触的学习内容可以用模拟现实环境和情况来满足教学的需要，这就是仿真型教学情境。如模拟商店中现场购物的体验，也可以借助多媒体等教学手段模拟现实情境，采用学生模拟表演等形式，达到所需教学情境的效果。

3. 提供资源型教学情境

根据课程的教学目标，为学生提供丰富的学习资源，由学生选择学习、探究方式，充分发挥学习的主体作用，教师则起学习的引导者的作用，使学生在探索中学习求知，培养其独立钻研、独立学习的能力，这样形成的教学情境称为提供资源型教学情境。资源的共享是时代发展的要求。学习的根本在于拥有学习资源，利用学习资源。为学生提供具有丰富学习资源的情境将是未来教学环境发展的总趋势。

4. 问题型教学情境

为了完成教学目标，教师所设计的以探究某个问题为平台的教学情境称为问题型教学情境。创设"问题情境"就是在学习内容和学习求知心理之间制造一种"不协调"，把学生引入一种与问题有关的情境的过程。这个过程也就是"不协调—探究—深思—发现—解决问题"的过程。"不协调"必须要质疑，把需解决的问题，有意识地、巧妙地寓于各种各样符合学生实际的教学情境之中，在他们的心理造成一种悬念，从而使学生的注意、记忆、思维凝聚在一起，以达到智力活动最佳的状态。教师根据学生情况和教学内容而创设的问题情境能诱发学生的好奇心和求知欲，点燃思维的火花。创设问题情境宜围绕教学目的，注意培养学习者的发散性思维与创新意识，且难度适中。

5. 探究学习型教学情境

为探究性学习任务创设的教学情境称为探究学习型教学情境。探究学习情境与问题学习情境是密切相关的。在一般情况下，学生在一定问题情境的刺激下会主动参与探究。但在实际教学中，还往往出现学生遇到问题时，常常很难识别问题的关键和形成连贯的研究方法。他们也不清楚怎样把现在的问题和已经知道的东西联系起来，围绕问题的探究总是停留在问题的表面，好的问题也会渐渐失去挑战性，因此在探究的过程中需要教师不断营造探究的情境，营造探究学习的氛围，引导学生在探究过程的不同阶段深入地学习。

6. 合作学习型教学情境

为在教学中的合作学习而创设的教学情境称为合作学习型教学情境。教学中的合作有利于开拓学生思路，改善课堂氛围，培养与人合作的作风，能充分调动学生学习的主动性。合作中有竞争，既能发挥个体的积极性，又能促进学生之间相互团结、密切配合，增强集体荣誉感。通过合作教学，不仅充分发挥了学生的主体作用，而且能培养学生的交往、合作和竞争能力。但在合作学习中合作氛围的营造非常关键，教学中创设良好的合作情境是学生能否顺利进行合作的前提。

7. 练习型教学情境

为新知识学习后巩固和拓展而创设的教学情境称为练习型教学情境。教学中无论是新课的巩固练习，还是独立练习课，往往都需要在一定的情境烘托下，达到练习的效果，新课的巩固练习，有时利用课中的教学情境延伸即可达到引导学生自主练习的目的，有时也需要单独创设。独立的练习课，有时教师们可以用带有趣味性的故事情境进行串联，调动学生的练习兴趣。

教师教学情境创设能力培养需要注意的问题如下。

（1）教学情境的创设一定要与高职学生的智力和知识水平相适应。情境创设是为了激发学生的求知欲，如果学生对教师的情境创设不感兴趣，就不可能达到预期的教学效果。

（2）教学情境的创设必须针对人才培养目标，有针对性地创设，必须与教学主题有关，要达到教学内容与教学情境的和谐统一。

（3）教学情境的创设一定要有梯度和深度，既能承前启后有连续性，能引起学生的注意，能有良好的情感体验的冲动，又要提升学习的高度和层次，使学生的智力得到进一步地开发。

（4）教学情境的创设要为学生营造优美的学习环境，引导学生去积极地探究。教师教学的情境创设：一要揭示教学目标；二要有刺激性，引发求知冲动；三要提高学生的注意力，关注教学情境创设的内容；四要提供诱发行为的条件，使学生愿意主动实践。

教学情境的创设要形成一个关注—激励—移情—加深—弥散的学习过程链，使学生的情感态度、价值取向逐步内化于学生的人格之中。学生参与教学情境的创设本身就是发展能力的拓展过程，教师应当善于抓住学生的求知、求新、求变的心理，通过教学互动，提升自己的教学质量。

三、教师探究教学能力的培养

（一）探究性学习的培养目标

探究性学习目标强调对所学知识、技能的实际运用，注重学习的过程和学生的实践与体验。具体目标为：

（1）获得亲身参与研究探索的体验。

（2）培养发现问题和解决问题的能力。

（3）培养搜集、分析和利用信息的能力。

（4）学会分享与合作。

（5）培养科学态度和科学道德。

（6）培养对社会的责任心和使命感。

（二）探究性学习的特点

1. 开放性

探究性学习在教学目标上是开放的。探究性学习的目标有以下几个第一在于发展学生的能力，包括发现问题的能力、制订计划的能力和解决问题的能力；第二在于培养学生主动积极、科学严密、不折不挠的态度；第三在于培养学生的问题意识和创新精神；第四在于通过探究性学习获得关于社会、自然、生活的综合知识。这些目标是一个整体，是通过长期的潜移默化而逐步形成的，不能把它们割裂开来。探究性学习的目标应是灵活的、开放的、因人而异的。

探究性学习在内容上是开放的。学生在现实生活中所面对的诸多问题，一般是综合性的问题。解决这些综合性问题需要的知识远远超出了某一学科的范围。在探究的过程中，无论是自然科学还是社会科学的知识，都可能用得上。因此，不应把学习内容限制在某些方面，可以海阔天空，只要学生想到而又力所能及的都可以成为探究的内容。

就学生获取的知识而言，探究性学习也是开放的。在探究性学习中，知识的来源是多方面、多渠道的。除了书本知识以外，学习者还要广泛地获取未经加工处理的第一手资料，经过头脑的加工形成结论，使学生超出第二手书本知识的极限。

2. 自主性

自主性是实现探究性学习的目标所必需的，只有这样才能实现探究性学习的目的。无论是探究的能力，主动积极、科学严密、不折不挠的态度，还是问题意识和创新精神，都是只有通过亲自实践才能逐步形成，就算是知识，也必须通过学生的主动建构才能形成，靠传授式的教学难以获得。

让学生自主地进行探究，是否就意味着教师是多余的，或者说教师没有什么作用呢？当然不是。教师毕竟是一个成年人，社会经历丰富，阅历广泛，可以向学生提供经验和帮助。因此，在探究性学习中，教师是组织者。教师应该开阔学生的视野，启发学生的思维，要善于发现学生思维中的闪光点，要向学生提供经验，帮助学生进行价值判断；要帮助学生整理思路和计划，要检查学生计划的可行性；要提醒学生注意探究中可能出现的问题和困难，要向学生提供必要的资源和帮助；要纠正学生不规范的做法，防止偏见和差错，提醒学生注意实事求是，注意结论的可靠性；要引导学生对探究的过程进行总结反思，引导学生自己进行评价，其中包括对课题意义的再认识，对成功与失败的原因进行总结，引导学生报告自己的收获等。

3. 过程性

探究性学习的价值何在？注重的自然是探究的过程。学生的体验和表现比结果更重要。让学生在探究中学会交流和合作，在探究中得到发展，是探究性学习最主要的目的。学生体验了科学探究的全过程，从提出问题，确定问题，确定研究的方法、程序，连最后的评价都是学生自己做的，学生也会有很好的体会和收获。有的活动没能得出结论，给学生留下一点遗憾，让他们反思所做的探究存在什么问题，为什么没有结果，也能起到很好的教育作用，不一定强求有明确的结论。

强调探究的过程包括不能让探究的过程模式化、固定化。探究的过程没有固定的模式，提出问题、进行假设、制订计划、收集数据、整体分析、得出结论、评价预测，是科学探究过程的要素，而不是固定的规范。它们之间也没有固定的先后顺序，不能硬性规定哪一个步骤在先，哪一个步骤在后，也不必强求探究过程的完整性。一次活动可以集中在如何提出问题、如何制订计划、如何进行评价等任何一个方面或几个方面，也可以是相对完整的探究活动。

探究性学习重在过程，因此在评价学生的学习成果时就不应以成败论英雄，更不应该以课题的学术价值和社会效益作为评价的主要依据，而是要看学生的态度和表现，要以形成性的评价为主，以学生的自我评价和相互评价为主。对于那些完全不投入探究活动的学生，既要在成绩上有所表示，更要让他们自己找出差距。但是，对于能积极探究的学生，不一定硬要区分成绩的高低。现在提倡的档案袋评价就是一种很适合探究性学习的评价方式。

4. 实践性

探究性学习不同于学科知识传授，不能只是坐而论道，要实践，要活动。要注意的是，不能把实践狭隘地理解为体力活动或与动手技能相关的操作活动，随着自动化程度的不断提高，动手操作的技能在科学实验中的重要性相对下降。重要的是能发现问题，能够制订一套方案去解决问题，技术问题有专门人员去解决。实践并不等于操作，包括从提出问题到求得结论、做出评价的整个过程，除了操作之外，思考、计划、找资料、理论探讨、收集数据、分析整理、归纳总结、写报告、写文章都是实践。所谓探究性学习的实践性就是强调探究性学习应以活动为主，让学生亲自经历探究过程，体验、感受探究过程，在实践中创新。

（三）探究性教学的意义

探究性教学实质上是一种模拟性的科学研究活动。具体说它包括两个相互联系的方面：一是一个以"学"为中心的探究学习环境。这个环境中有丰富的教学材料、各种教学仪器和设备等，而且这些材料是围绕某个知识主题来安排的，而不是杂乱无章的，这种环境要使学生真正有独立探究的机会和愿望，而不是被教师直接引向问题的答案。二是给学生提供必要的帮助和指导，使学生在探究中能明确方向。这种指导和帮助的形式与传统教学中教师的作用有很大的不同，主要是通过安排有一定内在结构、能揭示各个现象间联系的各种教学材料，在关键时候给学生必要的指导等。

探究性教学的本质特征是，不直接把构成教学目标的有关概念和认识策略直接告诉学生，取而代之，教师要创造一种智力和社会交往环境，让学生通过探究发现有利于开展这种探索的学科内容要素和认识策略。

探究性教学的基本原则是，由学生自己亲自制订获取知识的计划，能使学科内容有更强的内在联系，更容易理解，教学任务有利于激发学生的内在动机，学生认知策略自然获得发展。同时在这个过程中学生还认识到能力和知识是可变的，从而把学习过程看作是发展的，它既要以现有的学习方法为基础，又要将其不断地加以改进。

（四）影响教师探究性教学能力的因素

1. 教师探究教学的内驱力

探究性教学在关注学生知识和技能有所收获的同时，还注重学生对科学探究的体验和对科学方法的学习，注重学生情感、态度和价值观的养成。这就要求教师在备课时要做多方面的准备工作；在具体实施时，教师要从权威的传授者角色转变为以学生探究活动为主体，教师是探究活动的组织者、参与者、指导者；在评价时，要采用多元评价主体、多种评价方式和手段。这对于已经习惯了传统教学方式的教师而言，无疑是巨大的挑战。因此，教师是否从内心接受探究性教学方式、是否主动积极地接受有关探究教学性能力的培养与训练、是否心甘情愿研究探究性教学等，将是影响教师探究性教学能力的关键因素。

2. 教师已有的知识结构

教师已有的知识结构影响教师的探究性教学能力。教师要自如地实施探究性教学必须具备四方面的知识。

（1）学科知识。其包括学科教材内容知识，学科内容概念、规律和原理及其相互关系；学科课程知识，学科教法内容知识。

（2）科学本质的知识。其包括科学知识是以观察和实验为基础的；实验数据的收集和解释都依赖于当时的科学观点；科学知识是人类想象和创造的结晶；科学调查的方向和成果受当地社会文化的影响。

（3）教育文化背景知识。其包括学生特点及在个体发展与个体差异方面的知识；教学情境的知识，如小组或班级活动的状况、学区管理与资助、社区与地域文化的特点等方面的知识。

（4）教育策略性知识。其包括教师有效地实施计划教学、进行课堂教学和评估教学效果时采用的灵活多变、适应性强的教学策略与方法。此外，教师的科学史知识、科学本质的知识也影响着他的专业知识和科学探究的知识水平。

四、教师合作学习能力的培养

合作学习的内涵至少包括以下几方面：

（1）合作学习是以小组活动为主体进行的一种教学活动。

（2）合作学习是一种同伴之间的合作互助活动。

（3）合作学习是一种目标导向活动，是为达到一定的教学目标而开展的。

（4）合作学习是以各个小组在达成目标过程中的总体成绩为奖励依据的。

（5）合作学习是由教师分配学习任务和控制教学进程的。

1. 合作学习的要素

合作学习要具备两种必需的成分。

一是个人的责任。一个群体的成功，应当使每位成员都具有展现其所学知识的能力。当团体的成功能够根据所有成员的成绩总和而定，或评价成员对团体计划的贡献时，能够显著提高学生的成就感。如果只给学生一张工作单或计划表，而没有分配每个人的任务，学生只能获得较低的成就感。

二是积极的相互依赖。团体的成功有赖于所有成员的协同工作，实现理想的目标，这理想的目标是表扬、成绩、奖励或自由时间等。仅仅要求学生合作并不能确保学生学到社交技巧，必须有目的地教育他们。一般认为合作学习应该包含以下五个基本要素。

（1）个人责任，指每个组员必须承担一定的学习任务，并掌握所分配的任务，积极承担在完成共同任务中个人的责任。

（2）正相互依赖，学生不仅知道要为自己的学习负责，而且要为小组中其他同伴的学习负责，进行积极的相互支持、配合，特别是正相互依赖（积极的）。

（3）混合编组。

（4）小组评估，对小组内共同活动的成效进行评估，以寻求提高活动的有效性，对小组间的活动成效进行评价，以引起小组间的合作与竞争，发挥群体的积极功能，提高活动成效。

（5）社交能力（合作交流的能力），它是小组合作学习是否有效的关键所在，如果学生缺乏社交技能，即使被放在一起，被迫合作，效果也会大打折扣，为了协调各种努力，达到共同的目标，学生必须做到：彼此认可的信任，彼此进行准确的交流，彼此接纳和支持，能建设性地解决问题，只有这样小组成员间才能培养建立并维护彼此的相互信任，有效地解决组内的冲突，进行有效的沟通。

2. 合作学习的理论依据

社会依赖理论。从社会互相依赖理论的角度来看，合作学习理论的核心可以用很简单的话来表述，当所有的人聚在一起为了一个共同目标而工作时，靠的是相互团结的力量，相互依靠为个人提供了动力，使他们：一是互勉，愿意做任何促使小组成功的事；二是互助，力求使小组成功；三是互爱，因为任何人都喜欢别人帮助自己达到目的，而合作最能增加组员之间的接触。

选择理论。选择理论认为，学生有四种需要值得关注，这就是归属（友谊）、影响人的力量（自尊）、自由和娱乐。学校教育的失败不在学业成绩方面，而在培育温暖、建设性的关系方面，这些关系对成功是绝对必要的。选择理念是一种需要满足理论，学校则是满足学生需要的场所。

精制理论。精制理论不同于发展理论。认知心理学的研究证明，如果要使信息保持在记忆中，并与记忆中已有的信息相联系，学习必须对材料进行某种形式的认识重组或精制。精制的最有效方式之一即是向他人解释材料。长期以来关于同伴互教活动的研究发现，在学业成绩方面，教师与学生都能从中受益。

接触理论。接触理论着眼于社会互动关系的研究。提倡不同种族、民族、性别的学生在学习上的互动和交流，由此达到群体关系的和谐，接触理论认为，人际间的合作能提高小组的向心力及友谊。而且，单纯机械的接触，尚不能形成促进性学习，增进学习效果，只有发展成合作性的关系，才能形成有效学习。就接触理论而言，它不但适用于不同的种族，也适用于不同的年龄、性别、社会经济地位或能力的学生。

3.合作学习的意义和价值

有利于促进学生的社会适应性。合作学习创设了学生互相认识、相互交流、相互了解的机会。在合作学习中，他们学会了把自我融于群体之中，小组内的每个成员一起学习、一起活动，久而久之，感到自己难以离开这个可爱的群体，从而培养了他们的合群性与合作能力。这也是一个人具有社会适应性所具备的基本素质。合作学习培养了学生善于听取别人意见的好品质。通过合作学习，使学生感到要想使自己的学习有所收获，必须做到小组之间的每一个成员相互帮助，取长补短，耐心听取别人的意见，从而培养了小组成员尊重他人、善于倾听别人的意见、帮助本组成员共同提高的品质，成为他们在适应社会中所必备的条件。

有利于培养学生的自主性和独立性。合作学习是培养一个具有自觉能动性、自主性和独立性的人，一个对事物有自己独创的思维与见解、敢于发表自己的意见、具有社会交往能力的开放型人才的有效途径。小组内的成员能够在小组内进行充分的语言、思维及胆量的训练。通过小组成员之间的交流，他们能够大胆地将自己的见解通过语言表达出来，在交流中逐步使学生能主动与别人交往，形成自己的独立见解。

有利于满足学生的需求，促进学生的全面发展。合作学习在课堂教学中为学生创设一个能够充分表现自我的氛围，为每个学生个体提供更多的机遇。人人都有自我表现的机会和条件，相互交流，彼此尊重，共同分享成功的快乐，每个学生都有进一步发现自我、认识自我、获得发展的机会。

五、教师反思能力的培养

反思是教师自身发展的基础和前提，也是教师成长的新起点。因此，了解反思的内涵，提高教师的反思能力是十分重要的。

（一）什么是教师反思

反思是人们"对于任何信念或假设性的知识，按其依据所进行的主动、持久、周密的思考"。反思是教师最重要的素质之一，虚心、专心及责任心是反思行为的三个基本特质。

有必要指出的是，反思并非教师对教育教学工作进行一般意义的思考和回顾，而是要从反思自我开始，进而反思教学、反思育人、反思课程、反思生活等，即根据反思对象的不同，采取相应的反思方法和策略，达到反思的目的。可以说，掌握了反思的方法和策略，教师就拥有了开启反思之门的钥匙，同时也意味着教师掌握了一定的反思能力。如此看来，有意识、有针对性地培养教师的反思能力至关重要。

反思能力主要分为两大部分：

一是自我监控能力，就是对专业自我的观察、判断、评价、设计的能力，具体包括专业自我的意象、职业意识和自我设计。这里的专业自我意象，是指作为教师的专业自我观察产生的自我满足感、自我信赖感、自我价值感，即教师的个人教学效能感，主要是指教师对自身教学效果的认识、评价，进而产生的对自我价值感。职业意识，是指教师对教育在学生发展中的作用及其职业生涯和工作境况未来发展的期望。自我设计，是指教师在对专业自我的观察、判断、评价的基础上对自身专业发展的设计。

二是教学监控能力，就是对教学活动的内容、对象和过程进行计划、安排、评价、反馈、调节的能力，主要包括以下六个方面：教学设计、课堂的组织与管理、学生学习活动、言语和非言语的沟通、评价学习行为、教学后反省。教学设计是指在课堂教学之前，明确所教课程的内容、学生的兴趣和需要、学生的发展水平、教学目标、教学任务及教学方法与手段，并预测教学中可能出现的问题与可能的教学效果。课堂的组织与管理是指在课堂上密切注视学生的反应，努力调动学生的学习积极性，随时准备有效应对课堂上的偶发事件。学生学习活动是指教师在课堂教学活动中应该对自己的教学进程、教学方法、学生的参与和反应等方面随时保持有意识的反省，并能根据这些反馈信息及时地调整自己的教学活动，使之达到最佳效果。言语和非言语的沟通是指在课堂教学中，教师言语与体态语言是沟通师生双方信息、情感的重要手段，对沟通效果的及时评价与调整是很重要的。评价学习行为是指教师对学生的提问、回答、作业、交流、操作等学习行为进行及时评价，或指导学生对学习行为进行评价。教学后反省是指在一堂课或一个阶段的课上完后，对自己已经上过的课的情况进行回顾和评价。

（二）反思能力与教师专业发展

教师的反思能力决定着教师反思的深度和水平，教师只有深刻理解反思的意义，在反思的状态下开展工作，才能促进每一名学生全面发展。

1. 反思能力与专业水平的相携成长

反思能力能够促进教师的专业发展。教师的专业化运动主要经历了两个阶段：第一个阶段是关注教师作为专业性职业的地位及提高问题；第二个阶段主要关注"教师发展"或"教师的专业发展"问题，即从关注教师的地位问题转向了关注教师的角色、实践方面。在这一过程中，教师的自主专业化发展问题日益凸显出来。培养与提高教师的反思能力，让教师能够对课堂事件、对所做的决策进行深思熟虑，将有助于促进教师的专业化发展。

反思有利于教师形成优良的专业精神。反思不是一种能够被简单地包装起来供教师运用的技术，而是一种面对问题和反映问题的主人翁方式。反思涉及直觉、情绪和激情，在反思性行为中，理性和情绪交织其中，三种态度——虚心、责任感和全心全意是反思性行为的有机组成部分。教师形成反思意识，养成反思习惯，强化对事业、对学生、对自己的责任感，有助于形成教师爱岗敬业、虚心好学、自我否定、追求完美等优良专业精神和意志品质。所以，拥有优良专业精神的教师不会轻易地在一些误解、挫折、失败和逆境中变得消沉苦闷，也不至于轻易地因计较某种利益而怠业弃业，而是始终保持一种昂扬的精神状态和稳定的心理品质。通过反思，能提高教师的问题意识和教育研究能力，使教师能主张他的决策和行为，并为其辩护，独立解决教育教学实践中遇到的各种问题，进而发挥手中的专业自主权，实现专业自主。

2. 反思能力能促进课程实施与改革

课程的实施与改革要求教师成为反思型教师。首先在处理教育理论和实践的关系上，反思型教师能对教育理论和实践持有一种健康的怀疑与批判。反思型教师能够以开阔、前瞻的思维方式思考问题，以开放的心态看待事物，接纳新思想，不断对自身及行为进行思考。他既是教育教学的实践者，又是教育理论的思考者与构建者。此外，在决策方面，反思型教师只要拥有可利用的新的根据或信息，就会重新思考既定决策的结论与判断。而且，反思型教师能够对自己及自身行为给予学生的影响进行积极的反思。反思型教师注重教学的过程，能够在研究状态下进行教育教学实践，把工作与研究结合起来。

（三）教师反思能力培养的基本原则

为了提高教师反思能力培养的实效，无论是教师自我提高，还是培训部门的培养与训练，都应该遵循以下基本原则：

1. 实践性原则

这一原则是指教师反思要在其具体的教育教学实践操作中进行。贯彻这一原则要求对教师反思能力的培养和训练一定是在自己亲历的教育教学实践基础上进行的。

2.时效性原则

这一原则是指教师的反思在一定教育教学实践的基础上，对自我"现行的"行为观念的解剖分析，即要求教师对自己当下存在的非理性行为、观念的及时觉察、矫正和完善。该原则所强调的是时间性和针对性，遵循这一原则可以缩短教师成长的周期。

3.过程性原则

这一原则有两方面的含义，一方面是指教师具体的反思是一个过程，要经过意识期、思索期和修正期；另一方面是指教师的整个职业成长要经过长期不懈的自我修炼。从这个意义上理解，教师反思能力的提高也不是一蹴而就的。贯彻这一原则要求教师克服急躁或懈怠的情绪，耐心、长久、持续地致力于自我反思能力的不断提高。

4.生成性原则

这一原则是指教师通过对自己教育教学实践中的行为表现及其行为之依据的回顾、诊断、自我监控和自我调适，达到对不良的行为、方法和策略的优化和改善。这种优化和改善就是新的行为、方法和策略的生成。教师经过这一过程，可以加深对教育教学活动规律的认识和理解，使原有的教育教学能力和水平得到提升，从而适应不断发展变化着的教育改革要求。

（四）教师反思能力培养的基础条件

让教师了解反思内容，熟悉反思过程，掌握反思方法，并形成反思习惯，是培养和提高教师反思能力的基本要素。

1.了解反思内容

教师反思的内容是相当广泛和丰富的。为了有利于教师反思能力的提高，可以将教师的反思范围和内容简化为五类，即教学反思、教育反思、理论反思、行为反思和社会生活反思。

（1）教学反思。教学反思是指教师对教材内容、教学常规、教学方法、教学习惯、教学理念和教学结果等的反思。

（2）教育反思。教育反思是指教师对教育理念、教育内容、教育方法、教育对象、教育结果等的反思。

（3）理念反思。教师的经验、习惯、意见或者是印象等是教师行为产生的理论基础，所以对教育理念的反思更有助于教师教育思想观念的转变，进而转变教学方式、教学内容和教学行为。

（4）行为反思。行为反思是指教师在课堂内的行为选择、方法选择、多方互动策略选择及判断等，对教育行为的反思是指在课堂教学内外对学生进行德育的行为和方法的选择。

（5）社会生活反思。社会生活反思主要是反思社会环境中有利于和制约着学校教育教学和学生成长的因素。

2. 熟悉反思过程

反思过程的一般步骤如下：

（1）反观实践，发现问题。反思产生于"问题"和"无知境界"，教师反思的起点便是自我实践中的"问题"。教师反观自己的教育教学并梳理出其中存在的问题，先就特定的问题予以关注，并在可能的范围内收集与此相关的资料，接下来便分析问题。

（2）自我审视，分析问题。教师依据收集到的资料，以科学的态度对教育教学的本质加以深刻的理解，并在此基础上建立起观念和相应技术性的结构体系。这一过程需要教师有适当的谦恭、足够的勇气、公正的品质、豁达的胸怀、丰富的情愫及敏锐的判断力和丰富的想象力等。

（3）借助对话，建立假设。教师借助当前问题的有关信息，或通过阅读书籍、请教专家、集体研讨等方式，提出解决问题的各种假设，并对假设的效果进行预测。这一过程是教师将实践中反映出来的问题上升到理论并加以剖析的过程，进而找到解决问题的理论依据和方法，在思想中形成新的观念，建立新的假设。这是一个持续的过程，因为任何新观念的内化一般都要经历接受、反应、评价、组织和个性化五个由浅入深、由不稳定到稳定的过程。

（4）回归实践，验证假设。教师建立起新的假设之后，开始策划新的行动计划和方案，并开始实施此行动，验证假设。当这种行为能够被观察分析时，教师又开始了新一轮的反思循环。这个循环不是简单的思维过程的重复，不是对反思所得认识的无尽讨论，而是通过积极的不断的自我反思实践，使这一过程中得以再生和深化，这也正是反思的价值所在。

3. 掌握反思方法

反思本身也是一种经历，教师反思能力的培养与训练在掌握反思方法的基础上，还要经历一定的反思途径。

（1）过程型反思途径。过程型反思包括行动前反思、行动中反思和行动后反思。行动前反思是借助已有的经验和教训，对各种可能提出预设，决定行动路线，以及期望所要达成的结果。行动中反思是面对当前的问题和情境，当机立断地即刻做出决策。行动后反思，又称追溯型反思，这种反思有助于我们理解过去的经历，从而加深对所经历的含义的理解。

（2）对话型反思途径。这种反思实际上是一种交流，主要有文本对话、人际对话和面对面对话。其一，文本对话途径。以对话的方式对待文本，就是不断对文本叩问、质疑、补充、延伸，与文本作者构成认同与反对、提问与应答、缩减与补充的交流关系。其二，人际对话反思途径。人与人之间的对话是意义的表达、解读、转换与创新的过程。对话反映着对他人的言语、行动、意义的尊重、解读和接纳，同时也伴随着对自身原有意义的质疑、反思和改进，双方都有可能突破原有体验与理解的局限，获取新的意义，达到新意境。其三，面对面对话反思途径。其中包括两种形式：一是同型对话。具有相同或相似经历、知识背景的人，对于有着相同兴趣的话题，共同研究探讨，相互印证，实现经验共享。二是异质对话。异质对话就是组织跨学科、跨年级的教师间以及与其他专业理论工作者的对话。这种对话能突破同型对话群体的思维盲点拓展思路，促成不同视野、不同观点的碰撞、互补和融合。

（3）网上互动反思途径。网上交流的交互性、时效性、共享性等特点，突破了时空限制，实现了教师个体的自主交流、教师群体的合作探究和交互学习。网上互动反思的实施通常是在区域性教育机构或学校网页设置的教育论坛中进行。主要形式如下：教师个体在网上论坛中发起主题讨论、学校组织的网上主题研讨、以某位教师的研讨课为课例开展专题讨论，或以教育教学对教师的新需求为内容的专题学习或讨论等。

（六）教师自我反思能力的养成

教师自我反思能力的形成是一个漫长的过程，它贯穿教师职业生涯的始终，需要教师在职业生涯中自觉地进行培养与训练。具体可以采取以下几种做法：

1. 养成反思习惯

教师要养成反思习惯，应该从具体的自我反省开始，如从观察学生的言行、写反思日记或教育随笔做起。当上完一节课，批评了某一名学生，或处理了一场班级风波时，留心观察每一个学生的反应，分析学生的心理状态，从中反思自己的教育教学行为，以及隐于行为背后的教育理念。

教师反思自我还可以通过"问题单"的方式进行。问题单的设计主要涉及以下三个方面的内容：第一，对自我的认识。例如，个体内差异问题，如有关自身的兴趣、爱好、个人特征，自己的长处与短处等；个体间差异的问题，如自身思考问题、解决问题方式方法上与他人的差异等。第二，对实践的活动的领悟。具体指对活动的性质与活动要求的认知。第三，对策略的运用。比如，进行某种实践活动可以有哪些方法策略，这些方法策略的优势与不足是什么，它们应用的条件和情境如何。

为了保证教师的自我反思不被繁忙的日常教学任务中断，除了随时随地进行外，还可以安排固定的时间，制定自我约束的日反思、周反思或月反思（一般以周反思为宜）制度，形成反思的经常化、制度化和规范化。最后，教师还可以建立自我剖析档案或绘制自我专业发展剖析图，以便更好地了解自己专业发展的变化和进步情况。

2. 制订专业发展规划

教师的专业发展是一个终生、全面、连续不断的过程，它涉及个人、组织和外在环境等错综复杂的因素。教师要善于分析和利用各种不同的因素，学会根据不同环境和因素制订和调整个人专业发展规划，确立个人发展目标，引导自身的专业成长。

教师制订个人专业发展规划的程序如下：

认识自我。在制订专业发展规划之前，必须准确了解自己目前的专业发展状况和水平。要从教师专业知识、专业技能和专业情意的角度审视自我，从教育观念、角色和行为等多维视角反思自我，对自己准确定位。

明确方向。在教育教学中教师个人发展的机会很多，如改进教育教学、从事科学研究、增进师生关系、开发校本课程等。从教师自身成长方面，如由普通教师逐步发展为骨干教师、学科带头人、教育专家等。在教育行政方面，教师可以审视自己兼任行政主管，如教研室主任、校长等职位的机会。要在不同时期，找出自己的优势和薄弱环节，明确发展方向。

确定策略。教师的专业发展代表着教师个人在工作上所努力追求的理想，它包括短期、中期和长期目标。当专业发展目标制定后，就应制定行动策略。一个好的行动策略不单单是一个活动项目，而是包含许多活动的组合。

实现目标。要实现目标，应把握关键因素。这里的关键因素包括教师能够实施自我专业发展管理，做出学习决策（如需要学习哪些内容、如何学习及何时学习），对自己的专业发展做出判断，选择恰当的学习形式（如阅读有关材料、个人自学、请专家指导或参加专门的研讨及团队学习），把各种行动策略进一步细化为行动方案等。

反思评价。当教师的个人专业发展规划陆续实施与完成后，教师还要对实施和完成的效果进行反思与评价，看是否达到了预定的目标，或有不理想、欠妥当的地方，然后针对问题和不足加以反思，并设法改善和弥补。通过对第一个步骤与目标实施状况的评估，及时地加以调整与修正，使自己的专业发展目标更有效率地达成。

3. 开展同伴交流

教师反思自我，并非主张让教师自己孤立起来，而是让教师自己主动、积极地追求专业发展，保持开放的心态，随时准备接受新的教育观念，更新教育观念和专业知识与技能。以此为目的，打破相互隔离，寻求同样的合作与帮助，同样是"反思自我"的重要策略之一。

由于教师工作的独立性，人们仍然视教师工作为一种孤独的职业，尽管这种描述有不完整性。但是，事实上在现有的教师专业生活中，确实存在与学生隔离，与其他教师相隔离的现象。一些教师不想与别人交流是因为不想让其他人知道自己的问题，害怕说自己是一个不称职的教师。由此可见，与其他教师合作、交流，必须有一个相互信任的氛围。因为，反思必然要公开揭示自己存在的问题，公开自己的困惑和遭受的挫折，如果没有良好的氛围，极易使教师受到不必要的伤害和打击。所以，教师要实现自身的专业发展，必须突破目前普遍存在的教师彼此孤立与封闭的现象，学会与同事、同行进行合作和交流。

4.进行自我评价

教师进行自我评价是一个自我超越、自我发展的过程。

第一，自我评价与外在评价相比，具有认识论上的优越性。教师最了解自己，最清楚自己的工作背景和工作对象，最知道自己工作中的优势和困难。因此，对教师的评价首先必须是教师的自我评价。

第二，自我评价能改变教师原来消极被动的被评价地位，成为评价主体的一员。这一转变将极大地激发教师的主体意识，使教师以主人的方式主动、自觉地研究自己的教育教学，重视自己行为的转变与学生学习状态之间的关系，注重教育教学理念和技巧的内化。

第三，自我评价能使教师对自己的工作表现、进步状况进行全面的分析与评价，能自我反思、自我教育，提升教师自身的反思能力。

第五节　教学资源建设

一般而言，所有服务教学工作的资源都应该归纳为教学资源，而日常教学活动中，明显影响教学质量和教学效果，直接提升学生职业能力的教学资源主要是教师资源、课程资源、教学场所资源、设施设备资源。因此，不仅要注重课程资源的优化和重组，也要重视教师资源、教学场所资源、设施设备资源的优化配置，使它们协同起来，才能达到预期效果，尤其是教师资源是整个教学资源中处于核心地位的首要资源，它具有统领作用，只有拥有高素质的师资队伍并能激励他们积极教学，其他的教学资源才能发挥作用。

教学资源包括校内的各种设施和场所，如图书馆、实验室、体育馆等条件性资源；也包括校外的家庭、社区乃至整个社会中可以用于教育教学活动的设施与条件，科技馆、博物馆、名人纪念馆和名人故居；丰富的自然资源也是教学资源的组成部分，也可以用来教书育人，去实现人与自然、人与社会的和谐。

一、网络资源——"智慧校园"工程建设

教育部 2012 年 3 月颁发的《教育信息化十年发展规划（2011—2020）》中要求："建设信息化公共支撑环境，提升公共服务能力和水平"，"加强高校数字园建设与应用"。为此，高职院校要建设数字化校园，实施"智慧校园"工程，实现师生在有线无线网络相结合、网络应用全覆盖的环境中随时随地学习，实现学院工作全领域透明高效的校务管理，充分利用网络传播丰富多彩的校园文化，利用信息化为师生提供方便周到

的校园生活服务，进而最大限度地推进和提高学院在教学、管理、服务各个方面信息化应用水平。

建设数字化校园，实施"智慧校园"工程，要做好以下工作：

（一）建立统一的基础设施平台，拥有有线和无线双网覆盖的网络环境

面对移动智能终端（笔记本电脑、智能手机、平板电脑）逐渐普通的情况，要拓展校园网无线接入系统，使智能终端通过 5G 网络（校外）或无线校园网（校内）方便地查询、浏览校园网各类应用系统，随时随地接收各类通知公告。

（二）建立统一的身份认证平台、数据共享平台和综合信息服务平台，强化平台的共享性

统一身份认证系统通过核对用户输入的用户名和口令，与系统中存储的信息验证，可以判断用户身份是否正确；统一身份认证与授权控制是相互联系的，授权控制管理不同用户对各类应用系统和资源的访问权限，一旦用户的身份通过认证以后，就可以确定哪些资源该用户可以访问、可以进行何种方式的访问操作等问题。统一身份认证系统是"智慧校园"的核心基础服务，是实现校园网统一信息门户的前提。

数据共享平台为各应用系统之间提供数据交流，是数字化校园的核心，是各类应用系统实现数据一致性、完整性、共享性的基本保障。

数字化校园综合信息服务平台使全校师生通过统一信息门户网站可以随时、随地、按需访问信息；它提供一个拥有统一入口的服务，实现单点登录，用户根据权限分配得到相应授权服务。

（三）建设与学校教学、管理和师生工作、学习、生活密切相关的应用齐全的各类应用系统

"智慧校园"主要应用系统有以下几种：

（1）办公管理类。其主要包括办公自动化系统、人事管理信息系统、资产管理信息系统等。

（2）学生综合管理类。其主要包括新生注册报到系统、学籍管理系统、学生缴费管理系统、学生奖惩管理系统、学生公寓管理、学生毕业离校管理系统。

（3）教学综合管理类。其主要包括教务管理信息系统、学生选课系统、教材管理信息系统、学生成绩管理信息系统、学生评教管理系统、科研管理系统等。

（4）校园一卡通应用系统。其主要包括餐饮消费子系统、考勤管理子系统、无障碍通道管理子系统、图书管理子系统、用电管理子系统、用水管理子系统、银行圈存转账管理系统、自助服务查询系统（含 WE 查询、触摸屏自助信息查询、短信查询）等。

（5）综合决策管理信息系统。综合决策管理面向学校领导、行政人员、教师提供全校学生信息、人事信息、教务信息、科研信息、图书馆信息、财务信息、实验设备

信息、校园卡信息、资源、信息相关的综合分析，提供决策支持。

（6）校园网络教学系统。其主要包括共享型教学资源、管理服务系统、网络课程教学系统、网络视频教学系统。

（四）建设移动数字校园，建立可以随时、随地、随手的信息互联互通平台

移动数字校园是借助 Wi-Fi 及 5G 技术，将数字校园的各种信息系统扩展到移动应用中，将诸如智能手机、平板电脑、笔记本电脑等终端通过各类无线网络，接入数字校园，随时随地地使用数字校园的各种应用系统。

移动校园应用接入平台是校内所有移动应用服务系统的统一访问点，是校内各类信息集中和发布的平台。它在各类应用的基础上，以手机访问校园移动信息化的平台，向师生和社会公众展现数字化校园信息。

移动数字校园平台可实现以下应用：

（1）移动校园资讯门户——综合性信息发布平台，包括校园新闻、通知公告、招生就业等。

（2）移动办公系统——为学院领导及各职能部门提供基于移动校园网络的协同办公环境，并提供办公邮件、个人日程、待办 / 已办 / 办结事宜、信息发布、公文运转、会议管理、调查投票等。

（3）移动图书馆——为所有师生提供论文查阅、文献期刊、各类书籍借阅等。

（4）移动综合查询——面向学校领导、行政人员、教师提供全校学生信息、人事信息、教务信息、科研信息、图书馆信息、财务信息、实验设备信息、校园卡信息等查询功能。

（5）移动一卡通——用户通过手机智能客户端访问一卡通管理系统数据，实现余额提醒、卡挂失、补卡预约、账号变动通知、消费查询、消费提醒、充值等功能。

（6）短信平台——学生可以通过短信方式查询成绩、课表、一卡通消费等信息。

（五）建设保障"智慧校园"良好运行的各类保障体系

智慧校园的建设和实施任务重、工作量大、涉及面广，需要全院所有人员的支持和配合。为保障"智慧校园"工程的实施，要建设以下保障体系：

（1）组织保障体系。根据学校实际情况设置学校信息化领导机构明确职责分工，下设信息化工作办公室和网络信息中心，统一领导、分级负责，责任层层落实到人，充分发挥领导机构对智慧校园建设的引领和指导作用。

（2）制度保障体系。建立制定、落实智慧校园建设管理、运行管理和安全管理等方面的规章制度，为智慧校园建设提供制度保障，促进教育、管理信息化水平不断提升，提高教育质量和管理效率。

（3）人员保障体系。按照信息化工作办公室、网络信息中心、各应用部门三级体系设立专职技术人员，按应用种类、规模落实、人员配备，从技术上保障各部门信息化工作的正常进行。

（4）运维保障体系。建设自动化的各级网络设备、线路运行监测和故障报警系统，实时了解网络运行状况和性能，对发生的网络异常状况能够及时发现和排除。

（5）信息安全保障体系采取制定落实信息安全相关制度、进行网络信息安全教育和宣传实施实名制上网信息监控、架设网络安全设备、关键数据备份冗余等手段构建信息安全保障体系，全方位保障网络信息安全。

随着云计算、物联网及移动互联网等新技术的兴起，数学化、信息化将被不断融入各行各业当中，成为推动社会前进的主动力。高职院校要从集成化、智能化出发，利用先进的感知、协同、控制等信息化前沿技术建"智慧校园"，实现智慧化服务和管理的校园模式，促进学校核心竞争力的提高，实现平安和谐、科学决策、服务便捷的校园综合服务环境。

二、教学资源的制度建设与支持度

充分发挥教学资源的功能，必须强化制度与机制建设，加强管理，要从多个层面上彰显教师队伍建设的改革力度，改革教学方法和手段，融"教、学、做"为一体，强化学生能力的培养，不断提高人才培养质量。要提升多个方面的支持度：

一是学院领导的支持度。学院领导对教学资源建设的态度，决定着教学资源建设的质量。因此，高职学院的领导班子必须用战略眼光，从领导方式、管理作风、人才培养指导思想等方面给教学资源建设以物质和精神方面的支持，从而强化教学资源的整体功能。

二是教学团队的支持度。教师队伍必须支持教学资源的建设，实现学院各种平台建设的团结协作，相互激励、共同发展。要在教师队伍中形成学院发展的共同理念和共同见解，目标一致地去推动学院的教学资源建设。

三是学校文化的支持度。要从精神化、制度化、行为文化、物质文化的弘扬中，形成学院可持续发展的良好风气，在学院教学资源建设中展现学院的价值观与学校精神，尤其从制度保障上支持学院的物质文化建设，用学校文化去提升教学资源建设的文化品位。

（一）强化四项管理

1.立项管理

学院要从制度、资金各方面支持教学资源建设和改革。要加强教学资源建设立项申报的力度，实现学院对教改课程的宏观把握，如形成课程组申报、教研室初审、二级学院把关，教务处复核、评审的"四位一体"的课程建设审批环节，评审通过教学资源立项，然后学院下发文件予以公示。

2. 资金管理

学院要加强专项课程改革经费的管理，确立资金使用额度，其中国家骨干建设专业及专业群课程，资金来源于国家，非骨干专业核心课程、专业其他课程及公共基础课程项目、公共拓展学习领域课程项目资金由学院自筹。课程改革项目经费开支范围主要包括项目开发费、项目建设相关劳务费、教学运行费等。项目经费专款专用、实报实销。

3. 质量管理

采取"常规管理＋校企共建精品课网站＋组织说课比赛＋统一教评"相结合的方式，强化课程改革的质量管理。

（1）常规管理。根据课程所在专业人才培养方案，教务处、督导处依据教改课表实行不定期听课，确认其教学资源建设的有效性。通过召开座谈会做好调查问卷及现场记录，让教务处、课程组成员、学生代表回顾总结课程改革的成效，解决教学资源建设存在的问题。

（2）组织说课比赛。实地考察教学资源投入的可行性，学院要精心组织说课比赛，检验与评判教师的教学水平，决定在哪些方面还要进行教学资源的投入。通过说课比赛，可以使全体教师对教学资源建设的内涵理解更清晰，真正达到以赛促教学、以赛强技能的功效。

4. 课程管理

通过课程建设管理，既要强化课程建设与教学方法改革，又要强化师资队伍建设，建立和完善课程考核评价制度。要通过课程建设与管理带动学院的专业建设和发展，获得了人才培养的成功经验，为学院的长远发展提供保障。

（二）教学资源建设与管理的未来方向

1. 加强"行业企业元素"

教师团队成员虽有来自行业、企业的兼职教师，但实际教学实施过程中，这些教师担任教学任务少；部分实施课程企业元素过少或者没有。因此，要让行业、企业来的兼职教师更多地承担多种教学任务，而不是仅限于指导顶岗实习、毕业设计。

2. 加大"做中教、做中学"模式的执行力度

加大硬件方面如一体化教室建设的速度，使课程工作任务的设置更合理，保障"做中教""做中学"模式贯彻到位，要加大教学资源，加大"做中教、做中学"模式的执行力度，配齐相应的教学资源，以提升教学质量。

3. 创新管理方式，提升管理水平

学院的教学资源管理人员，要利用业余时间潜心研究，有机会多外出学习、培训，创新管理方式，进一步提升管理水平，切实提高教学资源管理的质量。总之，教学资源建设的管理，一要提高其目的性，有利于提高教师的专业发展水平，强化教学团队的整体功能；二要提高其人本性，坚持以人为本，强化教育资源的服务功能；三要提高其科学性，通过各种手段，使教学资源的利用更合理、更有成效、更节约成本，也更符合时代的要求。教学资源建设必须在和谐校园建设的氛围中去实现其资源利用效率的最大化，要从管理中要效能，从制度中要品位，全面提升高职院校的教育品质与社会地位。

第四章 高职院校教师职业能力发展

第一节 高职院校教师职业能力的内涵、要素与特征

不同国家和地区对高职教师能力的内涵和外延的界定是不同的。国内外学者进行了大量的研究，主要从高职教师工作过程和教育理论的角度对高职教师的职业能力进行了界定。国外学者诺尔（D.M.Knoell）、希勒（J.H.Hiller）、所罗门（D.Solomon，1974）等人在研究中指出，思维的条理性、逻辑性、口头表达能力、组织教学活动的能力等是从事高职教师工作不可缺少的特殊能力。苏联学者库留特金等人从高职教师的职业要求出发，把高职教师的能力概括为：理解别人内心世界的能力，对学生产生积极影响的能力，控制自己的能力。苏联学者夫·恩·果诺波夫认为高职教师的职业要求高职教师具有9种能力：理解学生的能力、通俗易懂讲授教材的能力、劝说他人的能力、组织能力、把握教学分寸的能力、创造性工作的能力、迅速反映教育的情境并在其中保持举止灵活的能力、胜任所教学科的能力、引起学生兴趣的能力或在某一区域考查高职教师的能力。近年来，我国学者对高职教师职业能力也进行了大量的研究。郑其恭将高职教师职业能力划分为教学工作能力、思想品德教育能力、教育科研能力、语言表达能力。张成芬将高职教师职业能力划分为了解学生的能力、语言表达能力、教育机制、自我调控能力、组织能力。以上学者对高职教师职业能力的研究，反映了高职教师作为教师应该具备的基本能力，但未能反映"高等职业院校"教师应该具备的独特能力。

一、高职院校教师职业能力的内涵

高职院校教师的职业能力是指高等职业院校教师必须具备的职业素质与能力。其包括"双师"素质、专业能力、学习能力、实践能力、与行业企业有效沟通的能力、职业教育教学能力、"应用型"科研能力、职业教育研究能力。

高职教师必须具有扎实的专业理论功底、较强的专业技术能力，还必须掌握与专业有关的工作过程知识并具有丰富的实践经验和较强的操作技能，同时，还要懂得现

代职业教育原理与方法，并能将这些原理与方法灵活地应用于职业教育实践，按照行动导向或工作过程导向或职业活动导向的原则开发、设计学习领域课程，遵循由浅入深的学习认知规律，引导学生按照"资讯、计划、决策、实施、检查、评估"的行动方式，从实践中获得专业知识，掌握专业技能，逐渐建构起知识体系，最终形成职业能力。

高职教师必须具有良好的职业素养，这是承担教育教学工作必须具备的前提。此外，高职教师还必须具有较强的沟通能力，不但要与学生、同事和领导有效沟通，而且要与行业协会、企业及其他利益相关群体有效沟通，以便整合校内外教学资源，最大限度地服务于教学工作，取得良好的教学成效。

高职教师还应该具有较强的"应用型"科研的能力及较强的职业教育教学研究能力。如果说本科院校教师尤其是重点大学教师应该具备较强的理论研究能力，那么高职院校教师就应该具备较强的"应用型"科研的能力，应该具备较强的教书育人、发展科技和服务行业企业的能力。与此同时，高职教师还应该深入学习先进的职业教育理论，深刻领会行动导向或工作过程导向或职业活动导向的职业教育精髓，动态学习，与时俱进，并结合我国的职业教育实际，消化地吸收，在教育教学实践中不断创新，为发展有中国特色的职业教育理论做出应有的贡献。为此，高职院校教师必须具备较强的学习能力，通过不断的学习与探索，实现自身的可持续发展。

综上所述，高职院校教师的职业能力是经过整合了的知识和技能，是各关键构成要素有机融合而形成的体系，是各关键能力元矢量叠加形成的合力。高职院校教师职业能力的强弱，直接关系到高素质技能型人才培养的成败，关系到我国高等职业教育的兴衰，是各级教育管理者必须关注的重点。

二、高职院校教师职业能力的关键构成要素

高职院校教师职业能力的关键构成要素包括"双师"素质、专业能力、职业教育教学能力、实践能力、"应用型"科研能力、与行业企业有效沟通的能力、学习能力、职业教育研究能力。

（一）"双师"素质

高职院校教师应具有良好的职业素养，要具有当教师的潜质。在教育界，我们经常看到这样的现象，有些老教师从事教师职业数十年，直到退休也未博得学生和同行的认可。究其原因，该教师不具备担当教师的基本素质。优秀的教师应是教师"特质论"（具备当教师的潜质，天生就适合从事教师职业）与教师"行为理论"（通过后天的培养，成为合格的教师）完美、和谐统一的结果。特别地，高职院校教师与普通高等本科院校及中、小学教师的重要区别，在于其承担着对学生职业能力培养的使命，这就决定

了高职教师必须具有较强的动手操作能力（不能"纸上谈兵"），这一方面可通过实践，反复锤炼来培养、提升；从另一方面来看，由于存在个体差异，人的天质禀赋也有悬殊，因此，并非每人都能成为能工巧匠型的优秀技师。这充分说明，高职教师还应该具有"能工巧匠"的部分潜质。此外，教书育人，德育为先。要培养优秀的高素质技能型人才，教师首先应具有良好的品德修养。正所谓"身教重于言教"，教师对学生潜移默化的影响是相当深远的。

可见，高职教师要具有从教的潜质，要具有"能工巧匠"的部分"天资"，还应该具有良好的道德品质。这些构成了高职教师必备的职业素质。

（二）专业能力

所谓专业能力，是指"在特定方法引导下有目的地、合理利用专业知识和技能独立解决专业问题并评价其成果的能力"。专业能力包括劳动者的工作方式、工作方法及对劳动生产工具的认识和使用等方面的能力。简言之，专业能力是利用专业知识和技能解决专业问题的能力。

高职教师应通晓相关专业理论、掌握相应的专业技术，并具备运用所掌握的专业知识和技术解决企业生产一线实际问题的能力。高职教师在大学本科或研究生阶段的学习仅仅是为获得专业能力打下了基础，而专业能力的形成则需要高职教师在其职业生涯中反复实践，不断积累与锤炼，方可形成。

高职教师必须掌握与专业相关的"工作过程知识"与技能，而且应该具有丰富的企业实践经验，才能够在高素质技能型人才培养中游刃有余。

（三）职业教育教学能力

高职教师的职业教育教学能力包括职业教育能力和职业教学能力两方面的内涵。

1. 职业教育能力

高职教师不但要具有良好的职业素养与职业道德，而且要能够对高职学生进行职业道德、职业健康安全与职业卫生等知识的教育并培养学生良好的行为习惯。因此，职业教育能力是高职教师必备的职业能力之一。具体而言，高职教师要具备培养学生良好职业道德的能力，要让学生了解《职业健康安全管理体系规范》（GB/T28001—2001）和《职业安全卫生管理体系规范》（OHSAS18001）等相关国家标准和国际标准，要能培养学生良好的职业习惯并让学生树立工作安全意识。

2. 职业教学能力

从广义的角度分析，高职教师的职业教学能力包括课程开发能力、课程设计能力（课程整体设计能力）、教学设计能力、教学方案的实施能力、教学进程的控制能力、对学生学习效果的考核评价能力、多媒体等现代教育技术手段的运用能力、多种教学方法与技巧的综合运用能力（教学技能）。

（1）课程开发与设计能力。高等职业教育的学习领域课程开发，是指课程开发主持人在组织召开实践专家访谈会，找出典型工作任务的基础上，按照从业者的职业成长规律，根据学生综合职业能力培养的需要，打破传统的学科系统化课程体系，开发工作过程系统化的学习领域课程的过程。

课程设计的本质是课业设计，它是指课程教学团队在召开教学分析会议的基础上（必要时邀请企业实践专家参与），设计恰当的学习性工作任务和学习情境，并将其合理排序的过程。在课程开发与设计时，课程教学团队要与行业企业合作进行（有必要将企业兼职教师纳入课程教学团队的范畴），且目标课程在专业课程体系中的定位要准确，要符合高素质技能型人才培养的需要，要能满足专业相关技术领域职业岗位（群）的任职要求，要能对学生职业能力的培养和职业素养的养成起重要的支撑作用或明显的促进作用。

课程开发与设计能力是高等职业院校教师必须具备的基本能力。对国内多数高职院校教师而言，课程开发与设计是一个破旧立新的过程，富有挑战性，需要对教师进行专门培训，教师本人也需要虚心学习、积极配合。

（2）教学设计能力。教学设计是为达成教学目标，促进学生学习和发展，根据学生特征和环境条件，运用教学原理与方法，选择教学材料，制订教学活动方案的过程。

高职教育的教学设计要突出"能力本位"特点，要体现"工作过程"导向或职业活动导向的原则，要打破传统"以知识传授为主要特征"的课程模式，要让学生在"做中学"，实现"教、学、做有机结合"。为此，要正确处理知识传授与能力培养之间的关系，要以真实的工作过程和工作任务为依据，序化、整合教学内容，科学设计学习性工作任务，体现任务引领、项目导向（任务、项目中包含必要的学科知识和工作过程知识）。在教学目标设计上，教师应根据学生个体的特点和能力，为其"量身定制"个性化的学习目标（或教师辅助学生自主设定学习目标）。目标设置要体现"跳一跳，摸得着"的原则，以便学生的潜能得以充分发挥。

在教学环境设计上，教师要策划、设计适合学生学习的环境，营造浓厚的职教氛围。

在教学内容设计上，教师要根据行业企业发展的需要及从业者完成职业工作所需的知识、素质与能力要求，合理选取教学内容，为学生职业生涯的可持续发展奠定良好的基础。

在教学模式设计上，教师要重视学生在校学习与实际工作的一致性，要有针对性地采取项目导向、任务驱动、工学交替、理（论）实（践）一体等行动导向的教学模式。

在教学方法设计上，教师要根据学习领域课程的内容与学生特点，综合、灵活地运用"角色扮演""引导课文""头脑风暴""思维导图""项目教学""案例教学""小组讨论""启发引导""问题驱动""网络教学""四阶段教学"及"认证训练相结合"等多种教学方法，充分调动学生的学习积极性、主动性和创造性，最大限度地提高教学成效。

在教学手段的选择上，教师要充分运用多媒体等现代教育技术和虚拟现实技术，建立虚拟社会、虚拟企业、虚拟车间、虚拟项目等仿真教学环境，优化教学过程，提高教学活动的效率和效果。

（3）教学组织能力。无论教学方案设计得多么完美，但若教学组织这一环节失误或失败，教学任务最终还是无法完成。教学组织是将精心设计的教学方案具体实施的过程。这一环节活动的成功开展要求教师具有较强的沟通交流、课堂调控及灵活应变等能力。

沟通交流能力。这是高职教师必须具备的基本素质与能力。在现代职业教育活动中，由于信息化水平的显著提高，学生的学习内容、学习方式、学习媒介均发生了巨大的变化，相应地，教师的角色也发生了根本转变，从传统的"传道、授业、解惑"者变成了教学活动的设计者、组织者、协调者和控制者，变成了学生学习的引导者、诱导者、指导者、辅导者和教导者，变成了学生问题解决的参谋者、建议者和咨询者。教师真正成了教学活动的"主持人"，成了学生学习活动的导师、教练和顾问。教师不再是"知识的传授者"，而是学生独立学习、自主学习的促进者和鼓舞者。在这样的背景下，教师的沟通交流能力显得更加重要，它关系到教师能否调动学生学习的积极性、主动性与创造性，关系到教师组织教学活动的成败。

课堂调控能力。教学过程是师生双边互动的过程，要充分体现以学生为主体。作为教学活动的主持者，教师要能够驾驭教学活动，要能够调节、控制教学活动的进程。如果教师的调控能力强，就可以将学生形成一个整体，激发学生的创造力，调动学生的主动性，使教学活动在紧张活泼的气氛中进行，取得较佳的教学效果。

灵活应变能力。现代高职学生思想活跃、思维敏捷，他们通过多种渠道和媒体，能够及时了解与专业有关的行业企业信息，甚至有些学生的家长或亲属本身就在相关领域从业，这使学生受到潜移默化的影响，他们可能了解行业有关的知识与信息。在开展项目教学、案例教学及互动交流式教学中，一些学生可能会提到超越教材或学材、与行业企业实际联系比较紧密的问题。如果教师缺乏企业实践经验或专业水平不够高，可能无法回答学生的疑问。在这种情况下，就会使教师处于尴尬的境地，并且会影响教学效果。因此，具有较强的灵活应变能力是高职教师必须具备的基本能力，但这种能力必须建立在教师具有扎实的专业功底、熟悉工作过程知识及企业业务流程的基础之上。

综上所述，教师在组织"行动导向"教学的过程中，要求语言简练、富有启发性，要能与学生有效沟通。此外，组织协调、教学进程的控制与应变等能力也变得越来越重要。

（4）考核评价能力。对学生学业的考核评价能力也是高职教师教学能力的重要组成部分。随着高职教育教学改革的不断深化，教师对学生学业的评价越来越强调形式多样化、考核全程化，并强调过程评价与结果评价相结合、阶段性评价与终结性评价相结合。教师应重点考核学生的综合职业能力及创新能力。针对某些课程的特殊性，可结合案例分析、角色扮演、仿真模拟等方式进行评价。

（四）实践能力

高职院校担负着培养高素质技能型人才的重任，因而高职教师除了应具备扎实的专业理论功底外，还必须具备较强的实践能力，包括实验技能、实训技能、技术技能、操作技能及运用所学的专业知识解决企业实际问题的能力。高职教师只有结合自己的专业特点和行业企业的实际情况，通过到企业顶岗锻炼、参与企业技术攻关活动、承担或参与相关工程项目、参与应用研究开发、参加企业的生产和管理活动，才能获得生产过程知识，积累实践经验，提高实践能力，增强服务行业企业的能力。也只有这样，才能丰富"双师"素质，真正成为一名合格的高职教师。

（五）"应用型"科研与职业教育研究能力

高职教师应具备较强的科技研究开发的能力和职业教育研究能力。笔者认为，科研能力的本质是创新能力，包括理论创新能力和技术创新能力。如果说本科院校教师应具备较强的理论研究、理论创新能力的话，那么，高职院校教师则应具备较强的技术创新能力，具备较强的将理论知识转化为科技及现实生产力的能力。长期以来，我国经济科技两张皮，特别是"应用型"研究薄弱，科技没有很好地发挥第一生产力的作用。高职院校应成为"应用型"科研的重要阵地，应提升服务社会、服务行业企业的能力，相应地，这就对高职院校教师的能力结构提出了新要求，要求高职教师具备较强的"应用型"科研的能力。

高职教师不但应具备较强的科技研究开发的能力，而且应具备较强的职业教育研究能力。目前，高职教育理论的发展已经经历了"高职教育层次论"和"高职教育类型观"等阶段，尤其是后者已经得到了我国职业教育界的普遍认同。事实上，高等职业教育与研究型大学教育有着本质的区别。研究型大学教育强调学科体系的完整性，而高等职业教育则强调培养学生的职业能力，强调"做中学"，强调"理（论）实（践）一体"。从该意义上讲，高职教育不能照搬本科教育的教学模式，而应该根据高等职业教育的固有规律，建构起一整套体现高职教育特色的教育体系，并不断创新。

虽然我国的职业教育已发展了多年，但无论是过去的中等职业教育还是近年来由其升格而来的高等职业教育，主要还是沿袭了本科教育的教学模式，其实质是本科教育的简化版或压缩版。尽管有些职业院校曾经探索过加拿大的 CBE 模式、德国的双元制等模式，但最终都因"土壤"不同而以失败告终。到目前为止，国内尚无成熟的职业教育模式。为了培养更多的高素质技能型人才，服务于我国的经济建设，高职教师必须有目的、有意识地培养自己的职业教育研究能力，为此，必须不断学习发达国家的职教理念，同时结合我国的高等职业教育实际，逐渐探索出一套符合我国国情的高职教育模式，真正实现在行动中或工作中培养学生的职业能力，这是在新形势下行业企业对高职教师提出的新要求。

（六）与行业企业有效沟通的能力

沟通能力是任何一个社会人都应该具备的基本生存能力，特别地，高职教师必须具备较强的沟通能力。高职教师不但要与学生、同事和领导有效沟通，而且要与行业协会、企业及其他利益相关群体有效沟通，以便整合校内外教学资源，最大限度地服务于教学工作，取得良好的教学成效。因而，沟通交流、语言表达等能力变得格外重要。与普通中、小学教师和大学教师相比，因教学工作的需要，高职教师要沟通的对象更多，从学生到家长，从学校到企业，从校内到校外。究其原因，主要是人才培养模式发生了根本变化，从过去的"一元化"人才培养模式（主要由学校培养）逐渐演变成了"工学结合""校企联合"培养，而且更加强调行业协会等机构在高素质技能型人才培养中的重要作用，相应地，高职教育教学环境变得复杂化。不但环境构成要素众多，而且要素间的关系也更加复杂。无疑，这对高职教师的沟通协调能力提出了更高的要求。

（七）学习能力

近年来，我国高等教育迅速发展，这不仅表现在规模的扩张上，更重要的是表现在内涵建设上。首先，普通高等本科教育已逐渐向"应用型"本科方向发展，这无疑对高等职业教育形成一种"替代"的威胁。其次，国家示范性高职院校建设项目的实施，一方面随着建设成果的不断涌现，各示范性高职院校的示范带动作用已逐渐显现；另一方面，由于国家教育资源投入的不均衡，各高职院校所在行业与地域的差异性，所拥有的教育资源、文化基奠及发展速度的不平衡性，必将进一步加剧各高职院校之间的竞争。因此，高等职业教育需要实现可持续发展，各高职院校需要实现可持续发展，广大高职院校教师也需要实现自身的可持续发展。

再从高职教师个体的角度分析，随着我国高等教育（包括高等本科教育特别是近年来的研究生教育）规模的扩张，人们接受教育的程度在不断提高，这一方面给高职院校相当一部分在职教师带来了被迫接受继续教育的压力，另一方面也给相当一部分应届本科毕业生和应届研究生毕业生带来了就业的压力。此外，高职教师应知晓工作过程知识，应具有企业实践工作经验，应具备"双师"素质，这无疑给相当一部分高职院校教师带来了巨大的挑战。

因此，高职院校教师必须具备较强的学习能力，通过不断的学习与探索，实现自身的可持续发展。笔者认为，可持续发展能力的本质是学习能力，高职教师不但要深入学习专业理论知识，而且要深入学习先进的职业教育理论，深刻领会行动导向或工作过程导向的职业教育精髓，动态学习，与时俱进，并结合我国的职业教育实际，消化地吸收，在教育教学实践中不断创新，为发展有中国特色的职业教育理论做出应有的贡献。

除了上述关键构成要素外，高职院校教师职业能力的构成要素还有很多，如教学资源整合能力等。现代高等职业教育强调教学团队建设，强调要有一支职称结构、学历结构、年龄结构、学缘结构及专兼职教师比例合理，具有丰富的理论及实践教学经验，进取心强，具有开拓创新精神、综合素质较高的"双师"素质的教学团队。换言之，高职教师（特别是专业带头人和课程负责人）要具备较强的教学资源整合能力，要具备整合行业企业资源、同类或异类高校资源（包括教师资源、实训资源、实习基地等资源）的能力。只有这样，"工学结合""校企联合培养人才"才能真正实现。

三、高职院校教师职业能力的特征

高职院校教师除了具备教师应具有的基本特点外，还具有动态性、层次性和专门化的特征。

首先，在不同的历史时期、不同的社会制度下，不同的专业及其发展对教师职业能力的要求不同，因而高职教师的职业能力呈现出动态性的特征。

其次，不同教师的职业素养、专业能力等能力要素存在差异，这些要素的整合方式与整合结果即教师个体最终显现出来的职业能力水平也有所不同，因而高职教师的职业能力又呈现出层次性的特征。

最后，高职教师职业能力的养成需要各级教育主管部门、高职学院、高职教师师资培训基地、国内外职教专家，有针对性地对高职教师进行职业教育教学相关知识、技巧与技能的专门化培养与培训，因而，从该意义上讲，高职教师的职业能力又具有专门化的特征。

第二节　高职院校教师职业能力的提升策略与举措

一、提高行业准入标准，严把高职教师入口关

高职院校教师必须具备一定的专业理论基础并具有一定的企业工作经历。各高职院校和有关部门必须严格执行《教师法》《高等教育法》和《职业教育法》等国家有关的政策与法律法规。尽管学历不等于能力，但教师的学历水平、专业技术职称和职业资格等证书是对教师专业能力的有力证明。因此，对于那些即将加入高职院校教师行

列的"准教师",必须设置一定的条件,如具有本科及以上学历、具有相关专业五年及以上企业工作经验、具有中级及以上专业技术职称或高级技师等技术等级证书,只有符合条件的人选才有资格成为一名高职教师。为此,教育主管部门应鼓励高职院校从企业选调符合以上条件的从业人员及某些虽不完全满足上述条件但有专长的能工巧匠,彻底打破以往单纯从高校毕业生中挑选高职教师的传统做法,以此优化师资队伍结构,提高师资队伍素质。

二、加强职前培训,培育高职教师的职业能力

经过严格挑选,对符合上述条件的"准教师"还应进行职前培训,培训的目的是让其了解《教育学》《高等教育学》《教育心理学》《职业教育学》和《职业教学论》等先进的现代职业教育理论、思想和方法,为其进一步从事高职教育事业奠定必要的基础。在日后的教育教学工作中,还需实施"导师制",为这些新教师配备职教经验丰富、具有副高级及以上职称、具有相关专业背景的老教师担任"导师",负责对其进行业务指导。通过"导师"的传、帮、带,使新教师尽快成长起来,成为合格的高职教师。

三、加强之后培训,培育高职教师的职业能力

经过严格挑选,对符合上述条件的"准教师"还应进行职前培训,培训的目的是让其了解《教育学》《高等教育学》《教育心理学》《职业教育学》和《职业教学论》等先进的现代职业教育理论、思想和方法,为其进一步从事高职教育事业奠定必要的基础。在日后的教育教学工作中,还需实施"导师制",为这些新教师配备职教经验丰富、具有副高级及以上职称、具有相关专业背景的老教师担任"导师",负责对其进行业务指导。通过"导师"的传、帮、带,使新教师尽快成长起来,成为合格的高职教师。

四、加强职后培训,提高高职教师的职业能力

根据多数高职院校教师职业能力偏低的现状,教育主管部门和高职院校领导应高度重视高职教师的职后培训,应将其作为一项常规工作常抓不懈。建议教育主管部门建立国家、省、市三级"高职教师师资培训基地(或中心)",由上一级"高职教师师资培训基地(或中心)"负责对下一级"高职教师师资培训基地(或中心)"的教师进行培训,经考核合格后方可担任对高职教师进行培训的任务。三级"高职教师师资培训基地(或中心)"的建立与运行,必将实现教师培训资源的优化配置,最大限度地降低培训成本,同时也能满足占据高等院校半壁江山的1000多所高职院校教师师资培训的需要。

五、通过工学结合，培养高职教师的职业能力

"工学结合"是培养高素质技能型人才的必由之路，同时也是培育高职院校教师职业能力的有效途径。高职院校需加强与行业企业的合作，有计划地派遣教师到企业顶岗锻炼、参与企业技术攻关活动、承担或参与相关工程项目、参与应用研究开发、参加企业的生产和管理活动，才能获得生产过程知识，积累企业实践经验，提高实践能力，丰富"双师"素质，真正成为一名合格的高职教师。

第五章　高职院校"双师"教师专业技能培养

第一节　高职院校"双师"教师专业技能的内涵界定

一、专业技能的内涵

要弄清楚什么是专业技能，必须先厘清什么是技能。关于技能的界定，归纳起来大致有如下四种说法：一是"水平说"，即"运用知识和经过练习达到会操作的水平"。二是"系统说"，这种观点将"技能"定义为"个体运用已有的知识经验，通过练习形成的智力动作方式和肢体动作方式的复杂系统"。三是"方式说"，认为"技能"是"通过练习获得的，运用知识来完成的活动方式"。四是"体系说"，即"在一定的目标指导下，根据所拥有的知识和经验通过反复练习而获得的规则性的动作体系，是由外显的肢体操作的动作体系和内隐的认知活动的体系构成的整体，二者相互独立、相互促进、相互转化"。通过对上述定义的分析，可以看到，尽管目前对"技能"的定义尚未统一，但基本都是从以下几个方面来理解的：首先，技能表现为一种活动方式，这种方式可以是外显、展开、动作的操作技能，也可以是内隐、简约、心智的认知技能；其次，技能的获得都是在已有知识和经验的基础上经过反复练习形成的；最后，技能活动是在一定的目的指引下一系列的动作组合，是一个有目的的动作系统。鉴于此，有学者认为"专业技能"是指与完成某个专业活动有关的肢体的和认知的动作体系、实践知识和经验的总和。

二、高职院校"双师"教师专业技能的内涵

"高职院校'双师'教师职业核心能力模型"给出了高职院校"双师"教师应该具备的核心能力，包括性格特质、团队意识、教学能力、职业素养、专业能力五个维度。高职教育经历了多年的发展，从最初的模仿传统大学重理论轻实践的培养模式，到探

索出一条自身发展的特色之路，技术技能素质便成了"双师"教师区别于普通教师的根本标志。技术技能人才培养者的素质直接决定了技术技能人才培养的质量。因此，我们着重探讨"高职院校'双师'教师职业核心能力模型"中专业能力维度的"专业技能"这一要素。高职教育既不同于普通高等教育，也不同于普通中等职业教育，它培养的是生产、建设、管理和服务第一线的技术技能人才。为实现这个目标，作为专业人才培养主力军的"双师"教师不仅要有较高的理论水平，而且要有较强的专业技能，要既能从事理论教学，又能从事实践教学，以使学生在获得必备理论知识的基础上，掌握从事本专业领域实际工作的基本技能。"要为人师，必先强己"，"双师"教师必须认真分析职业岗位设置和岗位技能要求，加强实践、实训环节的教学，让实践教学贯穿于教学过程的始终，使学生在学习中实践，在实践中学习，及时强化专业理论知识和专业技能，做到理论与实践紧密结合。提高高职院校"双师"教师专业技能水平是实现高职培养目标的要求，是高职院校现实的需要，是高职院校发展的必然。因此，必须先厘清高职院校"双师"教师专业技能的内涵。

（一）实践知识

高职院校"双师"教师应该具备理论和实践并重的知识结构，具体包括认知性知识和实践性知识。认知性知识通常可以通过阅读文献和聆听讲座等理论学习的过程获得，这类知识包括专业知识、教学知识、课程知识、教育学、心理学、职业教育知识和相关的原理性知识。其中，专业知识对应于"模型"专业能力维度中的"专业知识"要素，其他相关的原理性知识可以对应到"模型"的教学能力维度中。高职院校"双师"教师的实践性知识范畴主要包括在教育教学实践及行业企业实践中实际使用的关于如何教学、如何操作、如何生产的知识。它包括教师职业实践知识和行业实践知识。实践性知识具有情境性、默会性、个体性等特点。所谓情境性，主要是指"双师"教师的实践性知识在职业教育实践中的对具体问题的解决过程中体现出来的，针对特定情境下的解决特殊问题的知识。所谓默会性，是指"双师"教师的实践性知识在很大程度上是难以用语言表达出来的，很多时候出于内隐状态，只有拥有者自身才有所体会，是一种教师个体在长期的教育教学实践中的摸索和领悟的知识。所谓个体性，是指"双师"教师实践性知识并非像认识性知识那样具有普遍性，而是针对不同的情境和不同的个体具有非普遍性，是一种个体的知识。

1. 教师职业实践知识

教师职业实践知识是指作为教师这个职业在专业实践性教学活动及专业发展相关活动中所需的实践性知识。主要涉及专业实践性教学活动中的实训、实验、实习方面的知识及专业课程设置、专业教学设计与实施、专业发展计划等专业建设方面的实践性知识，能够根据行业发展和职业特点，制订专业课程标准、授课计划、专业发展计划等。

2. 行业实践知识

行业实践知识是一类关于某一特定行业的实践活动中如何操作的实践性知识，主要表现为工艺过程和生产流程的知识，实际上是在真实的工作场景中如何操作、如何制造、如何加工的知识。以机械制造与自动化专业教师为例，应该能够熟悉机械加工制造方面的生产过程，拥有如何进行机械制造和加工的实践性知识。此外，还需要教师能够及时掌握行业企业信息，了解技术发展变化的趋势。在教学中融入相关行业企业岗位设置、岗位技能要求，在教学中介绍行业新技术、新方法、新工艺。

（二）实践能力

高职院校担负着培养高素质技能型人才的重任，因而高职院校"双师"教师除了应具备扎实的专业理论功底外，还必须具备较强的实践能力，包括实验、实习、实训等专业实践过程中的操作技能及运用所学的专业知识解决企业实际问题，参与企业的技术攻关和工程开发。高职院校"双师"教师只有结合自己的专业特点和行业企业的实际情况，通过到企业顶岗锻炼、参与企业技术攻关活动、承担或参与相关工程项目、参与应用研究开发、参加企业的生产和管理活动，才能获得生产过程知识、积累实践经验、提高实践能力。

1. 教师职业实践能力

教师职业实践能力包括专业实践教学所需基础技能和专业方向核心技能，能够承担相关专业技能教学培训任务，主持专业建设工作。基础技能由若干共通、基本的专业功能模块和专业技能模块构成。对特定专业群或行业而言，往往存在着一定数量的通用技能，它们是一组特征和属性相同或者相近的专业群中体现出来的共性的技能。专业方向核心技能是针对特定专业方向，由若干关键的专业功能模块和专业技能模块构成。以机械制造专业群为例，基础技能包括基本钳工、零件工程图绘制、普通车削加工、普通铣削加工，专业方向核心技能则需根据具体的专业方向而定，模具专业方向核心技能包括冲裁模具工作零件设计、塑件造型及注塑模具工作零件设计等，数控专业方向核心技能包括数控车削加工、数控铣削加工、特种加工（电火花线切割加工）等。

2. 行业实践能力

高职院校的人才培养必须满足特定技术领域和行业企业的实际要求，这就要求高职院校"双师"教师通过到企业顶岗锻炼，培训具备完成企业生产、服务和管理一线的典型工作任务的能力，以保证能参与到行业企业的技术管理、技术攻关和工程开发工作中，指导其流程再造，提高企业工作效益。

（三）实践素养

职业素养是人类在社会活动中需要遵守的行为规范。个体行为的总和构成了自身的职业素养，职业素养是内涵，个体行为是外在表象。它包括职业道德、职业思想（意识）、职业行为习惯和职业技能，前三项是职业素养中最根基的部分，而职业技能是支撑职业人生的表象内容。实践素养则是在专业实践活动中需要遵守的行为规范，根据职业素养的范畴，我们定义了实践素养主要包括现场管理素养、安全素养、质量素养、保密素养和成本意识。

1. 现场管理素养

企业为提高效率，保证质量，使工作环境整洁有序，预防为主保证安全，制定了现场管理的标准及要求。企业现场管理要求主要包括现场物品分类分级（使用频率）定置摆放情况、现场功能区域线划分情况、设备标识、设备运行状态标识、开关标识、安全警示警告标识、工具标识、产品或实训作品标识、现场环境和工作台或工作面清洁清扫制度、检查制度和执行记录等。

2. 安全素养

安全素养，就是人们头脑中建立起来的生产必须安全的观念及所形成的行为习惯，也就是人们在生产活动中各种各样有可能对自己或他人造成伤害的外在环境条件的一种戒备和警觉的心理状态。树立安全意识，必须严格遵守安全操作规程，能够及时发现生产过程中的安全隐患，并采取必要的防护措施，具备应急状态下的事故处理能力，做好风险防控。

3. 质量素养

质量是企业的生命线。它包括两层含义：产品的质量，即产品合格与否；生产产品过程的质量，即生产过程是不是合理，是不是与企业设定的管理基准一致。质量素养则是企业领导及员工对质量和质量工作的认识和理解的程度。只有不断强化质量意识，才能保证企业生存、发展的根本。

4. 保密素养

每个企业都有一些不为公众所知晓、能为企业带来经济效益、具有实用性且采取了保密措施的技术性信息和经营信息。在生产活动中，不可避免地会接触到这些诸如原材料、产品配方、工序、制作工艺等采取了保密措施的技术性信息，因此，要求我们必须做到主动学习和遵守保密法规制度，具有基本的保密常识，能主动采取有效的保密措施，分析、发现保密风险，做好保密工作。

5. 成本意识

成本意识是指节约成本与控制成本的观念。注意控制成本，努力使成本降到最低水平并设法使其保持在最低水平。可以通过合理规划耗材使用额度、降低操作失误率和设备故障率等有效途径来实现。

三、高职院校"双师"教师专业技能标准

根据上节中对高职院校"双师"教师专业技能内涵的界定,我们制定了高职院校"双师"教师专业技能标准。本标准将高职院校"双师"教师分为初级、中级、高级,能力要求依次递进,高级别教师的能力要求涵盖低级别教师的能力要求。标准对如何衡量高职院校"双师"教师专业技能从实践知识、实践能力和实践素养三个方面做了规定。

第二节 高职院校"双师"教师专业技能培养政策

一、我国高职院校"双师"教师专业技能培养政策现状

随着我国高职教育的快速发展,"双师"教师培养问题日益得到政府和有关部门的重视,表现在两个方面,一方面积极开展"双师"教师的培养培训可以提高高职院校教师整体素质;另一方面从政策层面积极构建"双师"教师培养制度体系,制定具有针对性和可操作性的具体措施,可以推动"双师"教师培养的规范化和制度化。

(一)"双师"教师专业技能培养政策发展沿革

1997年《国家教委关于高等职业学校设置问题的几点建议》(教计在〔1997〕95号)第一条对高等职业学校的师资队伍做出明确规定:"每个专业至少配备副高级专业技术职务以上的专任教师2人,中等专业技术职务以上的本专业非教师职称系列的或'双师'专任教师2人。"同年,在青岛召开的首届全国职业教育师资队伍建设工作座谈会明确指出,职业教育的师资队伍建设是"以建立双师型师资队伍为重点"。

1998年,原国家教委在《面向21世纪深化职业教育教学改革的原则意见》(教职〔1998〕1号)中提出,各地方和各部门、行业及职业学校要采取有力措施加强教师的培养培训和师德建设,切实提高教师素质。要采取教师到企事业单位进行见习和锻炼等措施,使文化课教师了解专业知识,使专业课教师掌握专业技能,提高广大教师特别是中青年教师的实践能力。要注意从企事业单位引进有实践经验的教师或聘请他们做兼职教师。要重视教学骨干、专业带头人和"双师型"教师的培养。要制定政策,把教师职务的评聘和对教师的奖励与他们参加教学改革的实绩联系起来,调动教师参加教育教学改革的积极性。要提高广大教师对教学改革迫切性的认识,鼓励他们以积极的态度和饱满的热情投身于教学改革中。此时,国家对于高职院校"双师"教师的专业技能培养的途径、方式和方法进行了明确。同年,为了加快农村职业教育发展,教育部制定了《关于贯彻十五届三中全会精神促进教育为农业和农村工作服务的意见》

（教职成〔1998〕1号），提出，要切实抓好"双师型"师资队伍建设，通过多种形式的培训和加强考核评估等措施，着重提高专业教师的操作和动手能力，同时注意聘请有实际经验的专业技术人员和能工巧匠作为兼职教师。

1999年《中共中央国务院关于深化教育改革全面推进素质教育的决定》（中发〔1999〕9号），在关于"把提高教师实施素质教育的能力和水平作为师资培养、培训的重点"中进一步明确要求：注意吸收企业优秀工程技术和管理人员到职业学校任教，加快建设兼有教师资格和其他专业技术职务的"双师型"教师队伍。

2000年教育部下发的《教育部关于加强高职高专教育人才培养工作的意见》（教高〔2000〕2号）指出："双师型"（既是教师，又是工程师、会计师等）教师队伍建设是提高高职高专教育教学质量的关键；抓好"双师型"教师的培养，努力提高中、青年教师的技术应用能力和实践能力，使他们既具备扎实的基础理论知识和较高的教学水平，又具有较强的专业实践能力和丰富的实际工作经验；积极从企事业单位聘请兼职教师，实行专兼结合，改善学校师资结构，适应专业变化的要求；要淡化基础课教师和专业课教师的界限，逐步实现教师一专多能。教育部颁布的《高等专科学校、高等职业学校和成人高等学校教学管理要点》进一步指出，要通过教学实践、专业实践（包括科技工作）和业务（包括教育科学知识）进修，大力培养并尽快形成一批既有较高学术水平、教学水平，又有较强实际工作能力的"双师型"专职教师作为中坚力量；也可从社会上聘用既有丰富实践工作经验又有较高学术水平的高级技术与管理人员做兼职教师。有计划地组织教师参加工程设计和社会实践，鼓励从事工程和职业教育的教师取得相应的职业证书或技术等级证书，培养具有"双师资格"的新型教师。学校应十分重视实验技术人员和实习指导人员的选配和培训。

2002年5月15日教育部办公厅下发的《关于加强高等职业（高专）院校师资队伍建设的意见》（教高厅〔2002〕5号）进一步强调了建设"双师"教师队伍的重要性，指出，各高职（高专）院校一方面要通过支持教师参与产学研结合、专业实践能力培训等措施，提高现有教师队伍的"双师"素质；另一方面要重视从企事业单位引进既有工作实践经验，又有扎实理论基础的高级技术人员和管理人员充实教师队伍，以不断提高师资队伍的整体素质。

2004年3月3日，国务院批转《教育部2003—2007年教育振兴行动计划的通知》中指出，将大力加强"双师"教师队伍建设，鼓励企事业单位内有专业技术、管理和有特殊技能的人员担任专兼职教师作为未来5年教育振兴行动计划的重要内容。

2005年10月28日国务院颁布《国务院关于大力发展职业教育的决定》（以下简称《决定》）（国发〔2005〕35号），在《决定》中明确提出把发展职业教育作为经济社会发展的重要基础和教育工作的战略重点，加强"双师"教师队伍建设，职业院校中实践性较强的专业教师，可按照相应专业技术职务试行条例的规定，申请评定第二个专业技术资格，也可根据有关规定申请取得相应的职业资格证书。2005 年是中国职教年，是职业教育迅速发展、开拓创新的一年。在 2006 年颁布的《关于做好 2006 年度国家示范性高等职业院校建设计划项目申报工作的通知》（教高厅函〔2006〕44 号）中，为建设高水平的"双师"教师队伍提出了具体的要求，即每个专业引进和培养 1~2 名专业带头人，培养 4~6 名骨干教师，聘请 4~6 名企业行业技术专家，制订具备"双师"素质与"双师"结构的专兼结合专业教学团队建设规划，开展多种形式的专业教师实践技能培训。11 月 16 日，教育部下发《关于全面提高高等职业教育教学质量的若干意见》（教高〔2006〕16 号），提出要增加专业教师中具有企业工作经历的教师比例，安排专业教师到企业顶岗实践，积累实际工作经历，提高实践教学能力。同时要大量聘请行业企业的专业人才和能工巧匠到学校担任兼职教师，逐年加大兼职教师的比例，逐步形成实践技能课程主要由具有相应高技能水平的兼职教师讲授的机制。

（二）各省市"双师型"教师培养制度的探索

1. 湖南省"双师型"教师培养制度

目前，湖南省职业教育发展正处于转型时期。近年来，湖南省建立了县级人民政府职业教育工作督导评估制度，颁布了湖南省公办职业院校生人均经费标准，出台了湖南省职业院校机构编制标准，省教育厅也制定了促进职业教育发展的一系列政策措施，职业教育保障体系初步建立，发展机制逐步完善，职业教育发展取得了明显成效。2011 年，湖南省政府召开的全省职业教育工作会议，提出了当前和今后一段时期职业教育发展的总体目标：推动职业教育从"劳务输出主导型"向"服务地方产业主导型"转型，从"规模扩张型"向"内涵提升型"转型，到"十二五"期末，已基本形成与湖南现代产业体系相适应的现代职业教育体系。

"十一五"以来，湖南省把职业院校教师队伍建设作为职业教育改革发展的重点工作来抓，建立了一系列保障和激励机制，如出台了保障职业院校教师队伍数量和结构的编制标准，改革了职业院校教师专业技术职务评审办法，建立了中等职业学校专业教师培训与考核制度，重点培养了一批专业带头人和教学团队等，同时，重点建设了职业院校教师认证培训基地 56 个，加强了专业教师培训的组织实施，有力推动了"双师型"教师队伍建设。为贯彻落实《国家中长期教育改革发展规划纲要（2010—2020）》《湖南省建设教育强省规划纲要（2010—2020）》精神，进一步加强职业院校专业教师队伍建设，提升专业教师队伍素质，根据《教育部财政部关于实施职业院校教师素质提高计划的意见》（教职成〔2011〕14 号）和湖南省教育厅《关于建立中等职业学校专业教师培训与考核制度的通知》（湘教发〔2010〕1 号）的要求，结合湖南经济社会发展需要和职业院校实际，制订了《湖南省职业院校专业教师素质提高规划（2011—2015）》。

（1）实施职业院校专业教师培训计划。

组织开展省级培训。按照教育部、财政部要求，省级培训包括省内培训和国外培训。省内培训对象为高等职业院校具有两年以上高职教育教学经历的在职专业教师。培训时间4周，主要培训专业领域关键技能、教学法和课程开发理论。培训任务由国家示范性（骨干）高职院校、省级示范性高职院校、省级专业技能教学水平认证培训基地、省级生产性实习实训（教师论证培训）基地和省内规模企业承担。与此同时，组织部分骨干教师到国外培训，培训对象为具有3年以上高职教育教学经历的专业带头人。培训时间4周，主要学习职业教育教学理论与方法、先进教育技术和课程开发手段。

组织参加国家级培训。按教育部、财政部要求，"十二五"期间，湖南省组织非国家示范（骨干）高职院校专业骨干教师参加国家级培训，结合湖南省实际，培训对象为非国家示范（骨干）高职院校省级示范性特色专业、特色专业、精品专业中具有中级及以上专业技术教师职务、两年高职教育教学经历的专业教师。其中，90%的培训任务主要由湖南省9所国家示范（骨干）高职院校与省级示范性（骨干）高职院校承担，培训专业为财经、制造、医药卫生、电子信息、交通运输、艺术设计、传媒、资源开发与测绘等几个类别；剩余10%的培训任务安排在省外国家示范（骨干）高职院校，培训专业为生物与药品、农林牧渔、环保气象与安全、材料与能源等类别。培训时间为4周，主要学习专业领域新理论、前沿技术和关键技能。与此同时，组织省级示范性特色专业、部分特色专业负责人或具有教授专业技术职务的骨干教师参加国外培训。培训时间为4周，主要学习职业教育教学理论与方法、先进教育技术和课程开发手段。

（2）实施职业院校专业教师企业实践计划。"十二五"期间，湖南省组织5935名高职院校骨干教师参加企业实践，其中，4210人列入省级计划，1725人为国家计划。实践对象为高职院校中具有两年以上教育教学经历，或中级及以上专业技术教师职务的专业教师。企业实践时间为8周。要求教师在企业具体岗位顶岗。重点了解企业生产组织方式、产业发展趋势，熟悉相关行业企业先进技术、生产工艺与流程、管理制度与文化、岗位规范、用人要求等。企业实践任务由省内相关产业领军企业承担，省内相关部门统筹管理，相关培训基地负责组织实施。

（3）实施职业院校兼职教师队伍建设推进计划。制定《湖南省职业院校兼职教师聘用与管理办法》，明确兼职教师聘任条件、岗位职责及管理办法。加强兼职教师教学法培训，努力提高兼职教师队伍整体素质。建立湖南省职业院校兼职教师信息共享平台，建立包括技能大师、高级技师与省级劳模在内的骨干兼职教师信息平台，供广大职业院校共享；各市州、县（市、区）建立本区域兼职教师共享平台，供区域内职业院校共享。切实落实《湖南省高等学校机构编制标准（试行）》（湘编办〔2009〕21号）和《湖南省中等职业学校机构编制标准（试行）》（湘编办〔2009〕22号），推动地方政府、学校举办者和职业院校切实加强兼职教师队伍建设，优化师资队伍结构。到"十二五"

末，职业院校兼职教师比例达到学校编制总数的 10%~30%。建立兼职教师队伍建设激励机制、职业院校兼职教师队伍建设评价体系、优秀兼职教师评价激励机制，对兼职教师队伍建设成效突出的市州、职业院校及有突出贡献的兼职教师给予奖励。

（4）实施职业教育教师培训体系建设计划

进一步完善职业院校专业教师培训体系。构建国家、省、市州、学校四级专业教师培训体系，明确各自的任务与分工。在积极组织专业教师参加国家级培训、切实做好省级培训的同时，推动市州培训与校本培训。

进一步加强职业院校专业教师培训基地建设。以职业教育省级重点实习实训基地、专业教师专业技能教学水平认证培训基地、生产性实习实训（教师认证培训）基地为主体，遴选部分本科院校和知名企业作为省级培训基地。推动培训基地加强基础设施、培训师队伍、管理体系建设，切实提高省级培训基地的培训能力和培训效益。推动市州建设好区域内相对稳定的专业教师培训基地，促进市州之间培训基地均衡发展。引导职业院校切实加强与规模企业、知名企业的深度合作，建立相对稳定的合作关系。以此为基础，遴选一部分培训效果好、培训能力强的企业，作为企业培训基地进行重点建设。努力形成校企共同培养"双师型"教师的格局。

进一步加强职业院校专业教师培训标准建设。分中、高职开发系列专业教师培训与考核标准，每个标准包括专业教学能力、专业实践能力（含必修与选修）、企业顶岗实习三个模块。到"十二五"末，已形成基本覆盖职业院校主体专业的教师培训与考核标准体系。遴选行业企业知名专家、职业院校教学专家共同开发。按照"基于作品的职业培训"理念，训练项目均以真实的作品为载体。系列标准既是省级专业教师培训与考核的基本依据，又是推动职业院校专业教学改革的导向性资料。

2. 江苏省"双师型"教师培养制度

近年来，职业教育伴随着江苏省的经济发展取得了长足进步。同时也认识到，强力发展的背后离不开政策的积极推动，不少地方政策都对职教师资队伍建设做了详细的规划和部署。江苏省在 2006 年下发的《省政府关于大力发展职业教育的决定》（苏政发〔2006〕26 号）中就明确指出"'十一五'期间，省财政每年安排 1000 万元主要用于师资实践能力培训。各地也要加大经费投入，落实工作措施，全面提高教师队伍整体素质"。2007 年的《江苏省职业教育课程改革行动计划》第十三条中写道："以职业教育课程改革为契机，加强'双师型'教师队伍建设。组织开展教师专题培训，通过主题式和问题式培训形式，提高教师的课程素养和课程开发能力；加强产教结合，鼓励教师走进企业，提高教师的专业技术水平和实践能力；建立以校本研究与校本课程开发为核心的教研制度，提高教研活动的时效性，提升教师的创新能力，实现教师角色从传统的'知识传授者'向'学习导师'转变。"2007 年，江苏省教育厅、省财政厅出台了《关于实施中等职业学校教师素质提高计划》（苏教职〔2007〕29 号），更加详细具体地说明了在提高职业学校教师素质方面江苏省的做法，不但有教师于企业内和校内的培训还有教师省外及国外培训的具体要求和政策。从《江苏省中长期教育改革与发展规划纲要（2010—2020）》的第十一条明确指出到 2012 年，实施县级职教中心建设计划、实训基地建设计划、示范专业建设计划和教师素质提高计划。从这些政策法规中，我们可以看到江苏省正逐渐形成正确的职业教育师资培养思路，"产教结合""'双师型'教师"等观念也逐步形成。针对"双师型"教师短缺的问题，江苏省张家港市从 2001 年起有计划地引进非师范类应届毕业生和有实际工作经验的工程师、技术人员充实专业教师队伍，优化专业教师队伍。通过业务学习、函授进修、课堂教学达标考核和技能培训、技能竞赛等途径，帮助高职教师提高教育教学的水平和能力。江苏技术师范学院首先选取科学的培训内容和理论内容，既考虑到先进性、新颖性，又考虑到应用的广泛性和有效性，技能内容既考虑先进实用，又考虑到切实可行；其次在选取传授知识的方式上要更注重形成学员和教师的良好互动。在培训过程中，学校对教师专业发展能力的培养做法采取"名、新"战略，所谓"名"，即在培训过程中，尽可能地请名家和学员进行对话；所谓"新"，即在培养方案中一定要有新内容。同时在培训中，学校力图使培训更人性化、主体化、个性化。尊重学员的主体性，了解教师的学术基础和培养需要，调动学员学习的积极性，尽可能使学员处于高效率的学习状态。在将教师送往各职教师资培训基地的同时，学校里也安排了教师更灵活更有针对性的培训，在普遍提高教师职业素质的同时，做到具体问题具体分析，力求使每个教师都能有所发展、有所提高。

3. 四川省"双师型"教师培养制度

2008 年 5 月，四川省启动了职业教育 3 年攻坚计划。全省中等职业教育基础能力建设总投入 129.8 亿元，远远超过计划的 100 亿元。全省建成 123 个县级职教中心、105 个实训基地，300 多所中职学校办学条件得到显著改善。四川各地积极开展职教教师培养培训工作，加大对职教教师的资金投入力度，通过软硬件建设，全面改善职教教学环境，为提升职教教师素质创造良好的条件。2009 年成都率先在全国开展"双师型"教师认定，提出凡在成都区域内独立设置的中等职业学校中，从事教育教学工作的专、兼职教师，具有高级中学教师资格证书，取得非教师系列专业技术职称或中级以上国家职业资格证书或高级以上技术等级证书，并符合以下任一条件的：（1）近 3 年有 1 年以上（累计 12 个月以上）在规模以上企业一线从事专业实训工作；（2）取得过国家、省级教育部门骨干教师培训合格证书；（3）在企事业单位取得中级以上非教师系列的专业技术职称、担任一门专业课教学任务，并在本学校任职 2 年以上；（4）具有工人系列高级技术资格的实训指导教师、担任一门专业课教学任务，并在本学校任职 2 年以上的，都可以取得"双师型"教师的证书。《四川省现代职业教育体系建设规划（2014—2020）》中明确指出，构建现代职业教育体系的重点任务之一就是促进"双师型"教师专业化发展,建成一支数量充足、结构合理的"双师型"队伍。2020年,有实践经验的专兼职教师占专业教师总数的比例达到60%以上。为实现这一目标,四川省从以下几个方面着手并努力推进。

改革教师资格和编制制度。按照四川省定标准核定公办中职学校教职工编制,建立动态机制,按规定配齐配足教师。采取培养培训、公开招聘、兼职等措施充实"双师型"教师队伍。按国家统一部署,完善教师专业技术职务(职称)评聘办法,探索在中职学校设置正高级教师职务(职称)。增加中职学校特级教师评选比例。对从行业企业引进的具有高级专业技术资格的技术人员申报教师高级专业技术职务(职称)予以倾斜。符合条件的兼职教师可申报相应系列的教师专业技术职务(职称)。

推进职业院校用人制度改革。按照国家的相关规定,职业院校可自主聘请企业管理人员、工程技术人员和能工巧匠担任专兼职教师。探索建立引进高技能人才和"能工巧匠"的绿色通道。建立"固定岗位+流动岗位"制度。职业院校在编制内聘请兼职教师,所需经费在本单位综合预算中统筹解决。建立符合职业院校特点的教师绩效评价标准,绩效工资分配向"双师型"教师适当倾斜。探索建立行业企业举办的职业院校和民办职业院校教师职业年金制度。

建立教师到企业实践制度。实行新任教师先实践、后上岗和教师定期实践制度,新进专业教师授课前原则上先到企业锻炼1年以上,国家、省级示范(骨干)高职院校还应适当提高锻炼年限,专业教师每两年专业实践的时间累计不少于两个月。探索职业教育师资定向培养制度和"学历教育+企业实训"的培养办法。鼓励高师院校积极开展职教师资培养。依托高水平院校与大中型企业共同建立"双师型"教师培养培训基地,重点建设一批省级"双师型"教师培养培训基地。

完善专业发展驱动的教研制度。健全省、市、县、学校四级职业教育科研教研体系,重点建设一批职业教育科研教研实验基地。按规定定期开展职业教育科研教研优秀成果评选活动。加强职业教育科研教研协同创新机制建设,完善鼓励成果转化的保障性政策措施。加强职业教育科研教研队伍建设,加强科研教研人员的培养培训,提高科研能力和教学研究水平。

4.天津市"双师型"教师培养制度

(1)新任教师的岗前培训。天津市教委规定新任职业院校教师必须接受岗前培训,培训时间不少于120学时,重点进行职业教育理论以及相关政策的学习。此外,天津市还非常重视教师到企业实践锻炼,规定新教师在踏上讲台前必须到企事业单位挂职锻炼,参加不少于3个月的企业实习,实习期满考核或鉴定合格方可任教。

(2)在职教师定期培训。天津市职业教育发展较快,在师资规模和师资素质上较为成熟,这不仅得益于各职业院校积极参加在职教师师资培训,而且得益于校企合作的深入开展。自2006年起,天津市教委规定每年脱产培训专业课教师不得少于1000人,培训时间不少于240学时，市教委给予专项补贴。各职业院校从主干专业中选择优秀教师，通过挂职等方式将教师派遣到企业中，参与企业的生产运营工作，并规定教师每两年到企业进行至少3个月的生产服务实践，做好实践记录，以此作为晋级、加薪的依据。理论学习方面，则聘请国内外的知名专家，对教师进行以新知识、新技术、新工艺和新方法为主的培训，全面提升教师的专业技术能力。

（3）加强国际合作。天津市先后与德国、加拿大、澳大利亚、英国等国家开展了职业教育师资培训的合作项目。近年来，先后派出了39名校长赴德国培训，5批中等职业学校优秀英语教师到英国进修学习。连续4年利用暑期举办中专师资英语口语强化班，由美国ESEC机构派教师进行培训。中德职业技术学院利用中德两国政府间职业教育合作的优势，以"请进来、走出去"为宗旨，举办各种类型的德国职业教育讲座。天津工程师范学院还与日本、韩国建立了合作关系，聘请日本和韩国专家来天津讲学，并派教师到美、日、英、德、韩等国家进修学习。

（4）加强专家库建设工作。天津市在职业师资培养培训过程中，聘请了国内外知名专家开展师资培训，提高了培训质量。为保证这一机制得以持续发展，天津市建立了专家库，并且不断完善专家库，既保证专家队伍的相对稳定又及时更新和增加新的专家。为鼓励企业专业技术人员积极参与职业教育，天津市为企业中具有工程师以上技术职称的专业人才提供了学历进修、教师资格培训的机会，旨在为职业院校培养硕士学历以上、具有良好专业技能的"双师型"教师，为职业院校发展储备力量。

二、国外职业教育教师专业技能培养政策与现状

（一）德国职教师资培养制度研究

1. 德国职教师资职前培养制度和政策

德国职教师资的职前教育主要包括职业准备教育和职业教育。"双元制"是德国职业教育发展的主要形式，职业教育由企业和职业院校共同承担，因此，德国职业教师也具有"双元性"。也就是说，从事职业教育的教师一部分来自职业院校，另一部分来自教育培训机构（大多是企业）的实训教师。1973年，为了给职业教育师范教育制定一个全国统一的基础和最低标准，德国教育和文化事务部常务委员会（KMK）为职业学校中各职业科目教师的教育和考核制定了一个全国性的框架。1995年又对该框架进行了改革。各联邦州的师范教育课程都必须遵循这些结构性的条件。

（1）职业学校教师的培养政策。师范教育基本上可以分为两个阶段：第一个阶段是9个学期的大学课程学习，学习结束后参加第一次国家考试，合格即可取得硕士学位；第二阶段是实践性的教学培训，以预备性服务的形式进行，地点为公共师范学院和培训学校。

职业学校教师教育大学培养政策。德国《职业教育法》规定，参加师范教育课程的基本要求是具备高等教育入学资格。接受正规职教师资培养的生源主要有两种：获得普通高中毕业文凭或职业高中文凭的毕业生和经"双元制"培训加上若干年工作经验再获得同等学力者。大学学习通常为7~9个学期，包括考试时间和论文时间，德国大学与培养职教教师相关的教师教育专业共涉及13个职业领域：机械、电气、建筑、造型技术、印刷技术、纺织与服装、生物技术、化工技术、经济科学、管理科学、食品与家政、农业园林科学社会科学。每个职业领域涉及不同的职业群和不同的职业。大学中的学习课程包括以下几部分：①第一专业：职业领域中的职业科目，包括与科目相关的教学法；②第二专业：通常为普通教育学科，如数学、物理、政治、德语、英语和体育等，侧重职业教育的教育科学，必修的教育理论和心理学，还可以选择一些其他领域的学习课程，如社会科学、劳动心理学、组织心理学、劳动教育和工厂教育等；③学校中的教学实践。德国教育和文化事务部常务委员会认为，职业教育主修课程是对职业技术专业科学领域的深入学习。模块化教学是德国职业教育的一大特点，广泛应用于各种专业学习中。讲演课（一般由教授承担）、训练课（一般以作业的形式让学生独立学习）、研讨课（教师辅导，学生分组共同学习、进行专题讨论）、实习（在实践中运用知识）都是主要的课堂形式。学生大学毕业后要参加职业学校的第一次国家考试，国家考试委员会隶属于管理学校系统的各部门，负责举办第一次国家考试，考试由大学教授建议，州教育部批准。学位考试分为两个部分：第一，每个模块（第一专业、第二专业、教育学）的单独考试；第二，学位论文及30分钟的口试，考生有8周的准备时间。学生只有通过第一次国家考试，才有资格报名参加实训教师的培训。

职业学校教师教育的实习预备年培养政策。在德国，要取得正式职业学校教师的资格，必须进入教育学院接受第二阶段的教师教育，即教师的预备实习，第二阶段实习预备期实际上是讨论课教育和实践教学教育的结合。教育学院的大学生主要是已经通过第一次国家考试的大学生。另外，教育学院还对职业界拟转行欲从事教师职业的人员进行培训，帮助他们通过国家考试，取得教师资格。大学毕业生有5年或5年以上工作经验且进行两年半的教师培训后，便可以参加第二次国家考试，取得职业学校教师资格。

师范学校的教师培养。在师范学校，专业理论学习是重点内容，课程包括职业教育学、专业教学及补充课程。对于职业学校的教师来讲，针对大学期间的学习，相应的专业教学法方面的课程也分为两个部分，即第一专业的教学法及第二专业的教学法。每个班有4~15人。接受师范教育，重点在于培养学员的教育教学能力和授课技巧，为其成为合格的职业教育教师积累基本的职业素养。学习的有关内容包括以下方面：了解学科教学计划；掌握专业教学法和与专业相关的工作方法；学会课堂教学的计划制订、准备、组织及评价等。教学实行模块化的组织形式，分为必修模块与选修模块，必修模块对每个学员都适用，而选修模块则可根据学员的专业方向和兴趣来确定。与大学所学教育理论相比，教师进修学院更加侧重于应用教学，利用微格教学、模拟教学等方式，帮助学员解决教学过程中遇到的各种问题。

职业学校的专门培训。职教预备教师的专业实习在相应的职业学校开展，主要采用传统的"师带徒"方式，并为其配备专门的指导教师，指导教师通常是由校长和教育学院院长亲自任命的某一专业资深教师担当。教学形式主要有三种：学生旁听、有教师指导的授课、单独授课。每周为 8~12 学时，其中学生每周应旁听 2 学时。

"师带徒"这种授课方式和时间非常灵活，随着授课内容的难易程度而变。在这里实习教师能够得到经验丰富的老教师的指导，在实践中发现问题可以及时得到解决，实习教师的实践授课能力得到了很大的提升，为其以后从事职业教师工作打下了坚实的基础。教师预备实习结束之前，新教师必须通过第二次国家考试，取得职业教师资格。第二次国家考试无论是考试程序，还是考核标准，都是非常严苛的。第二次国家考试主要分为笔试和试讲两部分。值得一提的是，大学期间的专业课成绩也是考试结果的重要组成。笔试中专业论文的撰写所占比重较大，主要考查预备教师对教育教学理论知识的应用，对日常教学过程中遇到的教学难题能否进行全面深入的分析，并要求提出有效的解决策略。试讲主要包含第一专业和第二专业的试讲，以及专题讨论会。专业试讲着重考查预备教师经过教育学、心理学课程的学习，是否掌握基本的教学授课能力。专题讨论则着重考查预备教师的教学创造性，教师需准备一场 60 分钟的专题讨论会，议题自选，着重考查预备教师的人际交往能力和归纳总结反思能力。基于以上几方面的考试，且每个方面都达到一定标准和要求，且总成绩达到一定分值才视为通过国家考试，具备从事职业教育的职教教师资格。

（2）实训指导教师的培养政策：严格的任职资格。从 1972 年开始，德国在工商业、农业、文职类工作和家政行业中实施《实训教师资格条例》（AE v O），这一条例随后被 1999 年颁布的统一指令所代替。德国《职业教育法》和《实训教师资格条例》对职教教师的年龄及职业道德方面进行了明确规定。比如，必须接受过职业教育学和劳动教育学相关知识的学习，并通过相应考试的人，才可以成为实训教师。年龄方面，凡是年满 24 岁，且具有职业教育相关学习经历并通过国家职业教师资格考试的，或有相关职业经验的人，都可以申请成为实训教师。职业教育相关理论知识的考核由考试委员会负责测定。

开放的培养模式。在德国，实训指导教师的培养是完全向社会开放的，各式培养机构都可以通过竞争的方式争取到实训指导教师的培养业务。培养机构五花八门，有公私立职业院校，也有行业协会、工会等组织的办学机构，还有企业举办的培训班。教师资格培训、职业教育与劳动教育培训是实训指导教师的必修科目。业务资格培训就是在国家认可的各种培养机构接受相同职业及就业方向的职业教育。实训教师的培训课程内容主要来源于《实训教师资格条例》，它囊括了职业教育基础知识、职业教育相关法律法规和职业教育的实施等。

2. 德国职教教师职后培训制度和政策

德国职业教育之所以在世界处于领先地位，与德国先进的教育理念不无关系。德国职业教育教师早已将终身教育、继续教育的观念深入心中，在工作中不断学习新技术、新知识。继续教育并不是走马观花、形式教育，而是具有明确的目的：为了与时俱进，职教教师对于新知识、新科技有着非常敏锐的嗅觉，飞速发展的科技要求职教教师必须掌握本专业领域最新的动态。德国职业教育教师非常重视自身人文素养的提升，通过继续教育可以全面地、有的放矢地进行文化知识的进修和培训，提高教师的内涵。

职教教师职后培训的实施保障。德国职业教育依据《联邦职业教育法》或《教师培养法》的规定，无论是承担实训的教师还是职业学校的教师，都可以带薪参加各种形式的继续教育，这是教师的权利，同时也是教师应尽的义务。对于实训教师而言，他们一般参加由教育培训部门定期举办的实训教师进修班和研讨会，着力提高自身教育管理、人才管理和开发及新技术应用等方面的能力，以适应企业管理、技术发展的要求。联邦政府对职教教师的专业知识的掌握水平非常重视，鼓励教师参加在职进修。通过进修，职教教师在职务、职称等方面都有机会获得晋升。与我国教师资格"一次认定、终身有效"不同的是，德国职教教师每两年必须进行一次教师资格考核，合格者获得教师资格晋级，不合格者必须进行在职进修。每个教师每年都要接受不少于5天的培训，视培训的不同需要，培训时间可延长。联邦政府还规定，教师在5年时间内必须到企业进行不少于2周的实践锻炼。

职教教师职后培训机构。开放的继续教育培训市场、结构完整的继续教育网络、自上而下环环相扣的培训体系，为教师进行继续教育提供了良好的基础。依据教师的不同等级、不同类别，德国实施职教教师的分类培训，教师可以通过进修培训学校、教师联合会及企业三种途径实现继续教育。职教教师所在的州、地区和学校都可以成为继续教育培训机构，大学和研究所也是实施培训的重要场所。各个培训机构、主管部门也可以联合培养职教教师，这种灵活多样的培养模式，充分满足了每个职教教师的需求，创建了严密而灵活的培养空间。因此，德国的职教教师整体素质走在世界各国的前列，几乎没有不合格的职教教师。

（二）澳大利亚职教师资培养制度研究

1. 澳大利亚职教师资发展历程

澳大利亚师资培养发展分三个阶段：（1）创立 TAFE 学院之初（1972—1982）。这个时期受当时学术气氛很浓的环境的影响，人们重视学术研究，因此当时 TAFE 学院主要是理论教学为主的教师，他们具有"双师型"的教师比例偏低，人数比较少。20

世纪 70 年代以后，技术与继续教育教师培训开始受到重视。1975 年 11 月，技术教师教育委员会向国会提交了一份有关教师培训的报告。该报告反映了国家层面对 TAFE 学院教师培训的关注。1978 年康甘委员会的成员彼得·弗莱明提交了一份专门研究澳大利亚技术与继续教育教师的报告——《弗莱明报告》。该报告强调在教师培训方面，必须注重教师的动手操作能力。该报告给澳大利亚技术与继续教育指明了方向，具有划时代的伟大意义，备受澳大利亚人民重视。（2）澳大利亚技术与继续教育学院的发展与改革阶段（1983—2005）。此时兼职教师比例较大，对这些教师专业技能有较高要求。20 世纪 90 年代初，澳大利亚职业教育、就业与培训咨询委员会颁布了《面向 21 世纪的技术与继续教育师资队伍》，其中强调：教师应当为满足培训改革需求而做好充分的准备。1977 年，技术与继续教育委员会资助了一个"技术与继续教育员工发展计划"项目，其中包括培养兼职教师的专业意识和课堂教学能力。在 1999 年职业教育教师能力标准中，要求教师与培训师必须满足下列角色要求：评估师、小群体培训师、培训课程讲师、培训课程讲师和评估者、培训与评估的管理者。（3）从 2005 年到现在，澳大利亚职业教师的培训体系已经很完善。有统一的培训、鉴定体系。以澳大利亚国家职业教育与培训制度中重要的官方文件和教学法规的培训包为代表，它规定了职教教师应该具备的能力。

2. 澳大利亚职教师资培训

新任职教师的入职辅导。澳大利亚 TAFE 学院教师，一般要有 5 年相关行业专业工作经验，且教师全部从有实践经验的专业技术人员中选拔。澳大利亚积极开展新任教师的入职培训，对于新任教师，学校会适当减少教师的教学任务量，使新任教师有更多的时间和精力进行入职培训。入职培训形式多种多样，一方面可以选择对在校优秀教师的课程进行观摩学习，了解学校教学环境与教学风格；另一方面与其他学校积极开展合作，取长补短，在提高新任教师教学能力方面互利共赢。同时，学校鼓励教师参加各种教研活动，提高教师的专业研究能力和技术创新能力。新任教师入职培训结束后，必须经过严格的考核，只有获得教师资格证书的合格者，才能开始职业教育教学生涯。

职教教师的职后进修。职教教师培训与行业、企业相结合是澳大利亚职教教师培训的特点之一。当今世界科学技术日新月异，职教教师稍有懈怠就有可能被淘汰。鉴于此，澳大利亚政府规定职教教师必须与相关行业、企业合作，教师要定期到企业参加实践活动，加强与社会的信息沟通，及时从企业、市场获得新技术、新信息，使职业教育适应社会发展对技能型人才的新诉求。从 1989 年起，联邦政府每年提供 0.25 亿澳元用于职业教育教师的继续教育，并规定教师继续培训的专业课程。教师职后进修有利于增强教师的专业知识和专业技能，使其能够准确掌握市场新需求，了解企业对职业教育及自身专业水平与职业素养的要求。

第三节 高职院校"双师"教师专业技能培养模式与途径

一、高职院校"双师"教师专业技能培养模式

高职院校"双师型"教师专业技能发展的过程是职教教师系统接受入职后接受再教育、再培训的过程。要想建设一支教育教学能力和专业技术都过硬的"双师型"教师队伍，就必须以深厚、持续的教师教育为基础。高职教师入职后参加的各种培训和再教育是教师入职以后，结合职业工作需要实际开展、有针对性的教育活动，是弥补教师自身专业知识和专业技能结构缺陷、满足职业发展需求、实现后成长的重要保障。由于来源渠道和职业背景日趋多样化，高职教师所需培训的职业技术内容也日趋多变化，由于高职教师本身具有层次的多元性，高职"双师型"教师的培训应根据专业需要和教师自身特点采用多样化模式。目前，国内高职院校"双师型"教师专业技能培养模式主要有以下几种：

（一）校本培养模式

目前高职院校多数专业理论课教师都是普通高校毕业的本科生、研究生，他们专业理论基础扎实，具备当职业学校教师的基本条件，但缺乏行业实践经验，这就需要积极支持他们充分利用校内实验、实习、实训设施，进行专业实验、生产操作等基本技能训练，支持他们参加相应的职业资格证书考核，为提高专业技能奠定坚实基础。因此，高职院校在培养"双师型"教师专业技能方面，要在建立校企合作长效机制的同时，积极拓宽教师专业技能校本培养模式和渠道。从历史上考察，校本培训作为一种实践活动并非新鲜事物，它可以追溯到由来已久的教师培养的艺徒模式。校本培训，按欧洲教师教育协会 1989 年的界定，指的是源于学校课程和整体规划的需要，由学校发起组织，旨在满足个体教师的工作需要的校内培训活动。它既可以在整个学校层面上进行，也可以在部分部门或某一科目进行，同时还可以是两三所学校间相互合作进行。如 19 世纪德国教区学校的教师训练、英国的教生制。1944 年《麦克奈尔报告》建议中小学教师在指导和管理师范生方面应负起责任。1972 年《詹姆斯报告》指出，在职培训应始于学校，每一学校都应将其教师的继续培训视为其任务的一个必要部分，学校的每一成员都要对此负起责任。20 世纪 70 年代中期，英、美等国家认识到教师的专业能力主要是在教学实践岗位中逐步形成并发展的，教师任职的学校是其专业成长的主要环境，于是逐渐形成了以学校为中心的教师在职培训模式。20 世纪 80 年代一些学者进一步对此进行了理论上的探索，如哈格里夫斯根据医学培训中的实习医院

建议建立教学学校，瓦诺克提出了教师指导者的角色概念。1986 年，牛津实习期的计划——"良师计划"首创了教师训练的伙伴关系。从那时起，校本教师教育开始大规模兴起。校本教师教育在西方国家产生的主要原因有以下几点：第一，20 世纪六七十年代西方国家政治上的民主化运动使学校和教师获得了更多的教学自主权，教师和学校对教育改革有更多的发言权。第二，传统继续教育中理论与现实的严重脱节使教育的理论研究者和实践者都渴望在教育理论的研究与实践之间寻找一种融合，使理论的研究能获得丰富的实践经验的支撑。第三，教师教学实践的复杂性使传统的、脱离教学实践的教师难以通过继续教育有效地改进教师教学质量和提高教师的实践技能。第四，传统的通过高等院校开展教师培训所引发的诸多问题，如工学矛盾突出、经费开支过大、受训面积有限等，也促使培训的研究者不断探索新的培训模式和途径。因此，教师继续教育从校外转向"校本"也就成为必然。我国教育界一般认为校本培训是在开展继续教育工作中，以教师任职学校为主阵地，以教师互教互学为基本形式，在岗业余自学的一种进修模式。在教师专业化发展的进程中，教师在教育实践中的主体地位和主体作用越来越受到重视，"终结式"师范教育走向终结，"发展性"教师教育正在发展，教师的在职培训和继续教育成为发展性教师教育不可或缺的部分。校本培训的理念替代传统的教师培训已成为国际趋势。发达国家普遍认为学校既是学生学习场所又是教师发展场所。教师专业化发展的国际趋势和教师校本培训潮流对高职院校教师培训提出了严峻的挑战，也为高职院校"双师型"教师的校本培训提供了广阔的背景。我国的国情决定了各职业院校本身是"双师型"教师培养的主战场，现实也表明了我国职教师资的培养方式以职业院校培养为主。聘任"双师型"教师是职业学校的权利，培养"双师型"教师是学校的义务。高职院校在"双师型"教师培养建设中发挥了"校本"培养的主导作用：教师在各高职院校营造的"双师型"培养氛围下，自觉提高自身双师素质。学校制定政策、学校提供培训、学校联络实践企业是校本"双师"教师专业技能培养模式的重要特征。这种模式的主要优势在于：培训内容和形式根据本校教师的特点来编制设定，培训目标明确具体，培训工作与日常工作密切结合，培训地点在本校，培训时间与工作不冲突，培训成果及时体现在教师的工作之中。还便于充分发挥教师个人与集体等多方面的作用，使院校成为开放的"学习型组织"。首先，高职院校可以立足于自身专业发展的现状与实际，制定"双师型"教师培养的具体政策、制度、资金帮扶等。与西方发达国家相比，我国的高等职业教育起步较晚，到近几年才被各方重视，并有蓬勃发展之势。高等职业教育不是一种教育层次，而是一种教育类型，它不同于普通专科教育，也不是本科教育的压缩或中专教育的延伸，它的发展应该具有自己的特色。在这种情况下，高职院校要想立于不败之地，必须办出自己的特色，找准自己的位置，这样才能拥有自己的发展空间。可以说，特色是高职院校生源的保证，是高职院校生存的依傍与发展的希望，没有特色，高职院校的发展无从谈起。由于校本培训立足于学校的现状与实际，旨在对学校优势专业的张扬与劣势专业的弥补上，以打造学校自己的办学特色，因此校本培训目标的制定和内容的安排完全是以学校长远发展的需求为取舍的依据。由此可以看出，校本培训正是形成学校特色、提高学校持续发展能力的最佳途径。高职学校可以依据自身专业发展的需要，科学规划"双师"培养考核制度制定、培训资金安排及"双师"政策导向。其次，学校安排教师进修的相关计划。学校对于有"双师"意愿的教师，每年按照职教师资培训的各种方式和方法，实施教师轮训，周期为 3~5 年。进修的类型根据受众的不同，分为国家级培训（专业骨干教师理论培训、特聘或兼职教师理论培训等）、省级培训、市级培训、培训基地（校本）培训等。再次，学校为教师联系实践进修的企业和场地。学校根据各专业的性质及教师群体的特点，为教师联系实践教学的场地及实践培训的企业。例如，浙江经济职业技术学院，每年由学校出面联系 5~8 个企业，为教师提供 1~2 个月实践培训机会。最后，教师积极参与指的是通过绩效考核和制度约束，引导教师积极参与到"双师"能力培训中来。

（二）校企合作培养模式

我国职业教育起步较晚，各地区之间职业教育发展不均衡，各职业院校办学水平、办学条件参差不齐。面对职业教育事业的快速发展，面对高职"双师"教师的旺盛需求，仅仅依靠职业技术学院自身及综合性大学的职教师资培训，其教师培养明显力不从心，培养规模无法满足目前高职院校对"双师型"教师的大量需求，进而会出现教师专业实践技能指导能力不强的问题。职教师资培养的方式多种多样，其中开展校企合作，发展校企合作"双师"培养模式是最直接最有效的途径。职教教师只有到社会生产第一线了解情况，积累实训教学技能，改善专业知识和专业技能结构，才能不断地补充和完善自己。学校与企业的结合可以缩短教育与社会、理论与实践的距离，不仅对校内教师的实践能力起到指导和帮助作用，也可以提高企业职工的素质，丰富企业文化，产生了 1+1>2 的效果。目前运用这一模式的学校较多，范围也较广，概括而言，是"教学在学校、实践在企业、教师在流动"的模式。具体来说，即在师资培养机制上，"双师型"教师的理论教学或者其自身的理论培训主要在学校进行，或者依托学校联系的培训基地开展。这类教师的实践教学或者其自身的实践培训直接在企业或者工厂车间进行，教师直接参与到企业生产工作一线中去。同时，对教师岗位制度也实行了一定程度的流通，学校根据专业性质，面向行业企业和生产一线，聘请专业技术人员或者能工巧匠到高等职业院校担任兼职教师，为学生授课，引导本校教师听课学习，提高教师的"双师"素养和能力。企业除提供实习基地、设备、原料外，还应派人员指导学校的专业教学，共同制订"双师型"教师培养方案，共同开发相关课程，共同组织科技生产攻关，共同组织生产性实习。解决高职院校"双师型"教师培养中设备条件有限、指导技术力量有限的矛盾。高职院校教师到合作企业从事生产实践、技术开发、产品设计等工作，能够熟悉企业的生产环节和操作工艺，了解最新的技术信息，并且有机会向经验丰富的相关技术人员请教，开阔理论视野，提高实践能力，促成教师由单一教学型向"双师型"人才转变。利用大中型企业先进设备和真实生产管理环境对高职教师进行有偿培训是一种可以选择的校企合作形式。高职院校还可以利用自身科研技术优势选派教师主持或参与企业生产、建设、管理、服务中的应用技术研究、先进技术推广或科技攻关、技术改造及新产品、新工艺的研发等。根据国家发展职业教育的政策要求，专业教师每两年必须有两个月到企业或生产服务一线实践。只有这种在真实岗位条件下提升教师专业实践能力的培养模式，才能培养出真正意义上的"双师型"教师。过去，我国的职教师资培养模式具有主体学校化的倾向，忽视了职教教师的特征，使得教师的质量达不到现实的要求。我国职教教师教育的培养目标，即"双师型"教师，必须具有对生产现场各种状况进行应对的能力，这些能力只有通过学校（包括开展职业教师教育的一切高等教育机构和职业院校）与企业"双主体"的合作，进行实地锻炼与培养，才能达到"双师型"教师的素质。根据我国职业教育发展的现状和特点，本节认为，应建立以学校与企业为主体、其他机构共同参与的多元共生的"校企合作"的职教师资培养方式。

（三）政府主导培养模式

为了提高"双师"素质，很多院校采取了订单式培养、教师顶岗、教师带领毕业生驻厂实习等措施，但效果并不明显。实际上，"双师"型教师的培养并非仅仅局限在学校和企业两者之间，还牵涉到主管机关和行业组织等。因此，理清培养"双师"素质的思路，积极发挥政府职能部门、行业组织的重要作用，发展政府主导下的高职院校"双师"教师专业技能培养模式显得尤为重要。例如，由教育部和各地教育行政主管部门牵头，联合高职院校和大型企业，共同建立国家级高职师资培训基地，有针对性地开展高职院校师资队伍在"双师"专业技能培养。在建立"双师"素质培养基地的过程中，政府职能部门发挥着指挥和控制的作用，就像"人"的大脑，监管、指挥、协调、引导着这个基地建设的重要程序。因此，建立政府主导的双师型培训基地的第一步是政府主管部门牵线搭桥，制定相关政策和制度。高职院校"双师"教师的培养必须要有制度支撑，制度应该由政府主管部门、行业相关组织、企业和院校共同协商制定。一个良好的制度能够规范各方的权利和义务，协调各方的利益关系，如明确的定义、各方的职责、反馈机制、财政制度、设备投入和使用制度、企业导师制度及教师在企业进修的考核标准等。只有多方参与制定的制度，才能保障制度的有效实施。教育部高等教育司为了加快高职院校"双师型"教师队伍建设，已主导建立了天津、上海等多个全国高职师资基地，旨在提高教师的高等职业教育理论水平、专业基础理论、实践能力与专业技能、现代教育技术应用水平，为中、高等职业教育师资的培训提供一个相对稳定的支撑体系。目前，我国政府主导建设的职业教育师资培养培训基地已经发展到 50 多所高等职业院校和几十家企业实训基地。这些基地拥有相关的实训环境和条件，教师可以得到职业技能的专门培训，这也是"双师"教师专业技能培养的又一个重要途径。由于政府主导下的培训基地能结合高职教育的特色，有针对性地设置培训项目，成为高职院校教师培训的有效途径，双师素质培训效果显著，得到高职院校的高度肯定。

（四）其他模式

1. 中外合作模式

近年来，与行业联系密切的高等职业院校与国外联合办学和教师到国外参加职业培训的将会越来越多，部分发达地区的高等职业院校已率先进行了此类工作。中外合作的"双师"培养模式主要是通过建立中外合作办学的中心或基地，将合作项目的教师送到国外职业教育机构或者国际先进企业进行培训，培训的内容包括语言能力、国外专业实践技能、国外专业理论研究等。一方面，这一模式的培训内容更为丰富，加入了语言和国外知识的部分，对于"双师型"教师的培养也更为全面，但是要求也往往更高。另一方面，国外教育机构也在我国开办学校和职业培训机构，教师不出国也可以接受世界先进技术培训，获得相应职业资格证书，对于培养具有国际意识和国际竞争的人才十分有用。随着科学技术国际交流的不断加深，师资培养的国际合作也在逐步扩大，国际化有利于教师拓宽视野，掌握先进的科学技术和教学理念，扩大培训教师的国际视野，提升专业教师国际化教育理念与教育教学能力，获得跨文化的国际交流合作经验与能力。通过国际合作联合培养，学习国际先进的教育教学理念，提高教学质量与水平，特别是充分利用国外先进的实习设备与条件，提高高等职业院校教师队伍的业务水平与教学能力，培养出一批了解最先进的专业知识和技能，能够适应经济全球化需要的教师队伍。随着经济全球化和信息化时代的到来，国际化高等教育发展迅速，形式日益多样，中外合作办学已日益成为我国高等教育的重要组成部分。在高等教育大众化和国际化的背景下如何确立新的人才观和质量观，如何整合、利用国内外优质教育资源来为我国的高等教育现代化服务，如何构建适应时代发展需要的"双师"教师人才培养模式，是当前我国职业院校需要重点考虑的问题。国外的职业教育虽然没有"双师型"教师这样的名词，但名称不同、内涵一致的词汇是存在的，其共同特点就在于对教师的专业实践经历、专业实践能力及相关执教能力都有严格的要求。各国在发展职业教育的进程中普遍重视教师的基本素质和实践能力。国内高职院校可以利用合作办学这一得天独厚的机会，参考国外的"双师"鉴定制度，借鉴"双师"激励和培训机制，实地考察国外院校的合作企业和教学实习基地，在学习中探讨"双师"

教师专业技能的培养方法，建立一支适合我国国情的高水准的、符合高等职业教育要求的"双师"型教师队伍。

2. 教师自主培养模式

教师自主培养是指高职院校教师在完成教学任务的前提下，根据专业发展要求自主确定职业发展方向、自主设置培训内容、自主选择"双师"素质提升手段。通过教师自主学习考取符合职业发展要求和有利于提升专业教学能力的职业资格证书或技术等级证书是当前高职院校提升"双师"素质行之有效的方法。在高职院校认可的条件下，教师自主联系与专业联系密切的企业进行兼职与社会服务也是该模式的有效形式。该培养模式中教师被赋予高度的自主权，高职院校依据相应绩效标准作为监督与奖励的依据。每一位高职教师都应形成自觉的发展意识和树立正确的生存信念，对自己的生存价值和意义予以认真的思索和规划，要拓展和更新自我教育的内容，从而获得自我持续生长和发展的积极主动性。教师要把专业技能发展的外在要求真正转变为内在自身素质提高的自觉行动。首先，教师要实现专业角色的转型，即从"经师"向"人师"发展，既要有民主意识、科学理性，又不缺乏人性化；从"传道"角色向具有艰苦创业精神、崇尚法制、信守职业伦理、个性充满活力的生命主体转变。其次，要扩充专业角色，即教师在作为知识、技能、文化传承者的同时，还应当成为学生择业、就业、创业的研究者、指导者，将教学与学习、做事与做人、工作与生存、实践与反思、教人与教己高度地统一起来，形成一种专业生活方式。最后，教师要强化专业角色，即增强专业意识、专业精神，信守专业情操，实现专业自律，加强专业修养，实现自我的专业发展和不断创新，努力提高专业实践水平和教育服务的质量。

二、高职院校"双师"教师专业技能培养主要途径

"双师"教师的培养可以通过以下几种途径来培养：一是鼓励教师自主学习，通过考研等继续教育提高学历层次，也可以通过参与职业技能培训等方式提高自身的专业技能水平。二是积极参与生产实践锻炼，对专业教师实行定期岗位轮换制度，通过岗位轮换，熟悉本专业相关的实践岗位，培养教师技术应用能力及专业实践指导能力。三是教师积极参与社会服务，参与企业的技术培训、技术创新、科研攻关，结合学校和企业两种不同的教育环境和教育资源，通过对现有的设备、技术进行改造的研究，促进教师的自我完善和自我发展。

（一）自主学习发展途径

高职院校"双师型"教师的培养既要有良好的外部条件，更应重视教师内因的激发，突出教师的内在价值和需要，发挥教师个体在"双师"化过程中的主观能动性，调动教师自我发展，追求卓越的积极性。尤其应提倡教师自身的反思性学习与研究，因为反思有助于教师把自己的经验升华为理论，有助于教师获得专业自主。没有反思的经验是狭隘的经验，至多只能是肤浅的知识，教师只有善于从经验反思中吸取教益，才能不断改进。师资培训只能教授教师的本体性知识（学科知识）和条件性知识（教育学、心理学、学科教学论等），而"双师型"教师的实践性技能需要教师在专业实践与理论学习中生成与发展。"双师型"教师应结合教学工作和专业实践，学习新理论和新技术，不断完善自己的知识结构，提高专业技能水平，促进专业技术的不断完善。教师的自主学习优点在于能克服以往双师队伍建设培养成本高、周期长的弊端，容易贯彻"缺什么，补什么"的原则，体现工学结合的特点，做到培训与教学及科研紧密结合，避免理论与实践的脱节。专业教师经过长期的自我学习和训练，掌握系统的专业理论和技能，其成果可以直接转化成教师的教育教学能力，尤其能促进实际技能与理论教学双重能力的共同提高。在自主学习模式中，不同的教师有不同的需求。学院应尽量满足这些要求，对需要提高学历的实践课教师，除给予一定的资助外，还应在保证教学的前提下，尽可能给予其时间上的照顾。对需要提高实践能力的理论课教师，要鼓励他们参与实训教学条件的建设、改造和更新，参与到实习教学的整个过程中。通过实践活动，提高技术转化、推广和应用的综合能力。无论是理论课还是实践课教师，都要组织他们开展有关项目的科技研发活动，承担产品设计、工艺革新和技术咨询等工作，提高他们的专业理论水平，培育他们的专业情感，形成技术应用能力、科研能力、工程实践能力与创新能力，促进"双师"素质的形成。此外，还要支持教师参加相关行业的资格证书培训和考试，对取得各类职业资格证书、执业资格证书和职称资格证书的教师在培训考试费用上给予报销。

（二）生产实践训练途径

当前高等职业院校教师普遍缺乏企业实际工作环境的熏陶，缺少企业的实际工作经验，缺少对企业最新技术和工艺的了解。通过生产实践训练，能弥补教师在这些方面的不足。因为生产实践训练加强了教师与企业技能人才的联系，促使教师深入生产第一线以更好地掌握专业技能。因此，生产实践训练是培养"双师型"教师很重要的途径。生产实践训练不仅能提高教师的实践能力，而且能确保教师教育教学水平与日俱增。高等职业教育是高等教育的重要组成部分，理应为区域经济建设、科技发展和社会进步做出自己的贡献。一方面，高等职业教育教师是高等职业院校科技服务的主力军，必须具有在经济建设服务中学会服务并不断提高水平的能力。另一方面，科学技术迅猛发展、日新月异，新技术、新工艺、新材料不断涌现，生产设备和产品不断更新，新技术从发明到应用的时间也越来越短。无论是参加过专业培训的教师，还是从生产一线引进的教师，若长时间囿于校园，限于课堂教学，势必会知识陈旧、实践能力退化，难以适应高等职业教育培养目标和发展的需要。这就要求高等职业教育教师特别是专业课教师要经常参加科研、生产和社会实践，接触实际，继续学习，积累新的经验，不断提高自己解决实际问题的能力。高等职业教育培养的是应用型、实用型人才，因此，指导学生进行实际专业操作和解决实际专业问题，是高等职业教育教师最主要的教学内容。学习操作与学习理论不同，学习操作首先表现为动作模仿，而学生模仿的好坏主要取决于指导教师的操作动作示范。另外，当学生在实际操作中遇到困难时，需要指导教师为其提供参考建议，以便学生自行摸索和创造新的解决方案。教师要想高质量地完成这项工作，必须具备能非常熟练地进行实际操作和指导学生解决问题的能力。要提高"双师"教师的职业能力，要求专任教师定期到企业挂职或顶岗锻炼，如一个职业院校可以联系多家固定企业，每5年安排不少于半年的时间到生产和管理第一线参加实践，学习新知识和新技术；要求指导企业的技术革新，产学研结合，了解相关企业在市场中的实际情况，为企业提供综合分析报告。高职院校经常主动与企业建立联系，确保教师能够经常到企业工作和学习，及时熟悉和掌握企业生产和工艺过程的特点，以及正在发生的变化，不断学习和更新知识。教师通过在企业工作，了解企业生产过程中存在的问题与困难，帮助企业解决这些问题，可以提高教师研究、分析和解决问题的能力，积累丰富的实践经验，提高教学水平。同时，有条件的高等职业院校应敞开大门，利用自身在设备、场地和人员上的优势，建立以生产为主导的校内生产性实习基地，广泛吸收生产、服务、管理一线谙熟专业技能且适合教师岗位的专门人才。这不仅可以充分利用教育资源，缓解人员压力，还可以把生产、服务、管理一线的成功经验引入课堂和实训环节，从而带动高等职业院校教师队伍的发展和建设。

（三）社会服务拓展途径

大学的功能是教学、科研和社会服务，高职院校作为高等教育机构，以直接为社会经济发展服务、为产业部门培养各类劳动力为办学宗旨，与普通高等教育相比，其服务社会的功能更为突出。提倡和强化高职院校教师积极投身于社会服务，对提高高职院校教学质量有着积极而又重要的意义，这也是提高教师专业技能的重要途径。新的历史条件下，高职院校的教师不再是传统的"知识传递者"，也不再是知识权威的代表。他们不仅要有知识和学问，为所有学生提供高质量的教学，更重要的是要有将知识转化为实践技能的经验和能力。高职院校的教师必须保持自主探索精神，具备丰富的专业实践技能，能够迅速且有效地对社会和市场变化做出反应，并有能力转化科研成果，承担企业和社会的课题研究及服务项目。显然，这样的角色转变单靠政策引导、机制转变来实现是远远不够的。应该把树立教师"自我更新"的专业发展意识作为改革发展的关键，这是一种主观的、更为持久的动力，也是教师专业水平发展的标志。高职院校"双师"教师专业技能的成长是内外多种因素相互作用的结果，教师的主动发展是核心和关键，主动提高社会服务能力，应成为教师专业技能发展的"一种日常生活样式"。高职院校教师要有"自我更新"的专业发展意识和自我反思的实践意识，适应不断变化的社会、丰富的职业生涯，自觉保持同行业企业的合作关系，使社会服务成为其职业技能发展的支点之一。实践证明，高职院校教师的社会服务能力是其专业技能水平的外在体现，教师参与社会服务，是提升自身专业技能的重要途径。从当前我国职业院校教师参与社会服务的现状来看，还存在着社会服务意识和动力不强、专业实践能力欠缺、缺乏教师社会服务功能的激励机制等问题，这导致教师通过参与社会服务来提升"双师"专业技能这一途径并不畅通。究其原因，主要有以下几点：

长期以来受传统办学思想的影响，高职院校迄今为止还未能完全适应市场经济体制的要求，社会服务动力机制缺失，组织机构和服务平台建设不够，相应的政策支持与制度配套乏力。因此，造成教师的社会服务意识与能力不强。

娴熟的专业实践技能是高职院校教师开展社会服务的必备条件之一，而这恰恰是当前不少教师所欠缺的。主要是由于高职院校教师来源渠道单一，大都是缺乏工程技术背景的普通高校毕业生或普通高校现任教师，来自企业一线的专业技术人员除数量不足外，水平往往也不高。多数高职院校教师缺乏专业实践经历，对行业职业了解不够，缺乏从业的技能和实操能力。因此，增强教师的社会服务能力，也是培养教师专业实践技能、建设"双师"教师队伍的重要途径。

当前，不论是高职院校内部还是社会，均没有建立有效促进教师充分实现社会服务功能的激励机制。国家在政策上对高职院校师资的资格认证的实践能力没有明确的规定，也没有导向性的激励措施。政策导向的错位，导致大多数高职院校教师的继续教育还是选择"唯学历""唯学科"的"双唯教育"，不注重旨在提高实际操作技能的非学历性的继续教育和培训，从而导致社会服务能力提高的内驱力不够。高职院校要加强教师队伍建设，拓展"双师"教师专业技能培养途径，应当将专业建设与社会服务能力建设紧密结合，创新激励机制和搭建平台，创造教师参与社会服务的机会，以此提升教师专业实践技能。

第四节　高职院校"双师"教师专业技能培养机制

一、高职院校"双师"教师专业技能培养的准入机制

通过对德国、美国等高职教育发达国家师资情况的研究，我们发现，这些国家对高职专业教师的准入普遍有着非常严格的规定，如严格要求老师的专业背景和工作经验。目前，我国高职院校普遍实施"双师"教师资格制度。这些"资格证"的获取标准普遍强调教师的基本素质、突出工作经验，且重视专业知识的积累，对"双师"教师的准入具有一定的参考意义。然而，这种类型的"双师"教师资格证书的获取是一次性的和终身性的，无法动态考查教师的专业技能，存在很大的弊端。同时，"双师"教师的素质要求使得高职院校"双师"教师来源呈多样化趋势，除高等师范院校、综合大学和非师范院校培养的各类高校毕业生以外，相关行业企业的从业人员和专家型人才也占有相当比例，这一现实情况也使单一的"双师"教师资格制度不具有针对性和广泛的适用性。通过"双师"教师资格认证的申请者只能说具备了"双师"教师的基本条件，而无法保证其具备过硬的专业技能。因此，我们需要建立并健全"双师"教师的准入制度，这有助于高效地筛除不具有"双师"教师专业技能培养条件的应聘者，在众多满足基本条件的申请者中优中选精，提升"双师"教师队伍建设的起点。

（一）专业人才聘用制度

1. 专业应届毕业生的聘用制度

普通高等学校的毕业生是供应高职院校教师的主力军。据统计，在我国高职院校教师构成中，高等学校的毕业生已达专任教师总数的50%以上。在5~10年内，他们必将成为高职教师队伍中的中坚力量。这批教师专业知识丰富、计算机应用能力较强、外语水平较高，能很快掌握适应现代化的教学手段；但教学基本功不够扎实，且缺乏专业实践能力和行业素养。在聘用应届毕业生时可着重考虑以下条件：

（1）思想状态。教师是一个相对特殊的行业。"十年树木，百年树人"，教师的思想状态将直接影响到其培养的学生的政治思想水平。"双师"教师作为高职院校教师队伍的中坚力量，更需要具有高尚的理想，如热爱教育事业、为人师表、有很强的责任心和耐心，这些也是"双师"教师专业技能培养的前提条件。因此，我们需要多侧面地考查应聘者的政治觉悟、职业道德和职业规划，确保其真正有意向从事教育工作，有决心成为"双师"教师。

（2）专业知识。目前，许多高职院校教师的专业技能与"双师"教师的要求存在

很大的差异，其中有一部分原因就在于某些受聘教师简历中的教育背景与所应聘岗位的专业要求不一致。因此，对于应聘专业教师岗位的高校毕业生，我们应严格将专业对口作为"双师"教师专业技能培养的准入条件之一。对于本科生而言，本科专业必须与应聘"双师"教师将承担的专业一致，且已修相关的专业课程。对于研究生而言，研究方向必须与应聘"双师"教师将承担的专业方向一致，且已修相关的专业课程。

（3）职业素养。高校毕业生刚走出校门，普遍还不完全具备胜任"双师"教师岗位要求的能力，但我们可以通过考查其是否具备"双师"教师要求的职业素养，来了解应聘者是否具备胜任"双师"教师岗位的潜力。一方面可通过霍兰德职业兴趣测试，了解应聘者的个性禀赋是否适合从事高职教育工作；另一方面可以通过试讲，了解应聘者是否熟悉高等职业教育规律、掌握基本教学手段和教学方法及是否能承担基本的教学业务。

（4）岗前培训合格。新教师在上岗前必须参加由教育主管部门统一组织的高等院校教师岗前培训，并且获得合格证。

2. 专业从业人员的兼职/聘任制度

相对于高校毕业生，专业从业人员有着丰富的实践经验，他们善于理论联系实际、能直接主持实训教学工作，能够有效提高学生的实际操作能力。聘请一定数量的专业从业人员到高职院校任教，是"双师"教师队伍建设最简捷、最有效的办法，也是"双师"教师专业技能培养的重要举措。因此，近年来各高职院校纷纷积极聘请专业从业人员。但是，目前各高职院校对这类教师没有全面的考核评审，往往只考查其实践能力，而对其教育教学能力把关不严或是不予重视。另外，专业从业人员多为兼职教师，聘任方式过于灵活，不受固定编制约束；而且其本身薪酬待遇高，不脱离原工作单位，在没有具体的管理规范约束下，多数对教学工作重视不够，时间和精力有限，因此，教育教学质量难以得到保证。因此，在选聘上，应该强调兼职教师的专业技能。通过深化人事制度改革，严格执行专业从业人员兼职/聘任制度，优选一批数量适中、结构合理、教学效果好的高素质兼职教师，充实到高职院校"双师"教师队伍中来。可以考虑从以下几类人员中择优选聘：

（1）企业生产一线工作人员。企业生产一线的工作人员有丰富的实践经验和一定的理论基础，他们参与专业教学，能够提高学生理论联系实际的能力。但是，并不是所有生产一线的工作人员都能完成专业教学任务，他们中有许多人教育理论、教学经验严重不足，对培养对象和教材缺乏了解。因此，满足以下条件的人员才能聘用为"双师"教师：

企业生产一线的工作人员需要有与应聘岗位专业对口的工作经验。

应聘的动机和从教的态度端正。

教学质量和任教能力考核合格、获得执教资格。

（2）企业培训人员和在职教师的聘任。企业培训人员和在职教师专业基础较扎实，从事多年教学、培训工作，教学技能较熟练，工作敬业，但是相较于生产一线工人，其实践经验和实践技能还很不足，需要严格遵循准入制度，以确保他们能满足"双师"教师专业技能要求：首先，需要有专业对口的生产一线岗位半年以上的工作经验。例如，企业培训人员中有些是从生产一线转岗的，有些是入职后先在生产一线进行过轮岗，有些在职教师已经有顶岗实习的经验，这样就能满足要求。其次，要对其应聘的动机和教学水平进行考查。

3.专家型人才的聘请制度

国外高职院校会聘请一些有能力、有水平的学术科研大师，或者是一些著名企业的一线管理人员给学生授课，这将提升整体的高度并带给学生不一样的感受。他们能够在授课时获得事半功倍的效果，花费时间少、授课效果好、学生反映良好。近年来，部分高职院校也纷纷仿效这种做法，从社会引进或聘用高学历、高素质、实践经验丰富的专家或能工巧匠，这批教师大多有一技之长，但缺乏必要、系统的师范训练，其教学态度、教学艺术、教学方法等还比较欠缺。因此，聘请专家型人才充实"双师"教师队伍也需符合以下条件：

（1）聘请者的专业背景必须与"双师"教师所需的专业技能对口。

（2）聘请者需要有较高的精神风貌和职业素养。

（3）聘请者需要通过教学质量和任教能力的考核。

（4）聘请者需要能预留固定时间，能定期开展教学工作。

（二）专业技能测评制度

高职院校"双师"教师素质要想快速地提升，必须明确符合本学院特色的"双师"教师专业技能标准和目标，如第二章所述，要建立"双师"教师专业技能标准体系。根据"双师"教师专业技能标准体系引入专业技能测评机制，是"双师"教师准入制度发展的必然要求。专业技能测评包括三个方面，具体测评内容如下：

1.专业实践知识

（1）教师职业实践知识

具备实验、实习、实训教学活动中所需的专业实践知识。具备制订课程标准、授课计划及开展教学设计与实施教学等所需的专业实践知识。具有行业发展分析和职业分析的实践知识。

（2）行业实践知识

了解本专业相关的行业企业标准、技术规范、岗位技能要求。具有从事专业岗位工作的质量、安全、保密等实践知识。具有参与行业企业标准、技术规范、岗位技能要求等技术文件编制的实践知识。具有参与项目开发、实施与技术革新的实践知识。

2. 专业实践能力

（1）教师职业实践能力

1）熟练使用专业仪器、仪表、工具、设备、相关专业软件等。

2）独立操作和完成实验、实习、实训等实践项目。

3）了解专业相关的新技术、新技能、新工艺，能在专业实践教学中讲授相关新技术、新技能、新工艺。

4）独立承担课程标准等教学文件的编写，能制订实验、实习、实训等实践项目方案。

5）承担专业技能考证、省级或国家级专业技能竞赛的培训任务。

6）制定专业建设标准、专业教学标准等教学文件。

（2）行业实践能力

1）在专业人员指导下能按要求完成生产、服务一线操作层面的主要工作。

2）在专业人员指导下能参与项目开发、实施与技术革新工作。

3）独立按要求完成生产、服务一线操作层面的主要工作。

4）参与行业企业标准、技术规范、岗位技能要求等技术文件编制能参与项目开发、实施与技术革新工作。

3. 专业实践素养

（1）现场管理素养

1）按要求进行工、量具的放置和归位，工作台面保持清洁，及时清扫废料杂物等，符合现场管理要求。

2）组织生产、实践教学现场管理星级评价。

（2）安全素养

1）遵守操作规程、安全操作守则，保证专业实践活动安全有序。

2）具备诸如火灾、化学品伤害等紧急情况下的应急处理能力。

3）及时发现专业实践活动中存在的安全隐患，纠正违反安全守则的操作行为，针对安全隐患采取必要的防护措施。

4）制定相关操作规程、安全操作守则和安全生产应急预案。

（3）质量素养

1）按照质量管理要求，控制产品质量和生产过程质量。

2）承担质量管理体系建设。

（4）保密素养

1）在工作中具有基本的保密常识，主动查找、学习保密法规制度。

2）具有较强的保密风险防患意识，遵守岗位保密规定。

3）分析和发现工作中的保密漏洞。

4）组织保密法规、措施的制定。

（5）成本意识

1）合理规划材料使用额度。

2）降低操作失误率和设备故障率。

3）制定成本控制策略。作为"双师"教师准入条件之一，"双师"教师在应聘时都需要进行专业技能测评，以确保其具有一定的专业技能基础，从而确保"双师"教师专业技能培养的顺利实施。专业技能测评是高职院校招聘专业教师，特别是"双师"教师的重要考核手段，因此要严格执行，只有应聘者通过专业技能测评且成绩合格后，方能聘用。

二、高职院校"双师"教师专业技能培养的约束机制

规范的聘用制度和岗前测评，确保了高职院校"双师"教师专业技能培养的严格准入。然而，要实现"双师"教师专业技能的可持续发展，还需要合理的约束机制。我国对高职"双师"教师的培养仍缺乏整体规划，没有形成规范化的培养制度。鉴于我国的"双师"师资培训"项目"多，整体性和系统性不强，加强培养制度建设应放在最重要的位置。德国的职业教育教师专业化程度高的原因之一就在于其以法律、政策等方式规定了职教教师的培训制度，对高职教师参加的培养培训的持续性和系统性做了严格的要求。我们可以借鉴这样的培训制度，同时，要实行绩效考核制度，给教师带来竞争压力，营造公平竞争环境，合理设置聘期，只有通过综合考评的合格者才能续聘；另外，要建立教师退出制，激发教师的责任感，最大限度地实现"双师"教师的发展。

（一）培训制度

目前，我国专门化、特色化的"双师"教师专业技能的培养机制尚未建立起来，缺乏规范合理的师资培养计划。而这一培养机制的缺失已经严重阻碍了高职专业教师的专业化进程，使"双师"教师的培养缺乏最有效的渠道。尽管目前出台的各高职院校关于加强"双师"教师专业技能培养的制度不少，但由于各方面原因，高职院校教师进行培训的时间还很不够，特别是与专业技能紧密相关的下厂实践，很少有脱产半年以上的，教师下厂只是为了完成工作量，短短两个月的一线工作，只能是走马观花，根本无法保证学习到最新的生产技术和管理经验。因此，各高职院校应切实落实"双师"教师基层实践锻炼制度，通过积极参与企业实践、培训或应用研究等活动和方式，及时了解、掌握与理论教学相关的实践知识和技能并传授给学生，真正成为符合高职教育特点和要求的"双师"教师。为进一步完善高职院校"双师"教师师资队伍建设，政府需要尽快出台一系列与"双师"教师培养培训制度相配套的政策，从宏观上体现对职教师资队伍建设的支持。政府立法，从制度上推动高职教育与企业的联系与合作。

政府可提供完善的法律保障，指导建立高职院校与企事业单位合作进行人才培养的机制，建立根据企事业单位用人"订单"进行教育与培训的新模式。采取实际措施，如减免相关税收，鼓励其提供师资、设备、场地联合组织教学、实习；同时应给予各高职院校更多的自主权，实行灵活的学籍管理和教学管理制度，逐步实施高职教育由学校模式为主向企业培训模式为主的方向过渡；提倡产学研结合，鼓励高职院校通过合作开发、科研成果转让，扩大与企业的合作领域，由政府对校企合作项目给予政策支持。在明确了"双师"教师专业技能标准后，我们确定了"双师"教师专业技能培养的总体目标，充分认识到准"双师"教师与"双师"教师标准的差距，从而制订出每位教师都能从中找到"成长点"的师资队伍培养建设规划，用规划指导青年教师的专业自我发展意识，用制度保证青年教师培养工作落到实处。

1. 培训方案的制订

第一，需要确定培养对象。在鼓励所有教师下厂锻炼的同时，要遴选态度认真、专业基础扎实、动手能力强、对企业相对熟悉的教师优先下厂进行专业技能培养。第二，要确定培养的目标，并据此制定工作任务。培养目标要细化，要具体针对"双师"教师专业技能的每项要求，针对学校专业建设和课程建设的某个项目，针对学生培养方案的某个方面素养。可以通过"教师现有水平—双师教师标准"的对照模式，确定培训的具体目标要求。同时，根据培养目标，要明确参与培训的教师的具体任务，包括专业实践知识、专业实践能力和专业实践素养的提升要求，以及专业建设、实训室建设和课程开发的任务等。通过带任务下厂，参与锻炼岗位实操工作，融入企业的文化中，使教师能够更紧密地结合生产、经营、服务、管理等实践活动来完善自身的知识结构。教师将社会需求反馈给学校，引领其他教师更好地了解企业，参与企业实践活动，实现社会、学校和教师之间的良性互动。第三，要确定培养内容和培训时间。培训的内容若不具体，会导致带培的单位或师傅没有重点，也使参与培训的教师无所适从。采用短期下企业锻炼的方式只能使一部分教师有下企业的经历，而大部分教师的实际动手能力并没多大提高；通过所谓"双师"培训班出来的速成型"双师"教师实际应用价值不大。因此，培训的时间必须要有保障。第四，要明确培训的考核办法和培训纪律。"双师"教师专业技能培训大多采用校企合作的方式进行，国家、学校和企业都投入了大量的财力、物力和人力资源，如果仅仅只是到企业走马观花，是根本无法体会到"双师"教师专业技能的实质和内涵的，也无法得到实质上的提高。因此，在制订培养方案时，就需要明确培训的考核办法，声明培训纪律，确保参与培训的教师积极认真地投入培训，以完成培训的目标。

2. 培训过程管理

教师在参与"双师"教师专业技能培训期间，人事关系还是保留在聘用的学校。其工资、津贴按各系（院）标准发放，另由系（院）根据锻炼期间的工作内容给予适当补贴，并报学院人事处备案。学校人事处需要对参与"双师"教师专业技能培训的教师进行管理。同时，受委托开展培训的单位也需要对其进行管理。因此，培训过程管理是"校企"双重管理模式，具体体现在以下三个方面：

考勤。培训过程中，学校人事部门和企业人事部门同时对参与培训的教师进行考勤，确保参与培训的教师在岗。另外，系（院）成立督查考核工作小组，每月至少下企业考核一次，对下企业教师实践情况进行检查，并及时做好相关书面检查记录，交给人事处备案。高职学院不定期对下企业锻炼教师进行检查，如抽查发现在工作日期间有缺岗情况，教师本人必须向学校提供书面解释材料。在督查考核过程中，若发现下企业锻炼教师无故缺岗，扣除校内津贴，甚至同时给予行政处分。

学习日志。参与培训的教师应定期向学校人事部门提交学习日志或周志（具体由培养方案规定）。培训机构考核鉴定。由于企业是参与培训教师的主要活动场所，因此，企业的人事部门对其培训情况进行把握，能否在教学中不断推进教学改革、完善教学方案、积极开发校本教材，切实加强实践教学环节，提高关键能力与操作技能。我们要依托督导组开展教学督导，发挥评价考核的导向作用，做好专业技能教学的监控和评价工作。

3. 专业建设业绩考评

普通教师只需要完成院系下发的额定教学任务，而"双师"教师专业技能标准体系对"双师"教师提出了更高的要求。"双师"教师需要能独立承担课程标准等教学文件的编写，并且能制定专业建设标准、专业教学标准等教学文件。因此，对"双师"教师专业技能考核，也需要将参与专业建设的情况纳入其中。"双师"教师必须每学期完成一定量的专业建设任务，包括培养方案的制订、精品课程的建设、实训项目的拓展、校本教材的开发等，同时，也要对其完成的质量进行评价。

4. 专业课程学生评价

教师的首要任务是教学，优化课程教学也是"双师"教师专业技能培养的出发点和落脚点。我们应该摒弃传统的"督导说了算"的课程评价手段，引入学生参与评价的机制。对于专业课程教学的效果，学生有相当大的发言权。而对于"双师"教师的专业技能水平，学生的专业技能获取状况也能够做出较为直观的反馈。因此，将专业课程学生评价纳入绩效考核体系之中，可以充实"双师"教师专业技能的评价体系。

（三）导师责任制

师承效应是一种非常有效的教师培养方式。刚入职的教师，特别是高校毕业生要想迅速成长为"双师"教师，仅仅通过培训和绩效考核对其进行约束是远远不够的。在其从学生、工人和管理人员到"双师"教师的角色转变过程中，老教师传、帮、带的作用不可低估。俗话说"名师出高徒"，我们需要对准"双师"教师的导师精心挑选，并且要求导师对其指导的准"双师"教师专业技能的培养负责，以确保其成长为合格的"双师"教师。

1. 双师工作室

高职院校教师整体专业性缺乏问题也已经上升为一个非常重要的问题。为加快培养"双师"教学能手，提升"双师"教师的专业技能，可以成立"双师"工作室。优选专业技能水平突出的"大师"主持"双师"工作室的工作，通过定期组织相关的活动，包括培训经验分享、听课评课、实操技能比赛等，使加入工作室的"双师"教师专业技能得到培养，帮助"双师"教师提升综合素质。

2. 双导师制度

除了建立"双师"工作室，建立和完善双导师制是"双师"教师培养的又一途径。一是校内导师。学院应选择职业道德素质高、专业技能过硬、有责任心的中老年教师担任刚入职教师的教学导师，由院系会同导师和青年教师共同制订培养计划，提出明确的专业方向和教学任务，并在计划实施过程中帮助他们解决困难、创造条件、逐步提高其教学能力，实行"以老带新、以优带新"制度化。二是企业导师。校企合作是培养高职院校"双师"教师专业技能的良好手段，准"双师"教师到企业参加专业技能培训，是成为"双师"教师的有力举措，但怎样才能使教师沉下心刻苦钻研，融入并认同企业文化？导师的引导、与企业深度的合作、选聘优秀企业导师指导教师，是提高其业务理论水平和业务技能的关键。

三、高职院校"双师"教师专业技能培养的激励机制

培养"双师"教师除了靠常规制度约束外，还应该建立激励机制，使"双师"教师成为高职院校所有教师认同和追求的目标。激励机制用于高职院校教师管理时，就是将学校目标与教师的需要结合起来，引导教师形成正确的价值观和行为方式，用各种有效的方法去调动教师专业成长的积极性。

（一）优化成长环境

"双师"教师的成长是一个文化生态过程，"双师"教师的信念产生和教育实践与其所处的环境息息相关。通过环境氛围进行情感激励，对促进高职院校"双师"教师专业技能培养具有重要意义。根据教师职业化要求，构建以人为本、公平合理、科学有效的激励机制以促进高职院校教师积极性、主动性、创造性的最佳发挥，搭建有利于教师能力和才华发挥的平台，积极营造尊重知识、尊重人才、尊重劳动、尊重学术成果的良好环境，有利于"双师"教师队伍建设的制度化、科学化、规范化，是建立一支高素质、高技能的"双师"教师队伍的必要条件。高职院校应积极引导"双师"教师专业技能的发展，使教师掌握任教学科的知识，了解国内外相关学科的先进技术

理论和学术前沿动态。鼓励教师深入社会，熟悉企业和市场实际运作流程，形成较强的专业实践能力和丰富的实际经验。激励教师学习科研的基本知识和方法，提高科研水平和能力。允许不同学科、不同学术思想相互争鸣，鼓励学术文化交流，形成在教学与学术上自由平等的讨论风气。除高职院校自身努力外，各级教育行政部门应制定相关政策着力改善"双师"教师培养的外部环境。尽快制定加强高职院校"双师"教师定期培训制度和青年教师学历提高制度，指导和推动"双师"教师专业技能培养工作。在未来《职教法》的修订中，应规定企业工程技术人员和高职院校教师要定期交流或交叉任职，引导教师主动参与企业的技术改造和技术开发工作，使相关成果转化为实际应用和现实的生产力。政府要向院校投入资金，建设好校内"双师"教师培训基地，为教师提供专业实践平台，增加实践锻炼的机会。此外，还要委托若干有条件的国家重点工科大学建设一批高职"双师"教师培训基地，省、市也应建设自己的培训基地，以满足专业技能培养的实践与实习需求；并建立利益激励机制，使企业提供"公共产品"时有利可图，使企业与职业教育有机结合。例如，凡投资高职院校建设、实行校企结合的企业，特别是提供"双师"教师专业技能的实习基地，政府在信贷、税收等方面给予优惠，以弥补教师在实习期间可能给企业带来的不利影响。总之，政府要在宏观政策层面进行适当的干预，促进校企合作常态机制的建立，对专业教师到企业进行实践和锻炼提供支持与帮助，形成促进"双师"教师成长的外部环境。

（二）改革职称评定

目前我国高职院校教师大多要与普通高校教师一起经历同样的职称评审，遵循同样的职称系列、参照同样的评审标准，并不加以区别。现行高教职称评定工作中论文、课题等成果因容易量化，在职称评审指标中所占分量较重，而教师的专业实践、技术应用能力等因无法量化、指标化，职称评审指标中描述相对模糊，使教师更青睐于完成论文、著作、科研等硬指标，而忽略了对自身实践能力的培养。这使符合高职院校专业教师特点、符合职业教育专业教师岗位需要的教师，在晋升职称时处于不利地位，也使高职院校专业教师为求业务发展，被迫按照普通大学教师的业务发展方向去努力，这是不科学，也是不合理的。因此，对高职院校教师的职称评审制度加以改革已势在必行。

2010年7月颁布的《国家中长期教育改革和发展规纲要》中明确要求，要完善符合职业教育特点的教师资格标准和专业技术职务（职称）评聘办法。这正是国家针对职业教育发展形势，改革创新高职院校教师职称评审机制体制的重要举措。我们认为应根据高职教师的实际工作情况建立有高职特色的职称评审制度，评审标准除教学能力、科研能力外，还要向应用技术、实际操作能力等方面倾斜。例如，将"参与企业实践"作为一项硬性条件，在"业绩成果条件"中弱化"论文""著作"等因素，而新增"新产品、新技术、新工艺的研究、设计、改良、生产、推广"等有关条件，对于专业技能水平良好的教师，在职称评定方面给予一定的倾斜，通过职称评审引导专业教师队伍整体健康转型，促进"双师"教师队伍的发展壮大。为激励广大"双师"教师优先发展专业技能，提高"双师"教师专业技能培养的效果，我们应改革传统的职称评定制度。高职院校教师职称评审必须与高职教育教学特点结合起来，评审条件要体现高职教育特色，突出实践能力，不宜过分强调发表论文的数量和刊物等级的高低，而应重视实际操作能力和实际应用研究能力。专业理论课教师和专业技术课教师则不能再单纯以"发表了多少论文""出了多少专著"作为考核教师教学能力和科研水平的标准。因为"双师"教师的工作要求在于专业理论的深度和广度，而主要在于技术应用和实践教学能力的丰富与完善。在目前外部条件尚未健全的情况下，院校在职称评定上可以先实行内部政策，给予"双师"教师大力支持和明显倾斜。

（三）提高福利待遇

目前，高职院校教师待遇普遍较低。"双师"教师是高职院校教师队伍的中坚力量，是高职院校改革发展的中流砥柱，然而，就"双师"教师福利待遇的现状而言，还远远不能体现对"双师"教师的重视，对"双师"教师专业技能的培养无法起到促进作用，甚至还打消了"双师"教师提升自身素质的积极性。岗位津贴制度并不能够完全体现出效率的分配职能。因此，各级政府教育部门和高职院校应着力提高"双师"教师的福利待遇，以解除他们的后顾之忧，激励"双师"教师全身心地投入到专业技能培养中。首先，完善教师薪酬制度。一方面，提高高职院校教师的工资津贴在国家转向教育拨款中的比例，提高高职院校"双师"教师的工资起点；另一方面，实行具有专业特色的"双师"教师工资制，提高高职院校"双师"教师的工资收入，使其达到国民经济行业中的较高水平。为给"双师"教师参加专业技能培训提供动力，使其主动下企业锻炼，调动参加培训的积极性，应建立优秀教师带薪培训制度，从制度上保证"双师"教师专业技能培训的可行性。在企业轮岗或在培训基地参加培训的教师基本工资应正常发放。另外，还要根据"双师"教师下厂或培训的任务及其完成情况给予绩效奖励，使教师下企业时的个人收入不低于在职收入，只有这样才能最大限度地调动广大"双师"教师进行专业技能培训的积极性。其次，对"双师"教师工作室负责人和"双师"教师导师要实行学术休假，给予特殊津贴；对从企业引进的专业技术人员充实到"双师"教师队伍者，应在政策上给予大力支持，提高其福利待遇，以确保留住对"双师"教师专业技能培养具有重要引导作用的核心人才。最后，各高等职业院校也可以尝试设立"双师"教师培养专项基金。基金用以支持"双师"教师参加专业技能培训、进修，鼓励教师考取职业技能资格证书，奖励优秀骨干"双师"教师，从而保障"双师"专业师资队伍建设工作顺利开展，避免高职院校以资金紧张为由拖沓"双师"教师培养培训工作。此外，在劳动、人事、住房、医疗、退休制度等方面的改革，也要为高职院校"双师"教师创造更多的机会和条件，从根本上改善高职院校"双师"教师的生活、工作条件，使高职院校"双师"教师职业真正成为受人尊敬和羡慕的职业。

（四）重视引进人才

目前，高职院校教师的主要来源是普通高校相应专业的应届毕业生，从企业引进的具有较强专业实践能力和丰富实际工作经验的专业从业人员则比较少，特别是专家型人才就更少了。因为这些懂理论又懂生产实践的企业精英在企业的收入水平普遍高，高职院校的教师的收入对他们没有吸引力，很难吸收他们加入高职院校的教师队伍。同时，因为岗位津贴等待遇的原因，高职院校教师也更愿意从事课堂理论教学，所以从学校到学校的理论型教师多，而专业实践指导教师的数量不足。因此，既具有扎实的专业理论知识，又能掌握生产一线的新技术、新工艺、新方法，具有较强专业实践能力的"双师"教师还非常不足。据调查，高等职业技术院校71.6%的教师是从学校毕业后直接上讲台，有的学校甚至高达85%。大多数教师的实践工作年限偏低，尤其是青年教师大多缺乏专业实践经验和必需的专业技能，有实际工作经验和技能的骨干"双师"匮乏。这已严重影响了高职院校"双师"教师专业技能的提高，制约了高职院校的可持续发展。为改变这一现状，我们在加强对现有"双师"教师培养的基础上，应拓宽"双师"教师的来源渠道，打破现有师资来源仅以高校毕业生为主的传统观念，改革招聘制度。高职院校除了聘用高校应届毕业生，还应该多管齐下、多措并举来聘任一批企业专业人才和能工巧匠和一些具有行业影响力的专家，充实到"双师"教师队伍中来，尤其是由于各方面原因无法正式引进的可以作为兼职教师或外聘教师。这类专业技能人才的引进，能极大地提升"双师"教师的专业技能，使高职院校专业建设与产业发展不脱节，高职院校的毕业生能很快胜任职业岗位要求。首先，可以弥补学校"双师"教师的不足；其次，可以缓解专业转换过程中新专业教师短缺的矛盾，可解燃眉之急，并迅速适应专业设置的变动；再次，可以使产业界技术革新的最新信息、最新技术及时传到学校课堂上来，使学校及时掌握经济发展的动态，加强校际间及其与社会的联系；最后，有利于节约开支，减少重复培养的成本。然而，由于各方面的原因，现在从生产企业引进教师在人事政策上还依然属于"逆向流动"，是严格控制的，高职院校要想吸引这类具有很强专业技能的人才，就必须要求在政策上给予适当倾斜。政府出台相应政策，鼓励并吸引社会各行各业中的优秀人才到高职院校任教或兼职，充实教师队伍。首先，政府人事、劳动保障部门要积极为高职院校招聘人才提供服务，允许高职院校不受编制限制，以聘用制形式，通过竞争上岗、择优聘用、合同管理的方式，面向社会公开招聘具有丰富实践经验的专业技术人员、技师或高级技师担任专业教师或实习指导教师。从社会上引进工程技术人员或能工巧匠到高职院校任教，教育行政部门要在学历和教师资格上放宽条件。由学校自主管理的上述人员，享受合同规定的相关待遇。其次，对特别引进的"双师"教师，其职称评定应有单独的标准，并逐步设立单独的评审机构，采取相应的评审办法，充分体现"双师"教师重视专业技能的特点，使之逐步纳入法制规范化管理。这样，能解除他们职称无法保障的担忧，激励他们积极带动"双师"教师队伍专业技能的培养。为了保证这类引进人才快速成为合格的"双师"教师，高职学院要对外聘教师进行教师资格认证，给新上岗的外聘教师配备指导教师，使他们尽快适应教学，使其具备职业教师的各种素质和能力，并注意发挥他们实践教学能力强的优势，鼓励他们淡化身份、强化能力，成长为"双师"教师的骨干力量。

（五）优先发展政策

基于"双师"教师的培养对于高职院校发展的重要意义，一开始我们就对其准入进行了严格的把关，同时，我们也制定了一系列约束措施，以确保"双师"教师专业技能培养的顺利实施。为了更好地保证"双师"教师的可持续发展，我们提出针对"双师"教师的优先发展政策。一方面，这是与"双师"教师在高职院校教师队伍中特殊地位相符合的；另一方面，这也是激励"双师"教师专业技能培养的客观要求。对"双师"教师优先发展的激励政策主要体现在三个方面：首先，选拔专业带头人和骨干教师时优先考虑"双师"教师。在高职院校中，不同于行政岗位，专业教师岗位提升目标主要是专业带头人和骨干教师。一方面，专业带头人和骨干教师能够获得更大的自主权和决策权，他们能参与专业建设管理和教学改革，对专业的发展建言献策；另一方面，对于课程安排、科研项目申请和课程开发，他们享有一定的优先权。其次，优先"双师"教师参与各项有利于其自身发展，特别是专业技能提升的活动。院校应每年为"双师"教师提供"学术假"，有计划地分期分批安排他们外出甚至出国学习考察，接受最先进的教育理念和最前沿的发展信息，然后通过做报告、办讲座等形式进行宣传与推广。同时，还应安排各专业的"双师"教师积极参与全国性的学术研讨活动，定期为"双师"教师提供到兄弟院校或国内外协作学校访问交流的机会，做到学术交流经常化。最后，设立"双师"教师优先发展专项基金，支持教师参与专业技能培训。目前，高职院校普遍办学经费不足，用于教师培训和锻炼方面的经费就更少。在优先发展政策的指导下，学校应设立"双师"培训专项基金，专款专用于"双师"教师的培训工作，如提升教师学历、教师专业技能培训、考试，定期邀请专家、学者、企业家和技术能手来校做学术讲座、技术指导和演示等。为保障高职院校"双师"教师专业技能培养有条不紊地向前推进，除了从外部政策上进行激励，更要进行内化引导。我们需要着力提倡和鼓励"双师"教师结合本专业的发展规划和自身实际情况制订长远的个人职业发展规划，只要集体利益和个人目标相一致，就能通过充分挖掘教师内在的潜力和激发他们的内驱力，促使"双师"教师迅速提升专业技能，实现从新教师向骨干教师、专家型教师，到学科带头人的转变，达成高职教师自己的职业理想。

第五节　高职院校"双师型"教师专业素质提升策略

通过前文的调查研究和原因分析，笔者认为，要想切实提升我国高职院校"双师型"教师专业素质，就一定要从当前阻碍其专业素质提升的壁垒入手，一旦消除了这些壁垒，教师专业素质自然就会得到全面发展。因此，在综合研究与思考的基础上，现提出促进我国高职院校"双师型"教师专业素质提升的若干对策，希望为政府相关部门和高职院校提供帮助。

一、构建符合高等职业教育特点的"双师型"教师专业标准

21 世纪以来，提高高职院校教师质量、促进其专业发展成为我国高等职业教育改革发展的焦点。提高高职教师的专业地位，促进其专业发展，构建高职教师专业标准是重要前提和路径。我国在 2010 年颁布的《国家中长期教育改革和发展规划纲要（2010—2020）》中明确提出，要"完善符合职业教育特点的教师专业标准"。2013 年 9 月教育部印发的《中等职业学校教师专业标准（试行）》中将中等职业学校教师专业素质分为专业理念与师德、专业知识、专业能力 3 个维度及 15 个领域。

但我国现有的一些教育法律法规，如《中华人民共和国教育法》《中华人民共和国职业教育法》《中华人民共和国高等教育法》《教师资格条例》，都不同程度地存在一些高等职业教育教师的"规范空当"，制约了高等职业教育教师质量的提高。因此，亟须建立国家层面的高职院校教师专业标准，实行更加适合高职教育发展的教师能力标准，培养更多优质师资，为高职教育的健康发展保驾护航。高职院校教师专业标准的意义在于它是选拔高职教师的依据，是培训高职教师的指南，是评价高职教师的标准，是引领高职教师自身发展的导向，还是提高整个高职教师队伍素质和水平的依据。

教育部在 2012 年年末发布了《高等职业学校专业教学标准（试行）》，这部文件可以为高职院校教师专业标准的顺利出台提供借鉴与参考。它对 18 个大类的 410 个专业在专业代码、专业名称、学制与学历、招生对象、课程体系与核心课程、培养目标与规格、就业面向、职业证书、专业办学基本条件和教学建议、继续专业学习深造建议十个方面提出了具体的教学标准要求。而且，要求十分具体，如规定空乘专业的学生要掌握反恐技能、铁道相关专业的学生毕业前须行车 1000 公里。

根据我们的调查，对于"您认为国家应该构建符合高等职业教育特点的'双师型'

教师专业标准吗"问题的作答，79.67% 的"双师型"教师选择了肯定性回答。

（一）高职"双师型"教师专业标准构建理念

高等职业教育"双师型"教师专业标准是根据高等职业教育"双师型"教师的"职业特性"，经"利益相关者"方面的协商而达成一致，经实践验证有效而得以推广的标准。制定高等职业教育"双师型"教师专业标准之前应对高职教师活动领域重复出现的"活动名称""活动目标""活动内容""活动方法""活动程序""活动质量"，以及实现以上活动所必须具有的知识、技能、态度要求等方面内容做出"综合性判断"与"规定"，并作为共同遵守的基本准则和依据。也有研究者认为，强调优质教学、关注"双师型"教师的专业发展、达成"促进学生发展"的理念是构建"双师型"教师素质的核心理念。而"双师型"教师专业标准内容架构应包括专业伦理、专业信念、专业知识、专业能力和专业实践。

为开发层级分明、操作性强的高职院校"双师型"教师专业标准，以便为"双师型"教师的专业发展、培养、培训、在职进修等工作提供依据，我们认为高职教育"双师型"教师专业标准的构建应着力突出三种理念。

1. 体现终身学习的理念，促进"双师型"教师专业成长

高职院校"双师型"教师专业素质提升是一个持续终身的过程。遵循"以人为本"的社会发展理念，让教育中的"人"成为建构高职教师专业素质的逻辑起点和精神核心，成为制订高职教师专业素质框架的基本理念，促进教师终身专业成长。从本质上来说，人是一种理想性、超越性、创造性的存在，人永远是一种未完成的存在。德国哲学家、人类学家兰德曼在谈到人的非特定化时指出："不仅是猿猴，而且一般的动物，在一般构造方面也比人更多地被特定化了。……这种特定化的效果和范围也是动物的本能，它规定了动物的各种形势下的行为。然而，人的器官没有片面地为了某种行为被定向。从远古就未被特定化，所以人在本能上也是匮乏的：自然没有对人规定他应做什么或不应做什么。"

高职院校"双师型"教师为了更好地完成教学任务，就要不断地了解整个社会的变化、捕捉社会发展的新动向，了解学生的变化，不断地学习最尖端、最前沿的知识，做一个学习专家。

纵观世界各国制定的"教师专业标准"，都不约而同地强调了"终身学习"的重要性。一般来说，青年教师具有极大的可塑性，是职业专业化发展的关键期。让他们从心理上、理念上、思维上认同高职教育这一新角色，并在这一基点上结合所在院校、部门及自身实际去科学规划职业发展，都需要制度引导、高职院校的积极帮助。

2. 促进学生发展

关注高职"双师型"教师专业素质的提升、强调优质的教学等理念，其真正的意

义和价值还在于"促进学生的发展",学生是最终目的。因此,制定高职院校"双师型"教师专业标准还要充分体现"促进学生的发展"这一最核心的理念。"教是为了不教""授人以鱼不如授人以渔"是古已有之的教育理念。在信息技术变革、经济变革和全球化趋势的影响下,整个人类的学习环境、学习目标、学习内容、学习方法、学习效能得以提高的技术手段、学习成绩的评价标准、学习者自身特点等,都发生了变化,"学会学习"再一次成为教学的终极性基本要求。教师的专业素质也随之发生变更:由知识传授者变为学习促进者,由"教书匠"变为善于整合技术和方法的专业工作者,由单一的教书育人角色向集教书、科研、提供社会服务于一体的角色转变。教师与学生的相互联系和互动将始终是影响教育过程和教育结果的主要因素。

首先,高职院校的"双师型"教师要坚信所有学生都具有学习和发展的潜力,应致力于让所有学生获得与一定的岗位群相适应的职业能力,与学生相处过程中要公平、公正地对待所有学生。其次,"双师型"教师必须要有让学生学习的能力。"双师型"教师要掌握学生身心发展规律、知识学习规律、技能学习特征,特别是掌握学生"技术学习"能力形成的规律,以更好地创造丰富的、适合于学生发展和学习的环境,积极地促进学生的发展。最后,"双师型"教师一定要致力于培养全面发展的优秀"职业人"。高等职业教育尤重场域性和言传身教,"双师型"教师不仅要培养具有一定实践操作技能的高技能人才,更要培养具有一定的创造性智慧、能够全面发展、具有高尚专业道德和强烈责任心的职业人。

有研究成果表明,澳大利亚"职教教师能力框架体系"的核心理念是使"职教教师牢固树立'以学习者为中心'的教学思想",促成高质量的教学。美国 CTE 教师专业标准的整个框架结构及具体内容极鲜明地指出了教师的所有教育教学实践都应以"促进学生的发展"为最终目的这一重要理念。

3. 强调"双师型"教师的专业实践

我们认为高职教育"双师型"教师专业标准的构建还应着力突出其专业实践,突出高职"双师型"教师的各种专业实践行为,主要原因有两个。首先,如前所述,高职人才培养以就业为导向,教学以能力为本位,学生第二课堂以发展职业能力为目标,思想政治工作以养成良好的职业道德为目的,为实现这一培养目标,要求教师具备一定的专业知识、专业能力、顶岗操作能力。但是从当前实际情况来看,高职院校"双师型"教师的专业实践能力的现状不容乐观。其次,如前所述,很多高职院校的"双师型"教师缺乏与行业、企业、社会团体等机构和组织沟通合作的能力,也缺少相应的专业实践能力,这一方面降低了高职教师教学的效果,另一方面制约着高职院校人才培养质量的提高。

另外,对于高职院校"双师型"教师专业标准的构建来说,尽管可以强调高职院校"双师型"教师的专业知识、专业能力、专业精神等素质结构层面,但这些层面都仅仅是从"静态"层面上规定了高职院校"双师型"教师素质结构的一种"应然"状态，对提升高等职业教育的教学质量、促进学生和教师自身的发展来说，真正关键的还是体现为"双师型"教师的专业实践活动，这也是高等职业教育的最终落脚点和归宿。访谈过程中一位受访教师也反复强调高职院校"双师型"教师要真正沉到企业。由此可见，要构建中国特色的高职"双师型"教师专业标准，突出强调高职"双师型"教师的专业实践便成为必要的选择。

（二）高职"双师型"教师专业标准内容

笔者认为，在制定高职"双师型"教师专业标准时，要以"优质教学""专业实践"为着眼点，如此不仅能为教师提高自己的专业素养提供导向，而且易使"双师型"教师的工作得到社会的理解和认可，提高"双师型"教师的地位。这种"优质教学"的核心是使学生能够获得高质量发展，成为具备一定"专业道德""职业能力"的合格人才。

明确高职"双师型"教师专业标准的"结构框架"和"逻辑主线"，其指标主要瞄准五大要素进行评价，即教育理念、专业道德、专业知识、专业能力与专业服务。

高职"双师型"教师应该具备先进的高等职业教育理念，它侧重于教师在教学过程中对工作伦理、职业素养和精神的培养，形成对职教事业的责任感。高职"双师型"教师应该形成高尚的专业道德，它是维护高职"双师型"教师专业尊严和专业自主性的重要载体，也是规范高职"双师型"教师行为、提升其专业服务品质的重要工具。

高职"双师型"教师应该具备深厚而广博的专业知识基础，教师的专业知识包括所教学科的基本知识、教育方面的知识与实践历程中形成的实践知识。教师专业能力包括教学能力、专业实践能力、校本课程开发能力、组织管理能力、放眼全球的能力、沟通与合作能力、科学研究能力、善于反思的能力，其中专业实践能力是"双师型"教师专业标准中的重要组成部分。

高职"双师型"教师应进行高标准的专业服务，即对企业员工实施技能培训和为企业生产提供技术研发。

高等职业教育"双师型"教师专业标准需要反映共性能力，但是也须考虑如何将专业差异整合到专业标准中；还应重视帮助学生提高向工作和成人角色转换的能力及国际职业教育交流合作的能力，培养学生持续发展的能力。

高等职业教育"双师型"教师专业标准的开发需要进行科学的设计。首先，科学选择参与标准开发的人员，成立《高职院校"双师型"教师专业标准》专家工作团队，高等职业教育专业教师应该成为开发主体。此外，专家团队还应该涵盖高职院校管理人员、高职教育研究人员、高职教育教师培训机构人员、教育行政部门人员、企业技术专家和培训师等。其次，开发方法需要进行科学的论证和设计，可以采用工作任务分析（DACUM）的方法，辅之以文献研究、实证研究、比较研究和专家研讨，分析高等职业教育"双师型"教师的"工作任务"与所需要的"职业能力"。最后，《高职院校"双师型"教师专业标准》的制定应分为调研阶段、编写阶段、修订阶段、完善提高阶段。

（三）国际经验给予的启示

美国国家专业教学标准委员会颁布了新修订的职教教师专业标准——《国家专业教学标准：生涯与技术教育标准》，该标准适用于为11~18岁青少年进行生涯与技术教育的教师。《国家专业教学标准：生涯与技术教育标准》包括4个一级指标、13个二级指标。

美国职教教师专业标准以人为本，强调教学相长，指向学生与教师的"双重发展"。首先，新标准本位职教教师专业标准突出"学生发展"，在4个一级指标中有3个是直接指向"学生发展"的，具体包括"营造促进学生进行高效学习环境"的能力、"促进学生学习"的能力与"推动学生向工作岗位过渡"的能力。目的是让学生有信心在学校中继续学习，并更加清楚自己的生涯选择和为实现他们的生涯选择应做的准备。教师需要站在学生生涯发展的角度去理解学生的学习成长，帮助学生提高学习成效，积极地向工作角色过渡。标准突出了教师在学生成长过程中的主导地位，主张因材施教，采用个性化的教学方式满足学生的需求，设计教学、促进学生学习并评价学生的成长。其次，新标准本位职教教师专业标准强调教师自我发展。在一级指标中专门有一项指标是直接指向教师自身"专业发展"方面的，要求教师自身能够不断地反思自己的"教学实践活动"，开拓与同事、社会、家庭的"教育合作"的渠道等，也是通过自身专业发展来促进学校变革、改善教育质量。这种"多维的合作关系"使教师不再是单一的教育者，而是成为"专业教育共同体"中的一员，能极大地促进教师自身在专业实践中的成长。

澳大利亚职教教师资格与标准——TAA培训包的内容包括：①教学环境协调能力模块。该模块具体包括三项，每一项又包括若干小项：A.营造宽松的、包容的学习氛围；B.在技术与职业教育与培训的环境中高效率地工作；C.塑造安全健康的学习和实训环境等能力单元。②教学设计能力模块。该模块包括两个能力单元：A.解读并使用培训包的能力；B.制订课堂授课计划的能力。③课堂授课与促进学习能力模块。该模块主要包括三个能力单元：A.计划和组织班级授课；B.组织工作本位的教学；C.组织个性化的教学。④鉴定能力模块。⑤培训咨询服务能力模块。⑥"管理与质量服务"能力模块。⑦"语言表达和数理"能力模块。

高等职业教育"双师型"教师专业标准的建立是一个系统、科学、长期的过程。国际经验只提供了一种"解决的思路"，需要结合我国实际，开发出体现中国高等职业教育特色、切实可行的"高等职业教育'双师型'教师专业标准"。

二、建立科学的高职院校 "双师型" 教师专业发展制度

高职院校 "双师型" 教师专业发展制度包括教师资格证书制度、教师资格考核制度、教师资格激励制度等。其中教师资格认定制度是 "国家对教师实行的执业许可制度"，是国家为保障从事教师职业者具备基本的从业资格而予以的 "标准规定" 和 "审核认可制度"。有效的教师资格认定制度可以规范教师管理、保证教师 "人口" 质量、促进教师专业发展、提升教师队伍的整体素质与质量。高职教师是不同于普通大学教师、中职教师的特殊类型的教师。高职教育 "双师型" 教师专业是一种需要专门的知识和专门的技能及长期的广泛学术准备的专业。当前，其职业内涵和特性开始得到学术界及政府和社会应有的认知和认可，但不可否认的是，从事此专业的教师质量有待大幅度提高，我国尚未建立起完善的、符合高职教师专业成长的高职教师专业发展制度。实施高职教师专业发展制度可以促进高职教师的来源多样化。2014 年李克强总理提出了完善企业工程技术人员、高技能人才到职业院校担任专兼职教师的政策，促进合格教师 "蓄水池" 的形成，缓解高职教师有效供给不足的矛盾。实施高职教师专业发展制度，最重要的是，可以改善其经济与社会地位。根据笔者的调查，对于 "您认为国家应该建立高等职业教育教师专业发展制度吗" 问题的作答，74.18% 的教师选择了肯定性判断。

建立科学的高等职业教育教师专业发展制度早已得到国务院、教育部的认可。在其颁布的历年文件中，不止一次涉及这一点。国务院于 1991 年颁布了《关于大力发展职业技术教育的决定》，这份文件鲜明地提出 "要逐步实行教师资格证书制"。1995 年原国家教委印发了《关于推动职业大学改革与建设的几点意见》，这份文件未雨绸缪，提出 "要鼓励教师，特别是'双师型'教师钻研专业技术，对专业课教师和实习指导教师可逐步实行评定教师职称与专业技术职称的双职称制度"。2004 年教育部等七个部门联合颁布了《关于进一步加强职业教育工作的若干意见》，该文件提出："职业学校中专业实践性较强的专业教师，可按照相应的专业技术职务系列条例的规定，再评聘第二个专业技术资格，也可根据有关规定取得相应的职业资格证书。"

2005 年教育部颁布的《国务院关于大力发展职业教育的决定》再一次申明了职业教育教师的特别之处："职业学校中实践性较强的专业教师，可按照相应专业技术职务试行条例的规定，申请评定第二个专业技术资格，也可根据有关规定申请取得相应的职业资格证书。"

（一）建立科学的高职院校 "双师型" 教师资格证书制度

职业资格证书，简单来说，是劳动者具有从事某一职业所必备的学识和技能的证明。资格证书制度是一种就业准入控制，按照国家预先制定的职业标准或任职资格条

件，经政府认定的考核鉴定部门对申请者的实践技能水平或者职业资格进行客观公正的评价、科学规范的鉴定，对资质合格者授予相应的资格证书。对于个人来说，它是实施持证上岗的有效证件。

高职教育是高等教育的有机组成部分，它具有自身的显著特点：强调高等性、教学性、职业性和实践性。高职院校过去在引进专业教师时，简单地移植普通高等学校教师职称评审的标准，偏重于"学历学位"和"理论知识"，存在一定的片面性。为了更好地实现"高职院校'双师型'教师专业素质"的提升，必须建立科学的、切实可行的而又符合高等职业教育特点的"高职院校教师资格认定制度"。

（1）明确规定高职教师的"准入条件"，对职业教育教师的任职资格、招聘录用、职务评聘、培养培训、工作考核等做出明确规定，分别赋予双师素质教师的学术性与实践性以合适的权重，才能比较恰当地体现和衡量双师素质的基本内涵，使师资队伍建设走上科学化、规范化、制度化的道路。

（2）在评聘教师职务时，应将教师的"教学实绩"和"专业实践能力与贡献"作为重要的业务条件，使大量技术技能人才和职业技术师范院校培养的学生能够进入高职院校从教，并不断地提高教师的综合素质与教学能力。

高职教师的知识和能力结构应该包含教育理念、专业道德、专业知识、专业能力、专业服务五个方面。因此，在"双师型"教师资格认定制度中应重视他们的专业道德、高职教育信念，尤其要重视他们的企业工作学习经历和应用科技开发服务能力，以保障"双师型"教师的专业素质。联合国教科文组织认为，不同类型的职业教育教师队伍应该有不同的具体标准，体现在专业知识、经验、学历、技能、教育等方面。所有职业教育教师，应该具备合适的"个人素质"及通过自我完善逐渐适应不断变化的技术和工作的社会环境的能力；应该在自己的专业方面具有充分的理论和实践知识，还应该具有教授相应内容的适当的教学技能。

近几年国家制定的各类与职业教育有关的文件也提出了建立科学的高职教师资格证书制度的要求。其中最具代表性的是《国家中长期教育改革和发展规划纲要（2010—2020）》中的要求与规定。该文件同时提出："建立高校分类体系，实行分类管理。"高等教育分类相应要求教师也要分类，若仅有"高校的分类"，没有"高校教师的分类"，高等教育办出各自的特色是难于上青天的。这就为建立独立的"高职'双师型'教师资格证书制度"提供了前提与可能。2014年的《国务院关于加快发展现代职业教育的决定》（国发〔2014〕19号）也指出，建设"双师型"教师队伍。完善教师资格标准，实施教师专业标准，健全教师专业技术职务（职称）评聘办法，探索在职业学校设置"正高级教师职务（职称）"。

另外，要在社会上广泛推行"高等职业教育'双师型'教师资格认证"工作，尤其是在企事业单位和产业界。任何企业都肩负着对员工的培训义务和责任，如果企业和产业界从事职工培训继续教育的教师和优秀的工程技术人员取得了教师资格证书，不仅有利于推动企业员工的培训工作，而且有利于高职院校"双师型"教师专业素质的提升。

（二）建立科学的高职院校"双师型"教师资格考核制度

高等职业教育"双师型"教师资格作为从业标准，是高职"双师型"教师提高自身水平及专业化程度的措施之一，除此之外国家还应建立并完善对高等职业教育"双师型"教师资格的考核制度。通过考核制度，可以推动"双师型"教师特别是缺乏实践经验的青年教师到企业进行专业实践和职业岗位实践，及时了解行业发展动态，把握行业最新信息，更新理论知识，提高实践技能，提升其"双师型"的专业素质。

高职院校要根据对专业教师的"双师型"专业素质要求，不断优化考核办法，完善"双师型"教师的认定标准，打破终身制，建立一套适合"双师型"教师成长的考核制度。考核制度的具体要求有三点：一是实施"双师型"教师评价多元化，评价内容上，注重"职业实践能力"和"教学实践能力"的评价，赋予理论、知识教学与实践教学同等的比重，注重应用科研能力的考核；评价形式上，注重"过程评价""绩效评价"和"综合素质评价"三者有机结合。二是制定硬性措施，建立外在督促机制，积极推动专任教师到企业顶岗实践，并将教师参与"企业顶岗实践"作为其年度考核、岗位等级聘任的重要依据和所担任职务的考查内容之一。三是对不同类型、不同成长时期的教师制定不同的考核措施。广东某高职院校出台的《"高职教育教师资格"认定实施与管理办法》规定：从实施"高职教育教师资格"认定起 5 年后，没有获得"高职教育教师资格"的，其年均教学工作量不能超过 240 学时，根据学校岗位数量情况，可以对其实施低聘、缓聘直至不再聘用。

（三）建立科学的高职院校"双师型"教师激励制度

作为个体的人具有惰性和贪性。惰性表明意志力薄弱，贪性表明想要的远远多于想付出的。为了克服这种人性弱点，管理学上强调要制定制度，对人实施激励。将一个人摆在一个赏罚分明的环境中，更能激发他无限的潜能。

首先建立、健全高职教育"双师型"教师的"激励制度"，有利于提高"双师型"教师参与培训的自觉性。"双师型"教师专业素质的养成非一朝一夕之功，需要教师付出大量的时间、精力乃至更高的代价。高等职业院校必须制定一系列的激励措施以调动"双师型"教师的积极性、主动性。

"双师型"教师到企业实习或者工作期间根据表现的好坏及考核情况发放一定的课酬津贴；对在企业实习或者顶岗工作期间从事应用项目开发、实用技术攻关、业务的管理咨询等方面表现优异的教师，给予物质或精神奖励；完善"奖励性绩效工资"分配，使绩效工资向工作优秀、业绩突出的"双师型"教师倾斜；通过建立"双师型"教师工作室、名师工作室等，强化校内外"实践教学基地"建设，不断地改善教师工作环境，为"双师型"教师提供更多的教学和技术创新条件。

（四）国际经验给予的启示

我国高职院校"双师型"教师的资格制度、考核制度和激励制度的改革、完善与实施势在必行，在这方面，西方发达国家高职教育教师资格制度建设的经验值得我们借鉴。在建立科学的教师资格制度方面，应做到以下三点：一是强调学术教育与职业教育的平等地位，力求高等职业教育教师与普通高校教师只是工作类型的差异，不存在社会地位高低等差异。英国政府力图排除学术教育和职业教育间长时间存在的地位不平等的壁垒，建立一个新的贯通普通文凭和高职文凭的立交桥体系，使"学术资格"和"职业资格"得到同等地位，提升职业教育吸引力。二是建立新的职业资格体系，推行国家职业资格框架。三是发达国家普遍建立了规范的高职院校教师资质标准和职业准入制度。

三、完善高职院校"双师型"教师职前培养制度

提升高职院校"双师型"教师专业素质，还应完善高职院校"双师型"教师职前培养制度。要加快制定高等职业学校教师教育课程标准，以此保障高职院校师资队伍新生力量补充的质量基准。同时必须提高高职教师培养培训机构的资质标准，并建立高职院校教师入职的统一的国家考试制度，将企业工作经历、实践性教学准备纳入考试考核标准，严把入口关，以此确保教师个体专业发展和教师群体专业水平提升的基准条件。

（一）完善"双师型"教师职前培养内容

进入 21 世纪，职业教育与培训已经成为一个开放体系，是一个为所有社会成员的个人和职业发展提供机会的立交桥。职业教育与培训机构不再是传统的学校，而成为融教育培训、技术推广和创新、组织发展及人力资源开发等功能为一体的综合性机构。它提供综合性的解决方案，为社会、企业和社区发展提供人员、技术、管理和组织方面的支持。

随着网络信息技术的不断发展，很多新的设备被生产，生产实践领域不断地采用新技术和新工艺，而且大量的新工艺和新技术更新速度日益加快，犹如开动起来的运行良好的机器，越转越快。这一方面为高等职业教育提供了便利条件，尤其为教学内容的更新与发展提供了丰富的素材，为教育教学方式的更新提供了条件；另一方面也对高等职业教育提出了挑战与机遇，对于教师的专业能力、教学信息化手段提出了更高的要求。反转课堂、慕课、微课等新型教学思想、方法走向高职课堂。

我国各级各类教育在 21 世纪初进入全面提高质量的历史时期，职业技术师范院校

要在国家政策的指导下，以国家对高等教育进行分类管理为契机，加大改革创新力度，提高办学实力，注重每一个学生的发展，提升自身服务高等职业教育的能力，进一步完善高职教师职前培养的内容。

1. 要完善高等职业教育教学知识的学习

高等职业教育与纯功利性的一般职业培训不可同日而语，它是一种培养人、发展人、完善人的教育活动。高等职业教育之所以被看作是高等教育的一种类型，在于它以就业为导向，高举"以人为本、促进人的全面发展"的大旗。所以，高等职业教育在具备高等教育功能的同时又天生具有与普通高等教育相区别的自身特征，高职院校的"双师型"教师必须清醒地认识到这一点，并且在教育教学过程中体现这一点。作为一名职业教师，其所具备的理论知识、职业教育知识、职业教育心理学知识，不仅关系着教师顺利开展教学和科研工作职业能力的方法，还将深刻地影响着高等职业教育的价值取向和社会效益。

（1）认真学习高等职业教育相关知识。如前所述，我国一些职业技术师范院校存在着重学科知识、专业技能的培养，忽视职业教育、职业教学法、职业教育心理学等方面的知识培养。按照高校教师岗前要求，组织新到岗的青年教师参加高等学校教师岗前培训，进修"高等教育法规""高等教育学""高等教育心理学"和"高等学校教师职业道德修养"等课程，非师范类院校毕业的新教师，还要参加"教育学""教育心理学""普通话"和"教育教学能力测试"的学习，最后考取高校教师任职资格证。还有，明确青年教师的指导教师，组织他们有针对性地参加"实用教学管理""教学文件与教学管理""课堂教学组织及教学方法""教学课件的制作"等项目的培训，鼓励他们积极参加"青年教师课堂教学竞赛"等相关活动，让青年教师尽快掌握教学管理规程，能够熟练地使用现代教育技术进行教学。

（2）高职"双师型"教师要研究和准确把握高职学生的心理。当前学生、家长、社会对高职教育还存在着片面的认识，甚至是偏见。同样，由于高职教育的社会认可度不够高，高职教育学生的市场就业机制不够健全，加之有些高职专业的设置不能充分反映市场需要、不能与市场完全接轨等因素的影响，造成部分高职学生在学习过程中存在一些自卑、破罐子破摔乃至好逸恶劳等心理问题。

"双师型"教师一定要充分认识到学生的这些心理，帮助学生形成大职教观，在高等职业教育教学过程中，必须结合教学、就业及发生的实际事例深入研究高职学生的心理，从而把握他们的心理特点。首先从培养学生对高等职业教育的观念及情感入手，让学生认识到高职教育是与普通高等教育并列的教育类型，另外积极与学生进行情感方面的沟通，将心理健康教育始终贯穿于课堂教学、实践教学、专业实习乃至就业的整个过程中，逐步提高高职学生的认知能力，培养高职学生的良好心态，让学生认识到高等职业教育与普通高等教育的类型区别及其固有的优越性，形成大职教观。

2.强化高职"双师型"教师的教学实践能力

鼓励高职"双师型"教师在熟稔职业工作任务、流程和新技术新工艺的基础上，在具体的教学实践中积极提升执教能力、校本课程开发能力及探究能力，以促进"双师型"教师，成为驾驭高等职业教育教学过程的智慧型教师。

（1）强化高职"双师型"教师的执教能力。"双师型"教师的执教能力主要涉及教学设计和教学实施两个方面。教学设计即备课，包括备教材、备教法和备学生。教学实施即上课。上好课有两个前提，一是教师要懂得课堂管理，二是教师要懂得有效教学的标准与特征。课堂管理包括管理课堂物理环境和心理环境（如师生关系、班级氛围）、制订与执行课堂规则、处置课堂突发事件等，它要求"双师型"教师为学生提供一个安全、有序、公平、人人受关注和尊重的学习环境。有效教学要求教师从学生的已有经验或知识出发，温故知新，有效地连接学生的新旧知识；有组织、有条理地呈现教材知识，正确而清楚地讲解重要的概念、原理或技能等。

学会教学并养成高超的执教能力，是做个合格"双师型"教师首要的基本职责。美国州际新任教师评估与支持联盟专门针对新教师的专业资质提出过十条评价标准。其中，指向课堂教学的评价标准就有五条。这五条标准基本上涵盖了"学会教学"的应有之义。

（2）强化高职"双师型"教师的设计和开发校本课程能力。校本课程开发，是高职院校根据自己的高等职业教育哲学思想，为满足高职学生的实际发展需要，以高职院校"双师型"教师为主体所进行的、适合高职院校具体条件的一种"课程开发策略"。外延上，它既包括高职院校自主开发的属于本学院的独特课程，也包括针对国家级课程的校本化改造。开发校本课程可以更好地实现职业学校的办学理念，彰显办学特色；更好地满足高职学生的实际发展需要，促进学院和学生的多样化发展，高等职业教育要求教师兼具多重角色，一是预定课程的实施者，二是校本课程的设计者与开发者。因此，参与校本课程开发，提升课程设计与开发的技能，成为"双师型"教师的一个基本职责。

（3）强化高职"双师型"教师的探究能力。鉴于"双师型"教师工作情境的复杂性、教育问题的开放性和教育技术的不确定性，强烈呼吁高职"双师型"教师形成一定的探究能力。所谓"探究"，并不是要求"双师型"教师去思考纯理论的知识、开展高深的学术研究、写作学术性很强的理论文章，而是要求他们以理论武装自己，能以研究性思维和态度对待自己的工作。研究性思维是一种深层学习的表现，能够高度概括自己观察到的现象。具备了探究能力的教师能顺利阅读教育方面的专业文献，吸收高职教育学界最新的研究成果，而且能立足自己的工作实际，独立思考，自主探究，创造性地解决教育实践中的问题，发现和建构属于自己的教育知识。

3. 努力提升"双师型"教师教育理念

如前所述，教师教育理念是一个相当复杂的概念，中西方教师教育研究者对于这个概念的界定尚未有定论。很多研究者把教师信念与很多其他概念互换使用。例如，态度（Attitudes）、观念（Perceptions）、意识形态（Ideologies）、倾向（Orientation）、视角（Perspective）、思考（Thinking）等。心理学家罗杰克（Rocheach）关于理念的界定得到了大部分研究者的认同。他认为，理念就是"所有简单的，有意识或下意识的主张。理念通过个人的喜恶和言行表达出来"。可以说，教师的教育理念是"双师型"教师专业素质提升的"驱动力"，表现为教师在教育教学中"对专业的忠诚度""对工作的责任心""对事业的使命感"和"对自身专业发展的追求"，更为重要的是对专业道德的坚守及对职业的奉献。"我们所选择的教师，不仅是知识的传播者，而且是模范。"

教师教育理念的提升是一个非常具体的实践问题，它的形成是一个外在环境与内在体验相互作用的过程。理论知识学习对教师非常重要，但通过实践来验证其指导教学实践活动的成效，对教师确立相应的信念尤为重要。教师教育理念的构建与提升，可以通过实践性反思、合作性交流和行为更新等有效的实践策略来进行。

（二）完善"双师型"教师职前培养途径

高职院校在进行校本培养促进"双师型"教师专业素质的发展中，应结合本校中长期师资发展规划，逐步探索和构建"双师型"教师专业实践能力的培养模式和保证体制，建立起从时间到待遇等各方面的保障制度。因此，学校应针对教师实践操作能力普遍较弱的现状，改革原有以学历进修为主的培养模式，通过提供短期脱产进修和到企业考察学习、挂职锻炼、项目合作等有利于提高实践操作能力的发展机会，以促进新手教师向专家型教师的顺利转型。青年教师还可以到学校实训中心锻炼。打破传统的高校教师与实验员的界限，安排青年教师到实训中心熟悉仪器，动手掌握实践技能，参加校内实践教学设施建设或实训室设备的设计与安装工作，逐步承担学生的实训指导任务。

通过普通高等教育培养新生的从事高等职业教育的骨干教师的途径：（拟从教专业领域）学士→教育学硕士（职业技术教育学科）；（拟从教专业领域）学士→教育学第二学士学位（高等职业教育教师教育方向）；（拟从教专业领域）学士→面向高等职业教育教师教育的专业学位硕士。

天津职业技术师范大学在教育部的推荐下开展了博士层次"双师型"职教师资培养。2013年开始招生，招生对象为"工科背景"的学生，学制是四年，注重"课程开发""专业建设""实践教学"，参与"企业技术开发"和"产品研发"等教学环节的学习，培养职业院校急需的骨干教师及"专业带头人"。为有效地实现这一培养目标，经多方调研论证，天津职业技术师范大学提出了"三三三制"博士层次"双师型"教师培养模式，首先为了达成高质量"双师型"教师专业素质的培养，学校、企业和职业院校三方力量互动参与；实施"高校导师""企业导师""职业院校导师"三类导师的有效合作机制；学生毕业后获得"学位证书""教师资格证书"和"技师资格证书"三种证书。

四、完善校企合作的高职院校"双师型"教师培养制度

随着世界范围内网络信息技术革命的深入发展和信息产业的迅猛崛起，传统职业已经让位于那些要求有更多专业资格的服务性活动，导致从业人员自身素质的要求水涨船高，于是传统的以"农业、工商业、家政业"为主要内容的职业教育专业与课程发生了根本性变化，职业教育层次提升了，高等职业教育占据着越来越重要的位置。另一个重要原因是，许多发达国家加强了"职业技术教育""培训"与"就业部门"三者的密切协调与合作。从历史上来看，长期以来多数国家是由教育部负责学校体系的职业技术教育，由劳工部门负责职前的就业培训及在职培训，然而现代信息社会的迅速变革使学校职业教育和培训相互隔绝、自成一家的状况有了明显改变。联合国教科文组织在韩国召开的第二届职业技术教育大会将职业技术教育称谓变更为"技术与职业教育与培训"（TVET）就是一个明证。

高职院校"双师型"教师专业素质培养成效取决于高职院校与当地的行业企业之间开展合作的层次与水平。《国务院关于加快发展现代职业教育的决定》（国发〔2014〕19号）指出，要"落实教师企业实践制度"。

我国著名的职业教育专家黄炎培认为，办职业学校必须与职业界努力进行"沟通和联络"，职业教育的方方面面发展都必须"同职业界打成一片"。他认为，设科目、定课程、用教材、训练学生，都要依据职业界的需要，聘请教师，要利用"职业界的人才"。纵观整个高等职业教育发展的历史，无论国内还是国外，办学成功的职业院校都是重视"与行业企业合作"的学校，可以说一部高等职业教育史就是一部校企合作史。因为技能型人才所应具备的技术知识与操作能力，不能通过口耳相传，也不能只靠在黑板上学习，只能在具体的境遇即实际工作场所中获得。而学生在学校闭门造车地学习，无论是心理状态还是环境感受都与在实际工作现场环境中有差距，缺乏现场感，更何况一些职业感知、职业意识、职业行为习惯乃至职业素养的养成，某些只可意会不可言传的经验和实践智慧及突发事件的应变方法，也只有在实际的工作场所和现场环境中才能掌握和内化。另外，现代科技的发展速度极快，许多新技术"在应用中发展升级"，未必能及时地反映到学校教育中来，往往只有在实际的工作地点才能获得创新技术的火花、更科学的实用技术和较强的技术创新能力。正如有人所说，"在数控领域，半年不进企业就跟不上行业变化了"。因此，高职院校必须跨出封闭的校内教

育系统，放眼校外，跟上社会经济的脚步，与行业企业紧密合作，让行业或者企业直接参与到应用型技术型人才培养的过程之中，紧紧地把握经济发展的脉搏，让学生在职业院校和企业岗位两个"跨界"的育人环境中掌握做事的本领，领悟做人的真谛。行业或者企业从从事生产活动的场所发展为既是生产场所也是学习场所的双重角色地位。高技能人才培养呼唤这种把用人部门既作为雇主又作为学习场所，既作为办学伙伴又作为办学者的做法。

企业为高职"双师型"教师提供的实习场所，本质上应该说是学习场所，使他们感受到了真实的职业场景，受到基本的技能训练，获得企业第一线的宝贵经验。尤其是在企业文化的熏陶下，高职教师学到了许多书本上学不到的东西，更加了解了企业和市场，使自己从"知识型"教师向"知识技能型"教师转变与升华。另外，企业还为高职教师提供了经常接触生产技术、产品的实际机会。在教师走出教室、专业实验室，带领学生进入生产一线实习的同时，不仅可以检验学生的学习效果，还可以反思自己的教学效果，弥补课堂教学中的不足，最重要的是还能够在实践中发现新的研究项目，找到自己科研工作新的生长点，逐渐提高职业教育教学最需要的"双师型"专业素质，成为名副其实的高职教育"双师型"教师，培养出"零距离"上岗素质的学生。而最深层次的校企合作，就是双方联合开展技术革新，攻克技术创新的高地，从而达到高职院校培养高质量人才、企业实现高水平发展的双赢局面。总之，校企的合作或联姻，在高职教育大发展的今天，具有广阔的发展前景，只要双方能够准确定位，肯定可以做到扬长避短、优势互补。

（一）建立产学研结合的"双师型"教师专业素质培训基地

加强校企合作，首先应建立产学研结合的"'双师型'教师专业素质培训基地"。采取一些有效的措施鼓励"双师型"教师到企业，或兼职，或挂职锻炼，或做访问工程师，并积极参与企业课题研究等，以提高教师自身的科研能力和创新能力。从企业聘用一些"专家能手"，成立"产学研结合教学指导委员会"，通过校企合作、产学互动，推动学校"双师型"专业素质教师队伍建设。《国家中长期教育改革和发展规划纲要（2010—2020）》提出："依托相关高等学校和大中型企业共建'双师型'教师培养培训基地。"天津中德职业技术学院新教师岗前培训就是通过"两元、两段"方式进行的。培训要求：企业培训计划由新教师所在部门、企业和新教师共同制订。教师所在部门指定专人负责新教师在企业培训内容的落实、调整；及时了解新教师培训状况，做好沟通、联络工作。新教师每月回到所在部门一次，向负责人报告培训状况。对企业的资格要求是，和新教师所教专业对口或基本对口，管理比较规范的大中型企业。培训前新教师要与企业、所在单位签订"企业培训协议书"，内容由三方共同商定。两个学期的培训结束后，新教师要撰写岗前培训总结报告。由人力资源部组织学院主管院长、学院学术委员会成员、所在单位领导组成考核组进行考核。考核合格者由学院颁发"天津中德职业技术学院新教师岗前培训结业证"，并准许上岗。学徒制是技术传承的内在逻辑。大量实践证明，现代学徒制是适宜徒弟观摩学习直接经验，尤其是获得隐性知识的个性化学习模式，验证了现代缄默性知识传播与转化的理论。《国务院关于加快发展现代职业的决定》要求："开展校企联合招生、联合培养的现代学徒制试点，完善支持政策，推进校企一体化育人。"

（二）建立高职"双师型"教师定期参加企业基本单位训练与职业实践机制

加强校企合作，还应该建立职教师资定期参加企业基本单位训练与职业实践机制。随着高等职业教育教学改革的逐步深入，传统的以"照本宣科"为主的教学方式再也不能满足现代社会的高等职业教育教学的需求，现代社会的高等职业教育教学要求高职教师善于把工作岗位及工作过程需要的知识和技能转换为利于学生学习的工作任务或模块及与之相应的学习环境，教师还能够引导学生在专业工作过程中进行自我建构式的学习。为了实现这一目标，高职"双师型"教师必须首先了解"与专业相关的职业（群）"，了解该职业（群）领域的"职业工作过程"。

然后通过安排高等职业教育教师直接参加"与职业有关"的企业的实际工作的训练，如到企业、事业单位实习，强化企业或事业单位的职业实践训练，使他们熟练地掌握与本专业相关的"典型职业的工作任务"和吸收"职业工作过程"的经验，并将这种企事业单位的实践训练贯穿于教师成长的全过程，即从高职教师入职初期的适应阶段到全方位积累教学经验的成长阶段，直到他们的专业素质趋于稳定的成熟阶段，并以此促进高职教师专业素质的增强。

在高职院校"双师型"教师培训的过程中，企业不能"深度"参与这些教师的培训实践，在一定程度上制约了高职院校"双师型"教师培训的效果。因此，为了提高高职院校"双师型"教师的培训质量，一方面应制定并出台专门的"校企合作"培训高职教师的政策，另一方面应积极完善校企合作培训高职教师的"资金投入和运行管理机制"。国家层面上应尽快制定和出台专门的"校企合作"的规章制度，不仅要细化其中有关高职院校"双师型"教师培训的内容和条款，而且更关键的是要严格监管法律法规的执行情况，防止各种规章制度和法律法规在执行过程中的偏离，真正使校企合作培训"双师型"教师达成"双赢"甚至是"三赢"的结果，让企业、院校和教师等相关利益者都受益。2008年10月，宁波市第十三届人民代表大会常务委员会第十二次会议通过的《宁波市职业教育校企合作促进条例》，是一个从法律上确保校企合作推进的良好例证。值得欣喜的是，据了解，国家层面的"校企合作条例"正在酝酿中。

　　鼓励高职院校与行业企业"深度"合作，以"机制创新"与"政策项目"为引导，积极促进"协同创新"，实现资源共享，已成为经济转型期高职教育可持续发展的新的"着力点"。就"双师型"教师专业素质提升而言，就是要通过人才、项目、体制与机制的"协同创新"与"政策引导"，加强高职院校、地方企业及行业协会之间的"深度"合作，建立"双师型"教师专业素质提升的"协同创新战略联盟"，开展"双师型"教师专业素质提升、项目研发及制度与政策实践等方面的"协同和合作"，共同致力于"双师型"教师专业素质的提升。

　　学校应该从教师专业发展建设经费中拨出专款以确保教师在下企业脱产实习期间的工作待遇不变。教师下企业脱产实践期间，校内教学工作量计算应该由高职院校参照相应职务人员的工作量标准按时足额予以发放。这项规定可以在学校层面为"双师型"教师下企业脱产实习提供经济保障。教师下企业脱产实习的成本全部由高职院校承担，不仅让教师在工作量的计算与经济的收入上免除后顾之忧，也让企业摆脱额外负担，双方真正达到双赢。事实证明，有些职业院校为了提升"双师型"教师的专业素质，也确实做到了这一点。

第六节　高职院校"双师"教师专业技能培养结果评价

一、高职院校"双师"教师专业技能测评体系

　　在促进教师专业发展过程中，对教师专业技能进行考核评价犹如一块试金石，其在很大程度上影响着教师专业技能的提升和教学能力的培养，进而有效地提高学生的培养质量。有关调查显示，许多高职院校"双师"教师认为考核评价制度不合理是"双师结构"教学团队建设的最大障碍。因此，有必要厘清"双师"教师专业发展与教师评价的关系，以促进"双师"教师专业发展为基础设计高职院校"双师"教师专业技能测评体系的完善。

（一）"双师"教师专业技能测评研究基础

　　教师专业技能测评研究的前提假设是教师专业技能可以测评。尽管教育的复杂性决定了教师专业技能测评结果的可信度会遭到质疑，但是为了促进教师专业化发展及教师培养质量的提高，国内外学者仍需坚持不懈地探寻测评的可行性、科学性与发展性。目前，国内尚无系统的"双师"教师专业技能测评体系标准，但在如何认定"双师型"教师和评价"双师型"教师队伍方面，教育主管部门、高职院校和学者做了不少探索。从当前各高职院校的实践经验和教育行政部门的有关文件来看，在"双师型"教师队

伍评价方面的主要经验是认定"双师"教师，以教师系列中级以上职务和一定时间、一定工程实践经历及实践成效为标志，或者以工程技术系列中级以上专业技术职务和一定时间的教育教学经历等来评判，认定"双师型"教师队伍主要看专业教师中具有"双师"素质教师的比例，以及为教育教学所用的工程技术专家、能工巧匠人数的比例。对于"双师型"教师课堂教学和实践教学质量的评价也有一些学校建立了与普通理论课教师不同的评价方案，将新技术、新工艺的教学、应用和开发纳入了评价范畴。总之，不论是教育行政部门，还是各高职院校，都把评价"双师型"教师队伍提到了重要的议事日程，教育行政部门在高职院校的各类评价体系中一般都有对"双师型"教师认定的基本标准，不少高职院校也结合本校实际制定了各自的评价办法，并且在不断完善。

（二）"双师"教师专业技能测评与专业技能提升的关系

专业技能测评是对"双师"教师工作现实的或潜在的价值做出判断的评价活动。"双师"教师专业技能提升主要有培训机制和专业技能测评机制。在教师职业生涯中，接受培训的机会有限，而考核评价则始终存在。"双师"教师的专业技能也在教学实践中不断积累和提高。可以说，在"双师"教师职业生涯中，专业技能测评机制始终影响其专业技能的提升。为此，可以从以下方面理解二者之间的关系。

1. 专业技能测评影响着"双师"教师专业技能提高的动机

测评目的、测评程序的公正性和测评结果的反馈机制等都直接影响着教师的专业热情及专业技能的提升，也关乎教学质量的高低。如何科学合理地制定"双师"教师专业技能测评机制，对激发教师的工作热情，促进教师专业技能的提升有着深远的意义。反之，不恰当的专业技能测评机制，会导致教师对测评产生恐惧心理，盲目迎合测评指标，贪图表象，进而偏离培养目标要求。

2. "双师"教师专业技能测评影响着教师的个性化成长

受年龄、资历、教学经历、专业、教学环境等因素的影响，教师的教学特点、教学水平、专业技能需求各不相同。根据教师的不同特点，结合教师个人的专业技能需求实施测评，可以激励教师积极地通过测评反思教学，并为教师未来专业技能的提升指明方向，从而促进教师的个性化成长。反之，测评缺乏针对性和指向性，测评指标统一化，会导致教师被泛化的测评机制束缚，阻碍教师的自我发展意识，不利于教师专业技能的提升和个性化的成长。

3. "双师"教师专业技能测评影响着教师的职业素养

采用民主、平等的方式实施专业技能测评，测评过程中加强测评者与被测评者、教师之间、师生之间的学习、交流与合作，可以在教师间形成良性竞争的氛围，促进教师之间相互合作，引导教师将自身专业发展需求与学校发展相结合。这既可以提升教师的师德素养，又可以促进教师专业技能的提高，也可以与学校的健康发展相统一。

反之，测评工作就容易对教师的职业素养产生消极影响。

（三）高职院校"双师"教师专业技能测评体系的构建

目前，部分高职院校推行的以奖惩性为主的"双师"教师评价制度忽视了教师在评价中的主体地位，评价内容不能体现高职教育校企合作、工学结合的人才培养模式对教师的要求，且评价过程不够公开透明，评价形式单一，评价结果的反馈机制缺乏，这束缚了教师的专业技能提升，挫伤了教师的工作积极性，容易引起教师的不满。受教师职业特点、评聘制度、管理体制等因素的影响，单纯的发展性评价体制，难以有效督促教师特别是"双师"教师的自主发展，容易使教师评价流于形式。因此，纯粹的发展性评价机制并不能很好地解决教师的教学能力，特别是专业技能的提升和院校发展问题。高职院校"双师"教师的评价体系应结合高职教育人才培养目标，借鉴奖惩性教师评价与发展性教师评价的优势，以专业技能考核为基础，以促进教师专业技能提升为导向。不断改革的高职院校教师评价制度，更适应高等职业教育对人才培养的客观要求。

1. 测评体系的构建原则

测评体系的构建是一个系统工程，需反映出被测评对象的特点，适应社会多元化的需求，应遵循以下原则：

（1）本质性原则。有关研究表明，测评体系的构建可以是多元化的，观察的角度也不是唯一的，研究人员可以根据相关资料进行灵活处理。就高职院校"双师"教师专业技能测评体系研究而言，从分析内涵入手是比较理性的处理原则，将专业技能本质属性细化为测评指标的维度，然后再将其外观表征确定为测评指标，是研究专业技能测评指标体系比较有效的方法。

（2）可操作性原则。测评体系的可操作性原则主要是指测评指标的设定要规范，并且可操作性较强，这是有效开展测评活动的前提。有些测评指标体系的表述过于笼统和抽象，这容易导致测评工作人员理解错误，从而影响测评的真实性，所以，测评体系特别是测评指标的可操作性是非常重要的一个原则。

（3）独立性原则。独立性原则主要是指各测评指标之间是相互独立的，尤其是同一级指标之间不能存在重叠和交叉等关系，指标体系的设立既不能够过于繁杂，又不能够过于简单，既要全面地反映出测评项目的本质特征，又要方便操作，保证结果的准确性，确保测评指标体系能够真实地反映出现实状况。

2. 测评体系构建内容

（1）确定多元化的测评主体。教师的职称、专业、教授课程类别各不相同，单一的测评主体难以科学全面地对"双师"教师的专业技能做出评价。多元化的测评主体可以从不同角度对教师进行考察评估，使测评结果更加全面客观。目前，高职院校均将学校教学督导部门、学生、同行确定为教师测评主体，还需引入行业企业评价和教师自我评价，并合理划分各测评主体的职责。高职院校的校企合作，可以吸引更多行业企业人员参与"双师"教师专业技能测评。通过测评指导教师实践教学活动，引导教师将教学内容与企业相关岗位设置要求相结合，提高教师的"双师"素质。教师自我评价是指教师通过自我认识，进行自我分析，从而达到自我提高的过程。教师的自我评价是贯穿于教师专业成长过程始终的。在某种意义上，可以将教师的自我评价看成教师专业技能测评的核心。高职院校的"双师"教师，可通过自我评价来积极参与测评过程。通过自评与他评相结合，自觉认识并约束自己的学习与教学行为，促进专业技能的提升。

（2）制定具有高职教育特色的测评内容。一是要完善实践操作测评内容，加大实践操作内容所占比重。高职院校的人才培养目标决定了实践教学在高职教育中具有重要地位。高职院校应结合职业岗位能力要求制定专业技能测评指标，并加大实践操作内容所占比重，以此突出实践教学的重要性，并对教师的专业技能进行全面考核，以提高教师的实践教学能力，促进教师专业素质的提高。二是要加强对顶岗实习中"双师"教师指导工作的评价。顶岗实习是高职院校培养技能型人才的一个重要途径，指导教师在学生顶岗实习过程中发挥着重要作用，因此要加强对顶岗实习指导教师的考核评价，以此明确指导教师的职责，督促教师全程指导学生顶岗实习，确保学生顶岗实习获得良好的效果。三是要设计与课程建设、专业建设相关的测评指标。为适应不断变化的行业企业岗位能力需求，高职院校要适当调整、设置相关的课程和专业，高职院校需要"双师"教师积极参与课程建设、专业建设工作，否则课程建设和专业建设难以落实。因此，应设计与课程建设、专业建设相关的评价指标，对教师的相关工作实施评价，引导教师积极主动地参与到课程建设与专业建设工作中。

（3）健全"双师"教师专业技能测评各环节的监督约束机制。公开透明的测评程序是取得客观公正测评结果的重要条件。在"双师"教师专业技能测评环节中，要建立健全对"双师"教师测评的监督约束机制。一是加强对测评主体的培训和指导。受测评的技术条件、测评者专业知识及个人情感因素的影响，测评结果的主观性较强，权威性、公平性较差，以致测评结果常常受到被测评教师的质疑和抵制。高职院校应加强对各测评主体进行与"双师"教师专业技能测评相关的培训和指导，督促测评者客观公正地实施测评。二是注重过程性测评，加强测评主体间的互动。高职院校"双师"教师测评由多方测评者共同完成，测评过程中必须尊重教师的主体地位，只有让教师全程参与测评指标制定、测评实施、结果反馈、监督等各个测评环节，保障教师在测评过程中的知情、参与、申辩、监督等权利，才能有效地制约测评者的权利，并能激发被测评教师自我发展的意识和热情。三是保障测评过程的公开透明。公开透明的测评程序，有助于形成客观公正的测评结果，还可以强化测评结果的权威性。因此，高职院校实施教师测评，应向教师公开测评主体组成、测评指标、测评程序、测评结果、测评监督部门，鼓励教师对测评过程进行监督，保障测评工作的客观公正。此外，测评过程中，要保障多元化测评主体独立实施测评，既独立于学校管理部门，又独立于其他测评主体，克服从众效应，避免测评结果以偏概全。四是科学地处理测评数据。课程类型、专业类别、教学环境的差异都会影响测评结果，导致测评结果可比性差，只有对测评者的原始测评分数进行科学有效的处理，才能提高测评结果的可比性。有研究者提出利用数学方法，对实践教学原始分数做标准化处理，可以使实践教学测评更为科学合理。这一主张有助于高职院校获得科学合理的测评结果，值得借鉴，但高职院校有必要结合专业技能的内涵对数据处理方法、处理结果做进一步研究。

（4）运用多样化的测评形式、现代化的测评手段。高等职业教育在不断发展变化之中，且有其自身的复杂性。高职院校对教师单一化的测评方式会直接影响测评结果的全面性和可信度。因此，高职院校应运用定量与定性相结合、自评与互评相结合等测评方式实施测评。如将价值取向单一、易于量化的内容定量测评，将价值取向多元、标准不统一的内容定性测评，可采用问卷调查、召开座谈会、访谈询问等形式进行定性测评，形成文字描述等定性测评结果。多样化的测评方式，有助于强化教师对测评结果的认同感，更清楚地认识到自身存在的问题。这样，就可以让教师更清晰地看到自身存在的不足。采取有针对性的方法，不断提高自己的专业技能，对教师的成长产生积极的作用。目前，高职院校教师测评手段落后，需要有效地利用现代化技术手段，多层次、多角度收集信息，实施测评，使测评的手段更先进，测评过程更科学合理。

（5）建立分类测评指标体系。高职院校的"双师"教师由于教授的学科、专业技术职务、所处职业生涯发展阶段各不相同，不同类别教师的专业发展需求亦不相同。只有针对不同类别教师确定不同的测评导向和测评机制，才能有效地促进教师个人与学校共同和谐发展。对专业技术职务高的教师侧重青年教师带培任务的完成和进行科研能力测评；对专业技术职务低的教师注重实践技能和社会服务能力测评。科学合理地对"双师"教师进行分类，并分别设置测评指标体系，既有助于结合教师个人特点对其专业技能做出综合评价，又能够体现专业技能的不同要求，在促进教师个性化发展的基础上，体现针对性和公平性。

（6）建立良好的测评结果反馈机制。高职院校投入巨大人力、物力形成的测评结果，只有得到科学有效的运用，才能实现预期的测评目的。因此，测评结果反馈机制是测评体系中的一个重要环节。测评结果反馈包括撰写测评报告、向接受测评的教师反馈正式测评结论和建立教师测评档案三项主要工作。通过这几项工作，以及对测评结果的分析比较、反馈运用，能够向被测评教师及时合理地反馈测评结果，让教师认清自己的优势与不足，引导教师确定未来的发展方向，确保测评结果指导作用的发挥，提高教师测评的有效性。高等职业教育的办学特色，决定了高职教师专业技能的特殊内涵。构建以专业技能考核为基础，以促进教师专业技能提升为导向的"双师"教师测评体系，是加强师资队伍建设及进行教育教学改革的重要内容。而建立"双师"教师测评体系是一项系统工程，需要高职院校创新思维、改变管理方式、提升管理水平。只有以高等职业教育培养目标为根本，适应高等职业教育发展要求，改革"双师"教师测评体系才能适应技能型人才培养的需求，并全面、公正和客观地评价高职院校"双师"教师的工作，满足其专业技能提升的需求，进而有效地提升学校教育教学和人才培养质量，使培养出的学生受到用人单位的欢迎，实现更好的就业。

3. 测评指标体系

"双师型"教师的专业技能必须在培养的全过程中体现出来，从人员的选拔、政策的制定、培养计划的确定到具体培训途径的选择和实施过程，都要有相应的测评指标。对高职院校"双师"教师专业技能进行测评，应本着多种评价方式相结合的原则，立足教师专业技能训练的自身特点，按初、中、高不同级别确定相应的测评指标，构建一套科学的、完整的、全面的、定性定量相结合的、实用的测评指标体系。

二、高职院校"双师"教师专业技能测评方式

一旦设计了高职院校"双师"教师专业技能测评体系，就应制订相应的测评实施方案。一个通过周密策划的实施方案往往能有效指导行动，同时又能提高工作效率。在实施高职院校"双师"教师专业技能测评前需要做一系列的工作，其中制订科学完善的实施方案是开展此项工作的一个重要前提。具体来说，要设计好高职院校"双师"教师专业技能测评实施方案，需要把握三个方面的要素内容：一是明确评价目的，开展此项工作的目的主要在于了解、诊断目前高职院校"双师"教师专业技能的现状及存在的主要问题，从而采取有针对性的改进措施，促进教师教学能力得到更大的提升，最终目的还在于促进教师专业和学生知识能力的提升；二是确定测评的主体和客体；三是选择合适的方式和方法。测评的方式方法在一定程度上直接影响着测评效果的真实性和可靠性。

（一）测评原则

进行"双师"教师专业技能测评要注意贯彻以下原则：

1. 客观与主观测评相结合的原则

调查问卷、访谈等方法可以对教师的专业技能情况进行客观的分析，情景模拟、实际操作等方法则包含了测评组织者的主观因素。但是，人通过感官直接获得的信息的准确性和可靠性有时是任何别的途径所无法比拟的。只有将二者紧密结合才能对教师的专业技能做出比较真实的评价。

2. 一般测评与重点测评相结合的原则

应根据不同级别、不同岗位的需要，有重点地进行某些内容的测评。人类不可一日无师，在延绵数千年的社会发展史中，教师作为精神文明的开拓者，始终承担着传衍文化、传播知识、繁荣学术、阐扬科学的光荣任务，起着开启民智、哺育人才、承前启后、继往开来的重大作用。为了建设适应 21 世纪需要的世界—流的高职院校"双师"教师队伍，有必要认真研究优秀的"双师"教师应具备的专业技能及其测评方法，有针对性地制订测评方案。

3. 教师评价与学生测评相结合的原则

这里的教师评价包括教师自我评价和同行测评。教师自我评价是教师依据测评标准，对照自己的学习、带培、教学、科研等行为和能力进行的一种自我评价和判断，教师自我评价实际上就是一种自我总结、自我反思，是一种对自我专业技能强弱的价值判断，教师自我评价在整个教师专业技能测评中占有非常重要的位置，如果从欣赏性测评角度来看，该测评方式具有重要的参考价值。但是自我评价也有自身的局限性，有的教师为了赢得好评，故意拔高、弄虚作假的现象，缺乏真实性和可靠性。同行测评是指同专业教师或同行专家测评，主要包括院系测评和学校专家组测评。院系测评主要是二级学院或者专业系组织同类专业相关人员对"双师型"教师的专业技能进行测评，其优势是测评主体比较熟悉和了解教师实际的专业能力和水平，知根知底，公正评判是比较容易做出正确评价的。但事实上，也存在一些弊端，如测评主体与客体之间可能会因为人际关系的矛盾冲突或者直接的利益冲突，从而导致测评失真。学校专家组测评主要是教学发展中组织相关领域的专家对"双师型"教师专业技能进行的测评，这种方式的优点是相对客观公正，不足之处是专家不了解教师的具体情况，尤其是对一些潜在的问题或者一些比较隐晦的东西难以把握。应该说所在院系测评和学校专家组测评在很大程度上能弥补自我评价的一些局限性。学生测评是指"双师"教师所任课程班级的学生对教师专业技能的测评，此类测评方式的优点是学生相对比较了解和熟悉教师的教学方式方法，能抓住一些客观真实的东西，但学生由于自身的局限或者因为与教师的亲疏关系，对教师专业技能的测评可能会不公正或者不全面。总体来说，无论是诊断性测评还是欣赏性测评，每种测评方式均有利弊，只有把自我评价、同行测评及学生测评充分结合，才能比较真实全面地反映"双师"教师的专业技能。

4. 资料查阅与现场考察相结合的原则

资料查阅主要查阅教师的教案、大纲、课件、教改科研成果、技能竞赛或其他相关记录等。以教案为例，教师的教案在很大程度上能反映出教师备课是否充分，是否认真研究了教材、学生的想法和课程标准，同时也反映出该教师的视野是否宽阔，对专业知识的掌握是否全面深入，归根结底教案能反映教师的教学专业水平。在查看教案的过程中，一要从形式上看其教案的要素和环节是否周全；二要从内容上查看主题、对象是否明确，学情和教材分析是否到位，教学目标、重点和难点是否明确，教学方法是否多样，教学过程流程是否清晰，教学内容设计是否合理，是否布置了相应的训练任务，实训操作步骤设计是否简洁明了。无论是教案、大纲、课件、教改科研成果还是其他记录，资料查阅的方式能在一定程度上客观地评价"双师"教师的专业技能。但资料也存在一些缺陷，如实训记录可能存在弄虚作假、教案没有及时更新等，不能全部反映教师专业技能的真实情况，为此还需借助于现场考察才能比较客观、全面、真实地对其专业技能进行评判。现场考察主要包括课堂听课观察、学生实习实训基地考察、实验操作观摩、学生汇报表演等。资料查阅与现场考察的方式是对高职院校"双师"教师专业技能检测最重要的手段和方式之一。

5.访谈询问与问卷调查相结合的原则

当有些比较隐性的东西，如教学理念、教学思想或者已经发生了的事情，无法用现场观察或者资料查阅等方式检测"双师"教师专业技能时，则可以采取访谈询问的方式。访谈询问能了解教师教学思想理念、参与教学改革、专业建设、课程建设的一些行为动向，但访谈询问存在着费时间，有时被询问者会隐瞒一些事实的情况。为此，还可借助问卷调查的方式进行调查分析。采用问卷调查的方式需要注意几个方面：一是要精心设计问卷内容，问题要具有针对性，不要太泛太多；二是要精心选择调查对象，也就是要注意调查样本的选择，这样才能比较真实地反映现实情况；三是要深入分析调查结果，查找真正的问题，剖析深层次的原因，并找到解决问题的对策，这样的问卷调查才真正有效。访谈询问和问卷调查相结合的方式是检测高职院校"双师"教师专业技能的一种比较常见的方式，此方式运用好的话可大大提高测评效果的真实性、可靠性和科学性。

6.定量分析与定性分析相结合的原则

定量分析和定性分析不仅是科学研究最普遍的研究方法，而且是检测高职院校"双师"教师教学能力发展的一种比较实用的手段。定量分析一般具有可观察、可测量的特征，用数据和事实说话，比较客观；而定性分析一般具有归纳概括性、主观臆测性等特征。衡量高职院校"双师"教师专业技能，不仅要采用基于事实和数据的定量分析，也要采用归纳概括及带有一定主观倾向的价值判断，如教师团结合作能力中的合作意识和理念、教学反思能力方面的反思意识等，一般采用定性的分析方式并且涉及教师教改科研能力等方面的则可进行定量分析检测。定量分析和定性分析的方式方法均有自身的不足和缺陷，若两者有机结合则能达到比较理想的评价效果。

（二）测评内容

高职院校"双师"教师专业技能测评可从教师的专业实践知识体系、操作技能和实践素养三个方面进行。教师的专业实践知识体系包括专业实践知识和行业知识两个部分；教师的操作技能主要从专业操作技能、行业联系与服务两个方面对教师进行综合考查；教师的实践素养包括企业现场管理素养、安全素养、质量素养、保密意识、成本意识五个部分。

（三）测评方式

为检验被测评教师的专业技能水平，测评工作管理机构可依据测评指标，组织对"双师"教师的实际操作技能进行测评，重点考查教师的实践知识、实践能力与实践素养，结合相关佐证材料，对被测评教师的专业技能水平进行全面评价。以长沙航空职业技术学院为例，其"双师"教师的专业技能测评方式如下：

1.测评内容及形式

测评内容采取"模块化"的形式，即把每个对应的专业群，分成基础技能和专业方向核心技能两个大模块，每个大模块下再分若干个子模块，每个专业的技能考核模块是基础技能模块与专业方向核心技能模块下若干个子模块的组合。

（1）考核模块的设置。按照基础技能和专业方向核心技能两大部分设置考核模块。基础技能是指专业面向的所有岗位或岗位群的从业人员必须掌握的共通的、基本的技能，是基本要求。专业方向核心技能是某一岗位或岗位群的从业者必须掌握的关键技能。将基础技能模块根据专业群内专业所需的基础技能设置若干个子模块，这主要是考核专业群公共基本技能和职业素养，主要包括仪器仪表使用、工量夹具使用、行业企业基本规范应用、典型产品设计、加工、使用和维修（护）、典型文书写作、典型表单填制、典型案例的设计、分析和应用等。将专业方向核心技能模块根据专业群内专业所需的岗位核心能力设置若干个子模块，主要考核各专业的核心技能。

（2）考核模块的选取。申请参加专业技能考核的教师需同时接受基础技能和专业技能模块的考核。申请"中级"双师的考核，应分别随机抽取基础技能模块和专业技能模块中的一个子模块；申请"高级"双师的考核，应随机抽取基础技能模块中的一个子模块和专业技能模块中的两个子模块。参加考核的教师选取的子模块应与本人从事的专业方向相符。

（3）抽取试题。考核小组从教师选取的子模块中随机抽取一套试题，以实操的形式进行考核，每道试题的考核时间为2~3小时。

2.测评标准与题库

各专业二级学院根据专业群岗位职业能力和职业素养的要求，结合行业企业标准与学院专业技能抽查标准，组织校内外专家和企业专家建立开发团队，其中企业专家要占到开发团队的1/3以上，并至少有企业一线的能工巧匠和行业内知名的现场专家参与。通过调研、文献收集与分析、制定标准框架、初审、论证等一系列流程，制定专业群技能考核与评价标准。标准对每个子模块提出了多个技能考核点及具体要求，并从职业素养、操作规范、作品等方面制定了相应的评价标准和配分。开发团队根据考核标准，通过分析研讨标准、征题、初审、试做、论证等一系列流程制定专业群技能考核题库。题库根据子模块设置，每个子模块包括多道难度相当、考核点相似的试题，在测评过程中由考核小组随机抽取一套对被测评者进行实操考核。同时，开发团队需适时根据行业新标准、新技术等修订测评标准，不断完善题库。测评标准和题库由专业技能测评工作专门机构组织校内外专家和企业专家审定后公开发布。

3. 测评组织与实施

（1）测评专家组。基础技能考核须按专业群成立测评专家组，专业技能考核按专业方向成立测评专家组。专家组由校内外专家共同组成，每组成员为5人（外单位专家不少于3人）。专家组实行组长负责制，成员资质要求为：本专业副高以上职称或"中、高级双师"教师，企业高级工程师或高级技师。测评专家组成员由各专业二级学院"双师"教师专业技能测评工作小组推荐，学院领导小组审核同意后方可聘请。

（2）测评组织与实施。学院专业技能测评领导小组办公室统筹全院双师专业技能测评工作，各专业二级学院负责测评现场、设备、器材等准备。测评结果由人事部门放入"双师"教师专业技能测评专项档案中保存。

（3）确定测评等级。专业技能考核子模块的计分规则为：去掉一个最高分和最低分后计算平均分。"中级"双师按基础技能、专业技能各50%权重计算分值，"高级"双师按基础技能30%、专业技能两个子模块各35%权重计算分值。测评等级分四档：优秀、良好、合格、不合格。各等级对应分值是：优秀（90分及以上）、良好（80分及以上，90分以下）、合格（70分及以上，80分以下）、不合格（70分以下）。参加考核模块中有任一模块成绩低于70分（不含70分），则测评等级定为不合格（模块考核合格的成绩可以保留1年）。

三、高职院校"双师"教师专业技能测评组织与管理

学校测评的组织管理与管理主要是指设置测评机构、组织测评人员、制订测评方案、提出测评计划、确立测评制度的方法，以及对测评机构、测评人员、测评计划、测评过程进行组织与管理的技术方法。实践表明，同样的测评指标、同样的测评标准、同样的测评指导思想，测评效果却不尽相同。究其原因主要是测评组织和对管理方法掌握的程度不同。没有测评的组织与管理，就无法实施测评，没有测评的组织与管理方法的研究，就无法提高测评的效能。测评的组织与管理方法是实施测评的工具，是达到测评目的的桥梁。

（一）测评组织机构的设置

高职院校实施专业技能测评，首先必须建立测评的组织机构。所谓组织机构的设

置，就是对参与测评的"双师"教师进行分组归类，并正式规定组织中有关人员及群体之间的关系和各自职责，以便控制和协调整个组织实施活动。学校在设置测评组织机构时，既要考虑到测评目的、测评特点和测评任务的完成，又要充分考虑测评的组织机构对学校领导和被测评教师心理的影响。只有将两者有机结合，才能激发学校的内在活力，实现改进学校"双师"教师培养工作的测评目的。长沙航空职业技术学院实施专业技能测评之初，就成立了相关测评组织机构，负责主持、指导、协调学院测评工作的全过程。

1. 成立"双师"教师认定与测评工作领导小组

"双师"教师认定与测评工作领导小组的成员是：主管教学的副院长担任组长，人事处长、教务处长任副组长，人事处、教务处、产学合作处、科技开发与科研管理处、教学督导室、各专业二级学院行政负责人等为小组成员。小组的主要职责为全面负责"双师"教师专业技能测评工作，监督测评全过程，确保公平、公正；审定各专业群测评专家组成员组成；组织审核"双师"教师专业技能测评标准、题库和评分细则；审定教师技能测评等级。领导小组下设办公室，办公室主任由人事处处长兼任，成员为人事处和教务处有关助理，负责认定与测评工作的组织与实施。

2. 成立各专业二级学院"双师"教师专业技能测评工作小组

专业二级学院"双师"教师专业技能测评工作小组的成员是：各专业二级学院院长担任组长，各二级学院书记、分管教学的副院长担任副组长，各专业二级学院的教研室主任、专业带头人、行业企业专家为小组成员。小组的主要职责为负责制定"双师"教师专业技能测评标准、题库和评分细则制定，负责拟定"双师"教师专业技能测评等级，负责专业技能测评的组织实施等工作。

（二）测评制度的强化

为稳定测评组织实施活动的基本秩序，逐步将组织实施活动纳入规范化、制度化的轨道，为更有效地实现测评目的，必须强化以自评为主的测评制度。

1. 在测评准备阶段，应实行测评方案先行制度

凡事预则立，不立则废。为改进学校"双师"教师专业技能测评工作的目的，在正式实施测评之前，应组织相关人员学习测评理论，了解测评方案，分类要求学校相关机构参照测评指标，改善学校管理工作，然后再组织测评。这使得在测评的初始阶段就把测评的主动权交给学校。尤其是对于管理工作缺乏规范的学校，如果突然用规范的管理指标去测评，容易将学校推向被评、被审的被动地位，难以达到测评的最佳目的。

2. 在测评实施阶段，应有一系列保证测评工作规范有序开展的制度

首先，应以制度的形式确认学校自查自评领导小组的职责和任务，保证自评机构

应有的地位和权威。其次，应研究自评报告的复核、认定制度。科学的学校测评报告，应以自评为基础，以他评是对自评的复核和认定。准确的学校测评结论，应建立在自评与他评相一致的基础上。这样，才能促进测评成果的巩固，实现测评的目的。然而，如何进行复核和认定，如何促成他评与自评的趋同，都涉及敏感的利益问题与人际关系问题，应该实事求是地制定出严格的工作程序和调整各种关系的行为规范。

（三）测评结果的应用

合理利用"双师"教师专业技能测评结果，有利于进一步完善高职院校的人才选拔和培养机制，提升教育教学与管理水平。具体可应用在以下方面：

1. 作为"择优上岗、竞争上岗"的考核依据

高职院校按行业企业的岗位设置专业，专业更新频繁。专业数量增长和频繁变化所带来的专业教师需求的多样化，要求学校通过"高职低聘、低职高聘、互联互聘、专兼结合"等多种方式，实行岗位聘用制和合同化管理，形成灵活多样的用人机制，为教师选择适合自身发展的学校或岗位提供可能，同时也给学校在更大范围内选择所需的教师提供条件。限制那些不具备实践教学能力，特别是要杜绝那些不具备基本的专业理论知识的基础课教师和非教学人员参加专业课实践教学，让重理论轻实践的教师有危机感。在安排各种教学工作和任务时允许竞争，优先聘用学术水平高、业务能力强、技术技能全面的优秀教师担任重要教学岗位。

2. 促进竞争制度的形成

高职院校应利用专业技能测评结果的制定来提高"双师"教师积极性的激励性政策，吸引教师向"双师"发展。同时，将专业技能测评结果纳入绩效考核，形成按能力高低、贡献大小拉开档次的分配制度可充分体现"双师"教师等级与技能水平，使他们的待遇与能力相符。

3. 为进一步完善测评体系提供参考

通过研究和分析教学测评结果，从普遍存在的共性问题极个别现象中探究测评方法和测评体系的缺陷和不足，可以为寻找更合理的测评办法和进一步完善测评指标体系提供参考。

4. 开展有针对性的培训

测评结果可以为高校对教师进行培训提供科学依据。针对测评结果的教师培训包括两大类：一是当教师的某一项能力差时，经过分析，如果教师仅仅是缺乏完成工作所必需的知识和技能，则需要对他们进行有组织的培训，经过再考核后让其重新上岗；二是对专业技能较高者进行激励性培训，提供优秀"双师"教师去企业或教育发达国家的高水平大学进行访学研究的机会，进一步提升这类教师的学术研究和管理能力。在培训期间，教师本人可以参考测评结果进行有针对性的学习，实现自我提升。

5. 促进教师与学校共同成长和发展

高职院校的发展离不开"双师"教师个体的成长。高职院校不能单方面地要求教师个体修正自己的教学与科研行为的模式、价值观念等来被动适应学校组织，学校要参与到教师个人的职业生涯规划的指导与管理中，将教师个人发展纳入组织管理的范畴，从而实现组织与个人的共同成长。据此，学校在评价教师专业技能时要注意评价教师所在的各级组织的整体水平，避免个人英雄主义，增强全局观念和集体观念，使教师意识到个体的能力与学校的教学质量紧密相关，个人的成长与学校的成长是联系在一起的，个人的目标和学校的目标要紧密联系在一起，个人应为学校实现目标做出贡献，只有在学校的发展成长中自己才能得到发展和成长。

参考文献

[1] 贝克. 职业教育教与学过程 [M]. 徐国庆，等译. 北京：外语教学与研究出版社，2011.

[2] 操太圣，卢乃桂. 伙伴协作与教师赋权：教师专业发展新视角 [M]. 北京：教育科学出版社，2007.

[3] 陈俊. 高职教师队伍建设的制度创新 [M]. 成都：西南交通大学出版社，2009.

[4] 陈向明. 质的研究方法与社会科学研究 [M]. 北京：教育科学出版社，2000.

[5] 陈永明. 教师教育研究 [M]. 上海：华东师范大学出版社，2003.

[6] 陈祝林，徐朔，王建初. 职教师资培养的国际比较 [M]. 上海：同济大学出版社，2004.

[7] 丁钢. 聆听前沿 [M]. 上海：华东师范大学出版社，2007.

[8] 丁钢. 聆听新知 [M]. 上海：华东师范大学出版社，2010.

[9] 丁钢. 聆听思想 [M]. 上海：华东师范大学出版社，2012.

[10] 董操，纪芝信，杨绪利，等. 职业技术教育教师学 [M]. 东营：石油大学出版社，1995.

[11] 菲利普·葛洛曼，菲利克斯·劳耐尔. 国际视野下的职业教育师资培养 [M]. 石伟平，译. 北京：外语教学与研究出版社，2011.

[12] 傅道春. 教师的成长与发展 [M]. 北京：教育科学出版社，2001.

[13] 戈登·德莱登，珍妮特·沃斯. 学习的革命 [M]. 上海：上海三联书店，1997.

[14] 郭志明. 美国教师专业规范历史研究 [M]. 北京：中国社会科学出版社，2004.

[15] 贺国庆，朱文富，等. 外国职业教育通史 [M]. 北京：人民教育出版社，2014.

[16] 洪明. 教师教育的理论与实践 [M]. 福州：福建教育出版社，2002.

[17] 黄达人. 高职的前程 [M]. 北京：商务印书馆，2012.

[18] 莱夫 J，温格 E. 情境学习：合法的边缘性参与 [M]. 王文静，译. 上海：华东师范大学出版社，2007.

[19] 教育部师范教育司. 教师专业化的理论与实践 [M]. 北京：人民教育出版社，2003.

[20] 靳希斌. 教师教育模式研究 [M]. 北京：北京师范大学出版社，2009.

[21] 姜大源 . 职业教育学研究新论 [M]. 北京：教育科学出版社，2007.

[22] 姜大源 . 当代世界职业教育发展趋势研究 [M]. 北京：电子工业出版社，2012.

[23] 经柏龙 . 教师专业素质的形成与发展研究 [M]. 北京：中国社会科学出版社，2012.

[24] 克拉克 . 职业教育：国际策略、发展与制度 [M]. 翟海魂，译 . 北京：外语教学与研究出版社，2011.

[25] 匡瑛 . 比较高等职业教育：发展与变革 [M]. 上海：上海教育出版社，2006.